本书由人文在线出版基金资助出版

媒介演化和艺术传播

陈端端　著

中国国际广播出版社

图书在版编目（CIP）数据

媒介演化和艺术传播 / 陈端端著 . —北京：中国
国际广播出版社，2017. 7
　　ISBN 978-7-5078-4036-0

Ⅰ . ①媒… Ⅱ . ①陈… Ⅲ . ①艺术—传播媒介 Ⅳ .
①G206. 2

中国版本图书馆 CIP 数据核字（2017）第 142404 号

媒介演化和艺术传播

著　　者	陈端端	
责任编辑	郭　广	
装帧设计	人文在线	
责任校对	有　森	

出版发行	中国国际广播出版社 ［010-83139469 010-83139489（传真）］	
社　　址	北京市西城区天宁寺前街 2 号北院 A 座一层	
	邮编：100055	
网　　址	www. chirp. com. cn	
经　　销	新华书店	
印　　刷	北京市金星印务有限公司	

开　　本	710×1000　1/16	
字　　数	247 千字	
印　　张	18. 5	
版　　次	2017 年 10 月　北京第 1 版	
印　　次	2017 年 10 月　第 1 次印刷	
定　　价	62. 00 元	

目 录

XULUN

绪 论

一、研究内容

对艺术传播的研究存在诸多关注点，本书的研究内容在于从艺术传播的视角思考媒介演化对艺术传播效能的影响。

艺术传播的媒介演化指的是人们创作、组织与传输艺术信息时，使用的形式、载体与工具所具有的变化过程。本书之所以没有使用发展而使用演化一词，是因为在人类文明进程中承担艺术信息传播任务的媒介并非呈现单一的前进态势，而是时常在形态、属性、特征等方面显示出重叠、衍射与组合等演化现象。在艺术传播中艺术信息与媒介一直存在着互相影响，艺术信息影响媒介使之演化得更利于自身生存，而媒介的演化也时常影响艺术信息的形式甚至内涵。本书的研究重点在于前者，即媒介及其演化在艺术传播过程中对艺术信息的传播效能所具有的影响。

艺术传播的效能问题是指在具体的传播实务中，艺术信息被送达受众的路径通畅程度、受众在接受艺术信息的过程中是否产生了符合预期的情感体验或观念改变，以及在各种艺术信息与受众之间，艺术传播所采用的媒介如何以传达与传输两个不同层面的行为构成艺术信息与受众之间匹配关系等问题。随着艺术信息在传播需求方面的不断扩展，艺术传播实务中出现的各种事例使得效能问题凸显，从许多已有的成绩与偏差可以看出，要完成有效的艺术传播并非仅将艺术信息发送出去便可，其中存在着许多影响传播效能的细节因素，主要的有艺术信息、受众、传播媒介、传播环境以及传播策略等。媒介在此过程中不仅是一个容器或载体，它的表现将直接影响艺术传播的效能，这也是本书选择关注艺术传播中的媒介演化、艺术信息由媒介进行传达与传输的细节、媒介策略对传播效能的影响等问题的原因所在①。

分析媒介演化对艺术传播的影响需要厘清艺术信息、传播媒介以及受众之间的关系。

首先，艺术信息通过媒介呈现在受众面前，最先引发受众对艺术信息的认知问题，由此本书将认知心理学中关于人类知觉信息时存在两种驱动加工模式——即数据驱动加工与概念驱动加工——这一知觉原理作为基本假设引入讨论。所谓数据驱动加工的认知方式是指人在知觉外部信息时主要依赖输入信息的面貌与特征；概念驱动加工则指人在知觉信息时对信息本身的数据量需要相对较低，而主要依赖人脑内部已有的知识、记忆与经验。这一模型意味着人们在知觉艺术信息时的具体方式是存在差异的，在欣赏某一类艺术信息时，人们可能需要媒介提供大量的感知数据以达成数据驱动加工的认知，而在欣赏另一些艺术信息时，则可以通过少量感知数据进行概念驱动加工处理。当然，人们在实际的艺术欣赏过程中，极少只基于数据驱动或概念驱动，这两种知觉方式常被混合使用，但往往存在比重与先后的偏向。

其次，在进行艺术传播的过程中，媒介实际上存在传达与传输两种不同的功能。媒介对艺术信息的传达是指艺术信息通过媒介诉诸受众的感官并达成知觉、形成认知、触发情感体验；媒介对艺术信息的传输则是指艺术信息被媒介承载、搬运并输送到受众面前，这里也包括受众自身的移动，传输的过程就是艺术信息与受众的相遇过程。传达功能与传输功能有时和谐并存于同一种媒介中，有时却存在冲突。

感知数据与情感体验是本书为了讨论有关艺术信息、受众以及媒介之

① 本书的主要出发点是艺术传播，因此在探讨过程中对艺术信息的关注重点在于其媒介以及相应的传播特点与效率，对这些艺术信息的传统研究重点特质如审美、哲思、人文关怀、流派、作者、风格等方面，本书较少涉及。

间关系提出的另一组概念，是出于对艺术传播效能问题进行研究的需要。所谓感知数据是指传播媒介在将艺术信息呈现给受众时，所能提供给受众用以进行数据驱动加工的成分，情感体验则是指受众在知觉艺术信息后产生的感觉、情绪、思索和观念等内部反应。感知数据与情感体验和艺术的"形式"与"内涵"概念具有一定相似性但又并不相同。艺术"形式"的重点不在传播媒介，而感知数据的提法则更加符合分析媒介如何传播艺术信息的需要。举例而言，即使是同样的艺术"形式"——图像，其承载媒介同为印刷媒介，但在具体的艺术传播实务中，印刷质量与图幅大小等差异并不导致艺术信息"形式"的巨大变化，但却会造成感知数据方面的巨大差异，而在传播同一种艺术信息如戏剧表演时，不同的媒介如影像、绘画、文字等所可能带给受众的欣赏差异，很大程度源于这些媒介提供感知数据丰富程度的不同。当然，并非感知数据提供能力越强的媒介就越具有艺术传播优势，传播效能的高低还与其传播的艺术信息需要偏向数据驱动的认知还是偏向概念驱动的认知有关。另外，"内涵"的概念更偏向对艺术信息自身构造的分析，而情感体验的提法则以受众为出发点，一件艺术作品所包含的相对稳定的内涵却可能引发不同受众不同的情感体验。从媒介角度来看，特定艺术信息所包含的"内涵"并不会因采取不同的传播媒介而发生巨变，除非该媒介极大地降低甚至改换了这一艺术信息的感知数据，而受众在面对由不同的媒介所传播的艺术信息时，却可能因为媒介的传达特点（如提供感知数据的不同类别）与传输特点（如媒介终端提供的欣赏环境）差异而产生不同的情感体验。媒介在传播艺术信息时是否能以恰当的感知数据引发受众符合预期的情感体验，以及对艺术信息与受众的分析并使用有效的传播媒介等传播策略是本书另一个关注点，对这一方面的探讨将贯穿全文始终。

二、研究对象

1. 艺术信息

由于本书的研究重点在于媒介与艺术传播之间的关系而非评价艺术本身，因此本书只对艺术信息做一个范围的划定以作为论述前提。另外本书中所指的艺术信息不仅包括具有实在物质性的艺术作品，如雕塑、绘画或以真实人体为媒介的舞蹈或戏剧表演，也包括虚拟信息如只以数字形式存在于屏幕上的光线算法互动艺术。它们都意图向特定或非特定的受众传达某种可能引发情感体验的感知数据，只不过前者着形于坚硬沉重的大理石或人的身体，而后者的呼吸起伏于需要供电的数码设备之中。

艺术依其动机存在各种类别，以歌舞为例，"一种是感于物而动，一种是为特定目的而做的歌舞，一种是宗教仪式的歌舞。"[①] 由此可见，既存在纯粹表达情感需要的无涉利害的艺术，也有为特定目的而作以动人手法传播其他种类信息的艺术，还有人类历史上很早便存在的一种信息传播方式——将看不见、摸不着、听不到的情感观念具象化为通过形象、音律、动作等更加直观的方式进行表达的艺术。由第一种动机产生的艺术信息往往被认为最接近艺术的本质，而由后两种动机产生的艺术信息有时可能被划出艺术领域，被认为是"类艺术的"[②] 甚至非艺术的，但无论是哪一种类型的艺术信息，都在本书的讨论范围之内。另外，某种艺术信息可能是

---

① 王廷信. 寻访戏剧之源：中国戏剧发生研究 [M]. 山西教育出版社，2011. 247

② [美] F·大卫·马丁著，包慧怡，黄少婷译. 艺术和人文：艺术导论（第 6 版）
  [M]. 上海：上海社会科学院出版社，2007. 411

一种含有普遍文化记忆与内涵的"对人类感情及相关价值观的探索，不光是我们个人的感情和价值观，"① 也可能只意图促发直接而单一的情感体验。因此只要是在传播过程中采用一种经过设计的形式并以触动受众情感体验为主要目的，并在法律与道德界限之内②的信息，本书都将之视为需要探讨的对象，后文之所以提及一些并不被传统观念认定为艺术的例子如综艺节目、商业广告与数字游戏，也是因为它们的构成中存在以情动人的成分③。

　　另外，本书不打算将艺术信息中引人深思的哲学层面与引人愉快的娱乐层面视作互相矛盾的两极，而将艺术和娱乐完全对立起来看待，尽管这样的观点并不少见。大卫·马丁认为"一种结构或形式如果不使我们洞见事物，那就不是艺术。"④ 叔本华认为艺术与有趣之间的区别在于有趣旨在刺激使用者的感官而艺术不是。但许多旨在提供情绪舒缓或放松功能的艺术信息，如装饰性绘画或工艺品等在促发深思洞见方面的能力薄弱，而完全不动用感官的艺术信息也非常之少，即使是极简的字符艺术，也需要具备一定的感知数据以启动受众的思索或感动。某一特定的艺术信息，可能只具有在哲思和娱乐维度上的偏向。人们对于艺术的态度也常在严肃与娱乐并存中徘徊，不同时代、不同地域或不同文化的受众，甚或在同一环境

---

① ［美］F·大卫·马丁著，包慧怡，黄少婷译. 艺术和人文：艺术导论（第6版）［M］. 上海：上海社会科学院出版社，2007. 4

② 这一点在不同时代与地域的标准不尽相同。

③ 事实上艺术确实也并非从一开始就如当今人们认定的如此这般，在中国，尽管绘画、书法、青铜器、玉器与瓷器早就被人们喜爱并收藏，但直到六朝时期，人们才开始以纯粹的艺术本身的美感为标准来评价这些艺术品，在西方亦存在这种过程。

④ ［美］F·大卫·马丁著，包慧怡，黄少婷译. 艺术和人文：艺术导论（第6版）［M］. 上海：上海社会科学院出版社，2007. 14

中的不同受众个体眼里，同一件艺术品也可能存在偏向娱乐与哲思的不同维度。作为人类的两种精神策略，艺术的哲思性与娱乐性并非是两个处于离散状态的端点，它们其实更像一组连续数据上的两个倾向，大部分艺术信息处于这一坐标的两个维度之间，不存在绝对非此即彼的对立状态。因此在之后的分析中，引发深刻哲思与导致简单触动的艺术信息之间的差别并不成为本书的关注重点。

另外，有观点认为非传统技术的加入是对艺术的消解，比如有评论家认为电影《星球大战》中出现的以计算机进行的虚拟拍摄是对艺术的终结[1]，类似的观点在印刷术与照相术出现时亦曾被提出过。这样的立场有其洞见，但可能会使艺术传播遭遇难以化解的问题。举例而言，如果说毕加索的《格尔尼卡》和列兵的《突然归来》是对战争的控诉而使世人洞见人性并因此值得传播，那么柯罗的《孟特枫丹的回忆》或蒙德里安的《红黄蓝与黑的构图》是否因其感官层面的刺激相对高于引人深思的目标而不那么具有传播价值？如果因为计算机技术的加入而消解了艺术的纯粹性，是否所有应用了非传统技术的艺术信息都应被置于艺术传播的领域之外？如果不是，界限又在何处？[2] 因此本书将避免将目光聚焦于如何衡量艺术信息本身的价值与内涵上，而将研究重点置于分析艺术信息与其传播媒介之间的关系以及达成的传播效果上。

艺术最本质的目标是动人，然而除此之外，艺术还可以用来宣教宣政——"宗教运用幻想为世人提供了一种情感慰问剂，它的手段是艺术化

---

[1] ［美］F·大卫·马丁著，包慧怡，黄少婷译. 艺术和人文：艺术导论（第6版）［M］. 上海：上海社会科学院出版社，2007. 320

[2] 亦有学者对技术与艺术的关系持积极态度，如邵培仁就认为像电视、传真、电波、高科技摄影这一类新型媒介给艺术平添的各种新内涵与新感受，是不应该为理论所忽略的。

的。"① 石雕杰作卢舍那大佛面世的原因在于武则天需要借助传播佛法来宣扬自己作为女性承继皇帝身份的合法②，这座女皇的政治宣言，如今却被公认为中国雕刻艺术的瑰宝。除了用于政教宣传目的，艺术也常被用来赚钱赚名，比如 SIGGRAPH③ 曾有一部获奖数字短片④令人印象深刻，人们在感动的同时也惊叹于片中由软件建模的数字网格世界向真实世界影像过渡得自然与巧妙，以及真实演员影像与数字渲染影像（在当时看来天衣无缝）的和谐合成。事实上，这部短片也正是一个数字影像工作室用来展示其高超的三维渲染、镜头追踪以及影像合成技术的 "DemoReel"⑤。设计师与制作人员并没有采用一般软件工作室宣传技术能力时常采用的案例罗列方式，而是通过描述一个不离不弃的亲情故事，以艺术化的手法为自己的职业技能做广告。另外以艺术手法进行科教宣传的成功案例也不少见，多次出现在 BBC 的电视与广播节目中的曼彻斯特大学粒子物理教授布莱恩·考克斯（Brian Cox）不仅是一位物理学家，也是一位使用艺术化手段传播

---

① 王廷信. 寻访戏剧之源：中国戏剧发生研究［M］. 山西教育出版社，2011. 251

② Amy McNair. Early Tang Imperial Patronage at Longmen. Ars Orientalis 24：65-81

③ 计算机图像及互动技术协会，全称为 Special Interest Group for Computer GRAPHICS，计算机图形图像界的顶级组织。

④ 这部短片首先以黑白线格的多边形画面呈现了一个三维模型的世界内部，一名男子的真实影像行走其中并四处调整机关，所到之处世界由黑白的网格化作色彩斑斓的真实情景，观众逐渐明白他要在天亮之前将整个网格世界变成真实世界。就在最后关头，他费了一番力气才将广场中央的花坛复原，并望向不远处的一栋房屋，随即躲藏起来。与此同时男主角望向的房屋大门被打开，女主角漫步而出，看着鸟语花香阳光明媚的世界面露幸福笑容。短片的最后，镜头切换到重症监护室，男主人公对静躺在病床上带着呼吸机的已成为植物人的女主角额上轻轻一吻，原来这一切都是这位科学家在他深爱的昏迷妻子脑中设计出的虚拟感受。

⑤ 动态影像作品演示集的英文术语。

科学知识的好手，"科学太重要了，它必须、也不得不成为流行文化的一部分。"① 基于这样的观点，他参与了从 2010 年至 2013 年几大科普纪录片的主持，包括《太阳系的奇迹》（五集）（Wonders of the Solar System），《宇宙的奇迹》（Wonders of the Universe）（四集），以及纪录片《生命的奇迹》（Wonders of Life）（五集）。这些颇具观赏性的科教纪录片因其优美的影像与生动的解说而深受观众喜爱，《宇宙的奇迹》有超过 600 万观众，《生命的奇迹》首播第一集便获得了超过 300 万的收视率，另一部纪录片《直播仰望星空》（Space Hoppers）也获得超过 400 万的观众。这是以艺术手法协助科学知识进行传播的诸多成功实例中的一个。当然，对于依托于明确利益目的如政治与商业宣传的艺术信息常在艺术纯粹性上遭受质疑，但艺术传播无法将加入宣政宣教动机的艺术信息摈除在外，因为这一类艺术信息不仅有不少具有相当高的创作质量，而且往往具有更高的传播需求，与媒介的关系更为紧密。虽然艺术的本质应是无涉利害的，但使用艺术所产生的影响却很涉利害，同时这样一些似乎违背了艺术本质的功能，却往往是艺术得以发展与传播的重要因素。对于上文提及的某些艺术信息，一些评论家并不将其视作真正的艺术，但本书不拒绝将此类富有政教、宣传与商业因素的艺术信息纳入讨论。

当然，尽管本书探讨的是一种扩展了含义的艺术信息，或者说是一些具有艺术特征的信息，但这并不意味着所有进入传播流程的艺术信息皆为众生平等，不同的艺术信息所提供的情感体验的深度和影响力显然存在巨大差异。恐怖电影和喜剧小品可以引发一瞬而过的惧怕与大笑，或许当时当刻这种体验非常之深，以至于人们数天之后仍旧胆战心惊或乐不可支。但这种影响无法长期维持，在人们遭遇新刺激后，先前刺激导致的体验会

① FujiaC. 布莱恩·考克斯：科学必须成为流行文化的一部分 [J/OL]. http://www. guokr. com/article/436710/，2013-02-20

逐渐淡化甚至消失殆尽，而那些真正的艺术杰作带给人们的情感体验与深刻震撼，却可能随行一生，并最终汇聚为人类文明的耀眼宝藏。前一类艺术信息由于其更加直接的感官刺激而传播难度相对较低，传播效果亦更明显，而后一种类的艺术信息需要受众投入的程度更深而需要更为合适的传播媒介与传播策略，这也是本书关注的重点。

2. 媒介及其功能

媒介是人们用来制造、呈现、传递、获取信息的工具，同时作为一种界面，它构成人与信息以及人与人之间的纽带。传播学与媒介学对媒介的定义与研究已有很多，这些并不能原封不动地套用到艺术传播研究中来。与普通信息不同，艺术信息往往并不用作陈情通讯，而需要由媒介将其意欲呈现的情感体验表达为感知数据传播给受众，因此用于传播艺术的媒介必须有足够的呈现力，能够提供丰富而完整的信息。另外，在一般的信息传播过程中，噪音和转义是需要尽量避免的，而在艺术信息传播过程中，清晰准确只是要求之一，于传播过程中出现的信息噪音与转义有时是被许可的，甚至构成艺术创作的一部分①。

艺术传播学在对艺术媒介的研究过程中，常将媒介区分为承载艺术信息的媒材介质、表达艺术信息的形式媒介以及传输艺术信息的渠道、平台与场所等媒体组织。有些研究关注艺术信息的媒材介质如雕塑所用的木石金土或绘画所用的笔墨纸砚，有些研究关注艺术信息的形式媒介如文字、色彩、音韵或动作等，有些研究关注艺术信息的媒体媒介如电视、影院、网站或展馆等。本书希望基于传播效能问题对媒介与艺术信息之间的关系进行探讨，而以上提及的各种范畴的媒介对艺术传播的效能都存在重要影

---

① 解码：数字设计感觉（Decode：Digital Design Sensations）[J/OL]. http://www. artlinkart. com/cn/article/overview/069ctvmm

响，因此都是本书需要纳入思考的对象，在后文讨论中将不再以此分类方式进行特别区分。

　　艺术传播学对艺术媒介演化的分类方式则延续传播学研究的主流方式，即将媒介演化的脉络区分为口传媒介、印刷媒介、电子媒介与网络媒介①。本书在探讨媒介演化的过程中以此区分方式为参考但并未完全采用，因为尽管口传、印刷、电子与网络媒介的主要流行年代不同，但时至今日，它们在艺术传播中仍被混合使用，即使在某些地区或某些艺术领域呈现出一种媒介对其他媒介的主导，但并没有某一样媒介被完全摒弃。由于本书主要关注的是媒介演化对艺术传播效能的影响，而非以史学观点研究媒介，因此并不明确区分口传媒介、印刷媒介、电子媒介与网络媒介的历史发展过程，而主要探讨媒介在艺术信息的传达与传输能力方面的发展脉络。

　　艺术信息预期呈现给受众某种情感体验，媒介需要在此传播过程中承担"抵达"与"动人"的重任。"抵达"即媒介对艺术信息的传输功能，无法抵达受众的艺术信息无从动人。"动人"则考验媒介对艺术信息的传达功能，"动人"这一结果大部分情况下主要由艺术信息本身的性质决定，但在传播过程中所采用的媒介是否恰当，也对艺术信息的动人效果存在不可小觑的增加或削减作用。因此，本书将媒介的艺术传播功能区分为媒介对艺术信息的呈现即传达功能，与媒介对艺术信息的运送即传输功能两类并分别进行探讨，当然在大部分艺术传播过程中，媒介的这两种功能并非泾渭分明，有时和谐共处，有时存在冲突。

3. 艺术传播

　　本书探讨的艺术传播指的是向人进行艺术信息传播的行为。之所以要

---

① 也有学者将之称为数字媒介或数码媒介，如黄鸣奋等。

做出这样看似无意义的陈述，是因为有许多当今被认定为艺术的作品，其创作者一开始的创作诉求并非是通过它们向普通受众而是向神、亡灵等超自然力量进行信息传播。虽然从其本身的艺术价值来看，不见得因其传播对象是人或神而存在天壤之别，但从媒介的角度来看却需做一区分。有些向神的艺术信息在创作之初并不存在进入广泛传播的计划，因此它们的创作媒介与向普通受众传播的艺术信息有所不同，这类艺术信息可能更加注重媒介的传达能力而不是传输能力，它们更倾向于采用显得超越人力的具有巨大体量的媒介①，或在当时看来可能更加具有灵性的媒介②，并且时常采用以当时的技术或资源情况来看特别贵重和难得的媒介③。这些媒介可能具有更高的情感体验激发作用，但也可能难以操控和制作（尤其是在当时的技术与工具条件下），它们不易获得，或者需要花费极高的代价，因而导致以其为创作媒介的艺术信息难以普及。还有以极不持久的媒介来创作的艺术信息，其注重的是当时当地对人的情绪影响以及被毁后向神灵传达祈愿的效果，比如注定化为灰烬的纸质祭祀品或仪式中由巫师表演的沙画等。而针对人类进行的艺术传播在选择创作媒介时，则必须同时考虑此种媒介对其承载的艺术信息的传达能力以及与将艺术信息送达受众的传输能力。

三、研究现状

在研究现状中，我将目光分别投向学界与业界，这也是本书偏重于艺

---

① 如巨石阵采用重达 50 吨的青石。
② 如以容易褪色的血液作为色料装饰绘画，而不是采用可以旷日持久保持色泽的矿物颜料。
③ 比如以极为少见的陨铁制作的随葬品。

术传播实务研究的需要。学界在媒介演化与艺术传播领域的研究已有众多颇具洞见的观点，在此无法遍历，只能提出部分与本书相关度较高的内容做一梳理。

1. 学界

（1）艺术与艺术传播领域

邵培仁在其《艺术传播学》一书的"媒体：艺术传播的物质手段"一章中较早地对媒介演化与艺术传播的关系问题进行了系统分析。他将艺术媒介分为"元媒介"与"现代媒介"。"元媒介是指那些自古即有的艺术门类本身，而现代媒介则是指那些后起的一般都是具有大众性及可复制性的艺术媒介。"① 接下来邵培仁将艺术传播中的媒介演化分为口传媒介、印刷媒介、电子媒介三个进程，并分别进行具体分析，在印刷媒介部分，他具体讨论了报纸、杂志与书籍三个类型，在电子媒介部分，他则具体分析了广播与电视，至于电影，作者解释因为篇幅问题不予单列讨论。

对艺术传播领域进行了深入研究的陈鸣，将艺术传播中的媒介定义为艺术生产与再生产的载体和工具，即文本媒介，以及艺术传播的基本介质，即传媒媒介。他认为艺术媒介首先指艺术作品的生成介质，但在艺术传播活动中，媒介也涉及作品的传递和接受环节。在大众传播时代以前，艺术传播的三环节（生产、传递和接受）都处于私人领域，之后面向公众。这一过程将传播机构及其制作、传递艺术作品的传媒介质纳入艺术媒介之中——衍生出一种传媒媒介——即艺术作品的公共传播介质。②

陈鸣对艺术传播的媒介进行了细致的分类研究，他将艺术媒介分为两大类，分别为文本媒介和传媒媒介。其中文本媒介又分为形式介质、质料

① 邵培仁. 艺术传播学 [M]. 南京大学出版社，1992. 216
② 陈鸣. 艺术传播教程 [M]. 上海大学出版社，第 1 版，2010.

介质和工具介质①。他将艺术作品中使用的艺术符号视作形式介质，是艺术符号的感性形式介质。质料介质则是指艺术作品中所使用的艺术符号的物质介质，是承载、显现和储存、传输艺术符号的物质性材料，包括成品媒质、表演媒质和仿像媒质。其中成品媒质是指成品艺术作品中承载和显现艺术语言的质料介质，是艺术家创作成品艺术作品时所使用的感性物理介质。表演媒质是指表演艺术作品中现场展示艺术符号的质料介质，是艺术家创作表演艺术作品时所使用的演示介质，包括演员的身体、乐器、演出服装、道具，以及舞台表演中的舞台布景、舞台灯光、舞台音响效果等。仿像媒质指的是仿像艺术作品中存储和传输艺术信息文本的质料介质，是艺术家制作仿像艺术作品时所使用的信息技术介质，包括信息储存介质和信息传输介质。工具介质是艺术创作过程中所使用的生产工具，是艺术作品生产活动中的辅助性介质，包括手工书写工具和技术制作工具。工具介质包括手工书写工具、舞台表演工具和技术制作工具。传媒媒介则包括印刷媒质如图书、报纸、杂志；设施媒质如剧院、美术馆；电子媒质如唱片、影片、广播、电视；网络媒质如电脑文本、网络文本、手机文本②。

可见陈鸣对艺术传播媒介的定义、分类以及演化分析，是邵培仁研究方式的进一步细化与延伸。这两位学者的研究对本书有重要指导意义，但如前所述，本书不以口传、印刷、电子与网络的明确区分方式对媒介演化进行探讨，是出于针对艺术传播效能问题而非媒介史的研究立场，并且上述的分类方法虽然细致而周到，但在艺术传播实务中却有可能因不断出现的新技术新设备而遇到无法穷尽的问题。

另外，艺术研究领域的学者们在探讨艺术媒介时颇多建树，对本书的

---

① 陈鸣. 艺术传播原理［M］. 上海交通大学出版社，第 1 版，2009. 161
② 陈鸣. 艺术传播原理［M］. 上海交通大学出版社，第 1 版，2009

研究很具启发。比如克莱夫·贝尔与罗杰·弗莱认为艺术形式即一种"至关重要的形式"是决定一件事物是否具有艺术属性的唯一要素，而这种"至关重要的形式"是指各要素间的相互关系，这些要素组成了艺术媒介这种被形式组织起来的"物质"。这一观点促发了我将媒介引发情感体验的要素提取出来的想法。大卫·马丁认为"艺术赋予我们代替了科学真相的理解，人人都需要能暂时迷住我们的事物，艺术能改造常规，如果艺术品对我们'有效'，它们就不只是一种暂时性的愉悦——它们使我们的理解力更趋深刻。"[①] 尽管基于本书中对艺术的界定，这一观点与我所探讨的艺术有所差异，但它支持我秉持的另一观点，即在说服受众进行态度和行为改变时，无论是寻常的行为改变还是剧烈的观念改变，艺术信息具备更佳的传达能力，这也是艺术传播中的效能研究具有重要意义的原因所在。

苏珊·朗格认为"画家们创造不出油彩和画布，音乐家创造不出震颤的乐音结构，诗人创造不出词语，舞蹈家也创造不出身体和身体的动态。他们只是发现和运用这些东西。"[②] 然而发现和运用这些媒介是重要的，大卫·马丁认为"每一个艺术家都会运用一定的媒介即某种经过塑造能够表现出对于某一事物，即表现对象的启示及内涵的材料。所有艺术家采用的媒介都具有一些共同的元素，这些共性也促进了艺术间的相互沟通，比如画家、雕塑家与建筑师都运用色彩线条和结构，而韵律则是作曲家、舞蹈编导和诗人共同运用的基本元素，词汇是诗人，小说家，剧作家，以及歌曲和歌剧作家的共同媒介，艺术家们建立起一个联合的王国，他们具有共同的使命和相似的手段。"[③] 这两位学者所指的媒介类同于陈鸣的文本介

---

① ［美］F·大卫·马丁著，包慧怡，黄少婷译. 艺术和人文：艺术导论（第 6 版）［M］. 上海：上海社会科学院出版社，2007. 35

② ［美］苏珊·朗格著，滕守尧、李海荣译. 艺术问题［M］. 南京出版社，2006. 5

③ ［美］F·大卫·马丁著，包慧怡，黄少婷译. 艺术和人文：艺术导论（第 6 版）［M］. 上海：上海社会科学院出版社，2007. P374

质，即艺术创作的媒材介质与形式语言。一些类似的分析关注点相对偏重艺术创作、艺术欣赏与艺术批评，而非针对艺术传播的效能问题。本书在吸取此类前人研究成果的同时，将以艺术传播效能问题为主要出发点，以艺术信息与受众为主体，偏向对媒介的艺术信息传达与传输能力进行分析。

另外有观点认为，艺术家表现的是其体认到的人类情感，并使用他掌握的操纵符号的本领加以表现，以至于不同的艺术家或不同的艺术形式所采用的方式具有差异。本书吸收这一观点，将之视为一种将情感体验与感知数据分而视之的倾向。如前所述，感知数据是指传播媒介在将艺术信息呈现给受众时，所能提供给受众用以进行数据驱动加工的成分，情感体验则是指受众在知觉艺术信息后产生的感觉、情绪、思索和观念等内部反应。关于情感体验与感知数据可以分离的极端观点出自康德，在《判断力批判》一书中，他提出理智主义排除了所有对物体形式和材料品位判断的暗示。当然也存在相反的观点，认为艺术信息与之所采用的媒介完全不能分而视之。尽管在普通的信息传播中，"语言编码同表述内容可以相分离，文学含义同话语和表述也可以相分离"[1]，但在艺术领域，"要表达的内容是插嵌在表述方式当中的，一句诗词的意思和它的节奏韵律紧密相关，一幅画同它的颜色和比例密不可分。"[2] 这种认为艺术信息的感人要素完全无法脱离媒介的观点，事实上注意到的是不同的艺术信息要求受众使用不同的认知驱动，"一篇文章的意思同它所使用的纸张和语言文字没有关系，在复印和重新印刷时不会降低价值。但一幅画的质量会随着它所使用的材料一次次失去价值，蒙娜丽莎的真迹是画在画布上的，而印在明信片上的

---

[1] ［法］雷吉斯·德布雷（Regis Debray）著，刘文玲译. 媒介学引论［M］. 中国传媒大学出版社，2014. P63

[2] ［法］雷吉斯·德布雷（Regis Debray）著，刘文玲译. 媒介学引论［M］. 中国传媒大学出版社，2014. P63

蒙娜丽莎却完全是另一幅画。然而安娜卡列尼娜无论是口袋书还是普通书，依旧是安娜卡列尼娜。"① 如果希望受众在面对偏向于数据驱动认知的艺术信息时（如某位受众从未见过的油画蒙娜丽莎）能够获取相应的情感体验，则此类艺术信息向此类受众传播时，对特定媒介的依赖程度较高——将画作印制在明信片（提供较少感知数据的媒介）相比原作或原作的高度仿真复制品（提供丰富感知数据的媒介），受众欣赏起来的感受将有较大的差异。而小说《安娜·卡列尼娜》在不同纸张上的印制并不影响其传播效能，是因为只要文字足可识别，印刷的质量高低并不减损文字向受众传达词句意义的能力。文字媒介的感知数据被大幅度降低的例子是由一种语言翻译为另一种语言的过程，翻译质量将导致文字在传情达意方面的感知数据被减损（当然也存在增加的可能）而使受众获得差异较大的情感体验。另外，同样是以文字为形式进行艺术信息传播的书法则与小说不同，因为被视作艺术进行欣赏的书法所预期传达的情感体验，并不仅由文字意义主导，更为主要的感知数据在于文字的造型、笔力、字与字之间的呼应与对比以及整篇结构的视觉效果。因此书法艺术复制品的纸张种类、大小以及所使用的油墨和印刷技术所导致的细节缺失，是有可能丢失一幅书法杰作中重要的感知数据的。由此可见，艺术传播面临具有复杂变量的艺术信息与受众，在研究媒介演化与艺术传播的关系时，如能将艺术信息借以传达的媒介所提供的感知数据与目标受众预期获得的情感体验分别讨论，对分析艺术传播实务过程中的效能问题更具有效性。

还有许多具有启发性的观点出现于论文中，比如在与本书研究对象较为相关篇论文《媒介改变艺术——艺术研究的媒介视角》中，作者提出媒介既是艺术的形式也是艺术的内容的观点："媒介与其所承载的艺术形式

---

① ［法］雷吉斯·德布雷（Regis Debray）著，刘文玲译. 媒介学引论［M］. 中国传媒大学出版社，2014. P63

密切相关，媒介工具形式决定着艺术的呈现方式，而艺术的呈现方式又深刻地影响着艺术的形式，是艺术形式的重要组成部分。因此媒介对艺术形式的意义举足轻重，甚至可以说，媒介决定着艺术形式，媒介即形式。"[①] 其次，媒介也深刻影响甚至改变着艺术的内容，对麦克卢汉"媒介即讯息"的理解，作者认为媒介承载的内容不仅是讯息，决定内容呈现方式的媒介本身也是讯息的重要组成部分，甚至是讯息的决定性因素——因为它决定着内容如何被传播与被接受，即媒介也决定着内容。媒介传情达意的特定方式不仅决定着内容呈现方式，也决定着内容本身。在这里作者以北京申奥成功的媒介传播为实例证明其观点，他认为如果不是由电视直播北京申奥成功而众人得以在同一时间从电视上获知这一消息，申奥成功的信息传于人群之中就会是另外一种模样。"倘若申奥成功的消息不是全国人民同时通过电视获得，在讯息到达前的那一刻不是全体中国人聚集在电视机前，而是第二天、第三天每个人通过不同渠道分别得到，这个消息是否还有技术力量？是否还有那么大的震撼力？同样是申奥成功这个信息，如果它的震撼力减弱，那么信息本身的存在方式就改变了，那个夜晚就不会成为永志难忘的狂欢之夜了。"[②] 这一论述认为媒介在传播信息的过程中对信息作用于受众存在巨大影响，但我认为以不同的媒介进行传播使同一内容的信息变得截然不同的观点有待商榷。重点不在于信息的变化，而在于受众对信息反应的差别。电视直播这样一种媒介具有强烈的他人在场属性，哪怕是一个人在看电视，他也知道在不同的地方有许多人和他在看同样的信息，这种（哪怕是假想）的他人在场，对人们感知和认知信息，以及作出反馈的举动都具有很大影响，社会心理学的研究多次证实这一点。

---

① 隋岩. 媒介改变艺术——艺术研究的媒介视角 [J]. 现代传播（中国传媒大学学报），2007，06：52-55.

② 隋岩. 媒介改变艺术——艺术研究的媒介视角 [J]. 现代传播（中国传媒大学学报），2007，06：52-55.

申奥夜晚成为狂欢之夜，并不仅仅是因为申奥成功的信息是由电视直播而导致的，信息本身对中国人的影响，他人在场的情绪唤起的助长效应，以及事后人们组织活动的便捷，政府和媒体的宣传，都是重要因素。开国大典时没有电视直播一样举国欢庆。而一个引人入胜的网络连载故事，甚至可能引发时隔数年之差进行阅读的受众的异步激烈讨论，他们不断刷屏提出自己的观点，好像他们正在沟通的上一条于两年前留下的发言就发布在片刻之前，这样的结果也是因为网络论坛具有强烈的他人在场属性。因此我的观点是，分析艺术传播过程中媒介所起的作用，需要对媒介的各种属性进行细致区分，仅以电视、电影这样较为大致的分类方式进行讨论，可能在具体的艺术传播实务中因缺乏足够的维度而难以对媒介进行有效的分析与管理。

在媒介改变艺术的创作、传播与接受过程中，作者做了精彩的论述，但其中举有一例，言及"人们可以同时收看电视直播的球赛，却很难想象几个人同时读一本小说的热闹场面"①。因此有学者认为"电影美学是静观美学、电视美学是评议美学、网络美学是互动美学"②。这一观点有其洞见，但却是以艺术信息而非媒介为主要思考因素——那种需要安静观看的如《乡愁》《吴清源》等艺术作品是静观美学的，而它们恰好是电影，或者说人们印象中具有纯粹艺术品质的电影多表现需要静观的内容，而说电视是评议美学，是因为电视的安放位置可以使观众坐在一起边看边聊，网络是互动美学，是因为网络具有可存储和检索信息的功能，很容易留下数字行为的痕迹为后来者追踪获取，而一些网站的后台程序设计也特别关注将受众反馈包含进来进行再次传播的功能。无论是静观美学、评议美学还

---

① 隋岩. 媒介改变艺术——艺术研究的媒介视角 [J]. 现代传播（中国传媒大学学报），2007，06：52-55.

② 隋岩. 媒介改变艺术——艺术研究的媒介视角 [J]. 现代传播（中国传媒大学学报），2007，06：52-55.

是互动美学，都是艺术信息出现在相应媒介上所引发的受众行为，然而事实上早期的电影院中的大呼小叫与谈天说地是寻常之事，那时的电影显然不符合静观美学的标准，如今这种黑暗安静的影院模式是后来逐渐发展起来的，正因为这种黑灯瞎火，使得电影相对缺乏他人在场的效应，减少了评议的可能性。然而经常看电影的人都知道在电影院中嘀嘀咕咕是常态，而当屏幕上的范伟要求"将你的ICIPIQ卡统统告诉我密码"时，观众一起笑得前仰后合，从媒介的角度来看很难说电影是一种静观美学。同样，当电视中播放着《辛德勒名单》，受众一个人关着灯独自观看，就很难说电视这种媒介具有评议美学意义，而网络是互动的仅是因为网络提供了互动的技术可能，如果受众是在通过互联网观看一部严肃题材的电影或小说，也无法认为他在感受互动。另外，使用过弹幕①功能观看网络视频的人就会知道，有时候受众根本会忘记自己是在独自一人对着屏幕。媒介提供受众对艺术信息的接受模式是复杂的，而技术的发展使得媒介的使用方式具有更加多样的变化可能。在以往，无法让多人同时读一本小说，是因为从媒介的物质层面看，书籍幅面较小无法容纳过多阅读者同时阅读，而当某本书籍被多位受众通过数字终端阅读并实时联网交流时，基于文字传达的书籍显然完全可供多人同时阅读。因此，艺术信息是否需单独欣赏还是可群体欣赏并产生交流，不仅在于艺术信息本身的传达诉求，也在于它使用何种媒介进行传播以及该种媒介在当时的技术条件下呈现何种状态。也正因为如此，一些需要单独沉浸的艺术信息在传播实务中采用了不恰当的媒介而导致的传播效果不够理想便可以理解了。上戏教授李学通在其短评《剧场氛围可以提升文明程度》一文中提到某些剧院的场地装修水准使得观众特别随意，而一些装修高档的剧院就使得观众收敛许多，即使看不

---

① 观影者发表的言论被直接显现在视频的相应时间段中，可滚动、停留或以其他方式出现。

懂也忍着安静看完而不像在水泥地长板凳的剧院中那般吃喝聊天①。剧院
这一传播场所媒介的装修环境并不是观众观演状态静或乱的唯一原因，但
因为环境设置而提供给受众对观演行为预设的理解以及促使其调节自身行
为的强度，使观众自动形成"静观"状态或"评议"状态，确实是媒介对
艺术传播中传播效能具有重要影响的例证。

　　在《文学与传媒艺术》一文中，作者认为文学艺术是如此重要，以至
于我国的优秀电视剧基本都是改编自文学作品。②"各个阶段电视剧创作的
最高成就往往由改编作品所取得，而且在艺术总体水平或同类作品的平均
水准，原创电视剧显然也不如改编自文学名著的电视剧高。几乎可以这样
说，如果没有名著改编，中国电视剧创作的质和量都很难达到今天的水平
和规模。"③这一论述符合特定时期的电视剧状况，但用于分析文学媒介与
电视媒介的孰高孰低则不够全面，甚至着眼点有了误差。改编电视剧的成
功并不仅仅因为文学作品高于电视作品，而更可能是由于那些成为名著的
文学作品已经在其文字阶段经过检验，它们的故事架构、人物塑造、冲突
关系已经被时间证明是受到许多人的认可和喜爱，是被"挑"过的④。我
国在一段时间里的电视原创剧的质量之所以不够突出，可能与整个电视剧
的制作模式关系更大而不在于文学媒介与电视媒介的高低。电视剧产业相
对较为成功的美国和英国所拍摄的剧集中有大批优秀作品都是由专业编剧
出品的原创剧。也有许多名著的改编剧相比原作差了许多，事实上不少由

① 李学通. 明星制造——上戏主考官与您面对面［M］. 文汇出版社，2006. 186
② 张晶，于隽. 文学与传媒艺术［J］. 现代传播（中国传媒大学学报），2008，02：1-7.
③ 盘剑. 走向泛文学——论中国电视剧的文学化生存［J］. 文学评论，2002，06：72-77.
④ 日本的动漫生产模式也采用这一方式，先在杂志上连载漫画，回收口碑再出单行本，再回收口碑进入制作费用与周期比杂志连载漫画都高出许多的动画阶段，而动画剧集要成功到一定程度，才有可能进入电影的开发。

文字构成的艺术作品，如忠实原著将很难拍摄成以视听语言为主的影像作品，如《战争与和平》的影片，就不得不用大量的旁白解决这一问题①。在改编过程中，必须花费大量的时间与精力将文学语言转为视听语言，设计得巧妙与否，是否能够保存原作的精华，也不是每一部改编名著剧都能把控得了的。因此，使用这一观点来讨论媒介演化对艺术传播的影响，有将媒介所能提供的感知数据丰富性与艺术信息本身具有的情感体验质量混淆的误差，这也是在当前一些艺术传播实务中，对艺术信息本身质量的关注弱于对媒介呈现能力的关注所导致的问题，比如一部分国产影片的视觉效果美轮美奂，故事叙述与逻辑结构却漏洞百出②。

（2）媒介与传播领域

媒介与传播领域学者虽然没有专门以媒介演化与艺术传播作为主题的研究，但存在许多对此问题具有启发意义的成果。马歇尔·麦克卢汉对媒介的观点对本书具有高度启发，他提出一条基本原则，即以需要受众卷入③程度的高低来将媒介划分为热媒介和冷媒介。麦克卢汉认为收音机和电影等媒介是一种"热媒介"，因为它们延伸一种感觉并使之具有"高清晰度"。我将麦克卢汉的高清晰度理解为媒介在传达信息时充满了感知数据，他的这一观点启发了我将媒介提供感知数据的能力视作艺术传播过程中媒介传达功能的重要因素的想法。麦克卢汉将电视和电话一类媒介看做冷媒介，认为冷媒介提供的信息很少，需要受众的高度卷入才能"捂热它"。当然，麦克卢汉所处时代的媒介技术水平使他做出一些在现在看来有些不恰当的论断，比如将电视视作冷媒介，因为显然在如今这个 4K 电

---

① 外国文学名著改编的电影汇总 ［J/OL］. http://www.vikilife.com/107249.html

② 当然，这种现象并不仅止于国产电影。

③ 卷入（involve）是心理学中用于描述个体对事件或情境投入注意与情感，以及将事件情境与个体自身联系起来的行为的术语。

视正在普及的时代①，电视提供的信息极具高清晰度，更不用说已经成为家用电视机标准配置的环绕立体声与三维视效功能。麦克卢汉认为照片从视觉上来说具有高清晰度，卡通画却只有低清晰度，因为在他那时卡通画提供的信息非常少，而当前有许多数字卡通绘画的细节十分丰富，甚至某种程度上超过某些低精度的实景照片，比如大量用于电影合成的 Matte Painting 技术。低清晰度的冷媒介提供的信息很少，大量的信息得由受众自己填补，这类媒介适合提供基于概念驱动加工的艺术信息。与此相反，热媒介则不为受众留下多少想象空间，这类媒介适合提供基于数据驱动加工的艺术信息。热媒介要求的参与程度低，而冷媒介要求的参与程度高。麦克卢汉对于具体的媒介种类的冷热区分已因时过境迁而不再全部有效，但媒介的"冷与热"是出于对媒介在传播信息时提供感知数据研究立场的观点，与本书高度相关。本书将麦克卢汉认定的"热媒介"视作能够提供丰富感知数据的媒介，而"冷媒介"则是那些在传达感知数据方面能力相对较弱的媒介。在艺术传播过程中，媒介对艺术信息的传达能力高低，对艺术信息激发受众情感体验的影响虽不一定致命，但作用显然不可小觑。基于概念驱动认知的艺术信息，即使由无法传达逼真视觉感受的"冷媒介"如简短语言也能有效传达，而那些基于数据驱动认知的艺术信息，则对媒介的信息呈现能力有更高的要求，向毫无前涉经验的受众传播中国戏曲艺术时，使用语言或清晰度较低的图像，就很难使其产生情感体验便是一例。

美国的阿瑟·阿萨·伯杰则从信息传递的角度看待媒介，他将媒介视为向大多数人发送或交流讯息的方式，认为在信息传播过程中，是由媒介传递了大部分文本。这一观点在引入艺术传播研究中需要进行一定的修

① 张朝阳：4K 模式将取代传统数字电视业［J/OL］. http://tech. 163. com/14/0619/10/9V3J0AF1000915BF. html

正，因为即使是那些传递信息很少的"冷媒介"，如果传达的是一种基于概念认知的艺术信息，同时又和受众的情感需要（或曰前涉经验）具有高契合度，受众哪怕获得的感知数据极少，也能够在内心对信息进行完型处理而获得丰富的情感体验。而如果艺术信息与受众的情感需要或欣赏能力不相匹配，即使媒介能够提供丰富的感知数据，也不一定能够达成有效的艺术传播。某首诗中的简单一句让某位受众潸然泪下的情形在艺术传播中并不鲜见，而电影这种能够提供丰富的感知数据的媒介却完全打动不了某些受众的传播案例也比比皆是。

还有一种至今仍为许多学者认可的对媒介的分类研究方法是由学者哈利·普洛斯在 1972 年提出的。他将媒介分为初级媒介、次级媒介和终极媒介。所谓初级媒介，是指人类自身而非外在的传播渠道，包括语言和非语言物质，如表情、手势、肢体语言等。次级媒介依赖某种技术手段，传播者需要借助这种技术手段才能够将信息传播出去，而信息接受者则不必依赖这种技术手段。他将狼烟、火警，以及需要借助书写或印刷手段进行传播的信息，比如传单、报纸、杂志、书籍等归入次级媒介。而终极媒介则是指无论信息的生产或传播者，还是受众在接纳/吸收信息时，都需要借助技术手段的媒介。终极媒介包括广播、电视、电影、磁带、CD、唱片、个人电脑及相关的数据承载设备。哈利·普洛斯的媒介研究出于关注信息编码与解码技术的角度，从如今的技术发展态势来看，人类似乎越来越依赖具有科技黑箱特征的编码与解码技术的媒介，这也是提出媒介遗忘论的学者担忧的原因。演唱这类依赖初级媒介传播的艺术信息，以及依赖仅凭眼睛便可解码的印刷类次级媒介的视觉艺术信息，只要演唱方式被继承，书籍画报未被损坏，其时间传输维度是具有极高延续性的，而像软盘一类无论编码和解码都需要设备和算法的终极媒介，一旦设备停产，算法失传，便将面临失效的可能。事实上这一问题已见端倪，如今许多早期的数字存储介质尽管并没有毁坏，却成了"僵尸"介质，比如某些特殊尺寸的软盘现在已很难找到可以读取它们的设备。绘印在岩壁上的绘画，只要不被毁坏，即使再留存千年万年，也能够为人类的后继者观赏与讨论，而一张刻录了整个卢浮宫艺术作品数字图像的光盘，如果于从格式到设备都再也无处寻获匹配读取方式的多年以后被人们获得，即使保存得完好无损，也只能是一片圆乎乎的发着闪闪彩虹光芒的塑料片。由此可见，艺术传播研究不能忽略媒介时间传输的特性，本书中对此问题较为关注，将在"艺术传播中的媒介材质"以及"艺术信息与传播媒介"两个章节中进行详细讨论。

与哈利·普洛斯的分类方式具有相似之处的是安德鲁·哈特的媒介分析。他认为媒介是对输入讯息或原材料进行解释的方式，是一种将信息传递给大量的人的装置。他认为不管使用什么样的定义都存在很多种不同的媒介，而这些差异部分取决于它们对技术设施的依赖程度。从这个角度看，他将媒介分成三种主要类别，分别是示现的媒介、再现的媒介以及机械/电子媒介。示现的媒介需要面对面地进行传播，人际传播如演唱或表演显然需要诉诸示现的媒介。而再现的媒介可以进行异步传播，信息可以被存储并传递复制。示现媒介与再现媒介的差别类似于初级媒介与次级媒介，后者需要依赖技术设施，而机械/电子媒介在编码和解码阶段都需要依赖技术设施。这种分类方式对本书的研究具有以下启发意义：在艺术传播过程中需要考虑艺术信息面对受众的终端情况，比如在没有互联网，计算机也并不普及的地域（在世界范围内这样的地方并不少），许多在大城市被视作理所当然的艺术信息如数字影像，是很难进行有效传播的。

雷吉斯·德布雷对于媒介技术发展与艺术传播之间的关系持怀疑态度，他认为"当莎草纸代替胜贤本人，当照片代替绘画，当电影代替文学，当口袋书代替真正的书籍，小屏幕代替了大屏幕时，真正的价值是否还有可能得到传承?"① 雷吉斯对媒介演化过程中承载文明价值的怀疑中,既有对媒介可能丢失感知数据的忧虑而使艺术信息的传达效果受到损害的忧虑如"小屏幕代替了大屏幕",也有对媒介提供更为丰富的感知数据而可能导致人们更加习惯于接受偏向数据驱动处理的艺术信息,而逐渐怠于思考的忧虑如"当电影代替文学"等。针对前一种忧虑,本书对媒介在感知数据的传达与时空传输的技术发展方面抱有积极观点,对于后一种忧虑,虽然不可否认人类对媒介的依赖越来越高,甚至有可能出现离开某种媒介手段便难以沟通的极端现象②,然而首先,无论是绘画还是照片,电影还是文学,都是人类发明并使用的媒介工具之一。从燧石刀片到大型机床,人类并没有因为发明了各种协助自己的工具而使自身的智能与文明受到阻碍,尽管在个体层面存在能力倒退现象。另外,即使拥有了这些工具与技术之后再往回倒退会使人们面临困境,然而人类是一种对环境具备高度适应性的生物,人类与生俱来的人性与艺术天赋,并不会因为有或无高保真音箱或宽达 20 米的银幕而丧失,人类完全能够根据不同的环境衍生出不同的生存方式与文化观念,无论我们是生存在无文字的记忆技术的"原始记忆圈",由文字的发明而产生的科技文化领域的"话语圈",由印刷术开启的"图文圈",还是由图像和声音控制一切,由电子设备打开的"视频圈"③,或是未来基于我们还无法想象的某种技术的"某某圈"。

以上是对艺术传播与艺术研究领域学者对媒介演化与艺术传播问题的相关研究做的简单梳理,这些前人研究中存在许多对本书具有指导意义的

---

① [法] 雷吉斯·德布雷 (Regis Debray) 著,刘文玲译. 媒介学引论 [M],2014. 51

② 一些在网络社交中成长起来,并且没有形成良好依恋模式的个体,在脱离了这些社交软件和设备时,显得极为木讷与内向,然而观其在网络上的表现却以外向型人格为主。

③ [法] 雷吉斯·德布雷 (Regis Debray) 著,刘文玲译. 媒介学引论 [M]. 中国传媒大学出版社,2014. 46

观点与方法，基于这些观点与方法，本书将进一步偏向由艺术传播角度出发的研究立场。首先，本书不以传统方式对艺术传播中媒介的演化进程做明确的口传、印刷、电子与网络区分，而以媒介对特定艺术信息种类的传达与传输功能的演化作为主要讨论对象。另外，已有的艺术传播研究具有延续艺术欣赏与批评的思路倾向，而相对缺乏从艺术信息、媒介与受众关系角度出发的以传播效能为思路的研究，而后者正是本书的研究重点。

2. 业界

接下来要谈的业界是指进行艺术传播实务的机构、组织或个人。与学界相比，业界的精力显然更加集中于实际的艺术传播活动，无论是相对严肃的艺术展演、比赛，或更具娱乐倾向的影视、综艺与流行音乐，还是关乎经济利益的投资、拍卖、众筹，业界渗透的每一个层面都可见其在艺术传播中对媒介的重视。业界的观点并不只由从业人员发出，有相当数量具有学者身份的艺术传播研究者也提供关于艺术传播实务的意见，他们看待问题的角度常从行业出发，颇具业界特点，因此我将这类学者的观点与意见也纳入业界范畴。有许多学者同时也是业界精英，而不少业界精英也具有学者身份，曾经或仍在进行学术研究。

业界在进行艺术传播实务过程中，与学界一样注重前期调查与研究。在谈及具体事例之前，先需略览互联网用户数据调研与分析方面的现状。相比在真实世界中的行为，人们的数字足迹更易被追踪与记录，目前国内已有许多可供大众免费（或付费）获得的数据报告与服务网站，如易观网互联网数据研究中心①，中国互联网数据平台②，DCCI 互联网数据中心③、

---

① http://data. eguan. cn/

② http://www. cnidp. cn/

③ http://www. dcci. com. cn/

艾瑞网①、199IT 互联网 TMT 数据②、百度数据开放平台③、中国互联网络信息中心④、麦肯锡公司⑤、Alexa 网站排名查询⑥、艺恩咨询⑦等。此类网站和服务机构众多无法遍历，另外还存在淘宝、京东等并不将用户数据作为铺面商品出售，但却掌握着大量用户购买行为与需求样本数据的机构。事实上，用户行为数据本身极受业界重视，2014 年 3 月 8 日，阿里巴巴在手机淘宝上给出全国 37 家百货商场、230 家 KTV、288 家影院、800 家餐厅的 3.8 折或是 3.8 元的优惠券与代金券，这样的优惠意图显然不在赚钱，而是为了增加 O2O 触点与数据采集。另外，业界在艺术传播领域的行动不胜枚举，其中有高有低有成有败，针对艺术传播所形成的观点也纷繁众多各有洞见，附录 A 与附录 B 对出现时间不长但具有较大影响的业界艺术传播实务——艺术品线上拍卖与艺术众筹做了简要介绍，但由于篇幅所限且信息众多，所涉猎的只是部分较具代表性的网站、机构与事例。

　　媒体圈的从业人士对艺术传播与媒介的关系一直颇为关注。吕继刚在《艺术市场与传媒的关系》⑧ 一文中认为，媒体与艺术市场的结合存在传统方式即面对面的直观报道，以及另一种以各种方式出现的参与尝试，包括中央电视台和各省级台以及各大报纸和各类杂志开辟的书画频道与收藏版面方式。策展人王林认为当前的传媒作用是重要的，"信息全球化有赖于

---

① http://www.iresearch.cn/

② http://www.199it.com/

③ http://open.baidu.cn/

④ http://www.cnnic.net.cn/

⑤ http://www.mckinseychina.com/

⑥ http://www.alexa.cn/

⑦ http://www.entgroup.com.cn/

⑧ 吕继刚. 艺术市场与传媒的关系 [J/OL]. http://news.99ys.com/news/2011/0929/27_73419_1.shtml，2011

媒体传播，媒体拥有运作信息的权利和方式。搞艺术的人意识到艺术不是依靠原有传达方式存在，而是在传媒方式中存在。可以说，绝大多数人知道一个艺术家、一件艺术作品、一种艺术现象，是通过传播信息知道的，通过参观展览知道的相对是少数。媒体指导、媒体放大，媒体有着重新阐释艺术的生产能力，不能简单看成被动的报道"①。这是一种从传媒机构宣传对艺术信息影响范围与力度来看待艺术传播的观点，佐证了本书中对艺术传播"终端的超链接与转换"的重要性的观点。另外，对于中国电影的海外传播，文建认为从策略上需要"丰富完善传播渠道，增建扩建自有媒体终端，建立健全海外营销体系，须走出'重生产轻营销'的老路"②，从媒介采用上需意识到"新媒体是新的技术支撑体系下出现的媒体形态，如数字电影，数字报纸，数字广播，手机短信，移动电视，网络，桌面视窗，数字电视，数字电影，触摸媒体等。目前，国产电影海外传播的主要终端仍然集中在影院和网络上，而对于个人手机，平板电脑移动媒体平台等没有进行充分的认知和推广。"③ 独立策展人朱小钧则将渠道媒介如互联网看得十分重要，他认为："以往的平面媒体受制于传播技术本身，而网络则带来了一场新的技术革命，因为它完全突破了纸质媒体的单向度宣传模式。今天在数字媒体和纸质媒体读者置换中，发生了一场'媒体革命'。"④ 在谈论他的策展经验时，他提到"很多批评家在交流时会经常说：'我看到了你的文章，是在雅昌艺术网，艺术国际，艺术中国的网站上转

① 陈英爽. 艺术媒体生存状况［J/OL］. http://gallery. artron. net/20110928/n192723. html，2011

② 文建. 西方媒体海外传播网络建设的新趋势［J］. 中国记者，2012，04：102-103.

③ 文建. 西方媒体海外传播网络建设的新趋势［J］. 中国记者，2012，04：102-103.

④ 朱小钧. 媒体救赎重点在传播上言论自由和公司化制度［J/OL］. http://review. artintern. net/html. php？ id=6068，2009-5-30

载出来的。'"①因为相比印刷媒介，互联网媒介的复制与发布过程都更加快速而便捷，因此"网络传播的信息流通更快，并且完全免费。另外，个人网站和博客的建立使得艺术家从被编辑的角度转向了自我媒体化。作品和观点可以随时通过网络发布，这种自我媒体化已经完全突破了以往传播的常态。艺术类网站最大的优势，在于视频传播的立体化。因为目前还没有一个专业类的电视节目，或者是其他通过影像的方式对艺术家进行全面推广。所以艺术类网站的视频直播，其实对艺术家特别有吸引力，也是特别有效的一种传播方式。"②朱小钧的观点代表了艺术传播从业人员对网络媒介的良好感受。但尧小锋在《艺术媒体的危机》中亦提出了另一角度的观点，他怒斥某些"堪称艺术媒体的败类"：

"经常见的艺术媒体（杂志、报纸和网络）的不下五十种，按照它的功用格局来说，基本是二、三、五模式，分以下几例：一是坚持自己的办刊（报、网）原则，客观、公正地对艺术行业起到引导作用，每期有自己的独到的主打文章，内容把关严，经济效益来源于合理的广告、发行和相关活动，此类媒体最多只占到两成；第二种，有自己的办刊（报、网）风格，也有一些客观、公正的文章，但左右摇摆，对文章把关不够严，未经许可胡乱转载文章，不分好坏给钱就上广告，以作品换版面的也多有存在，这类骑墙派占了三成，更有大半的艺术媒体是完全沦为个人或集体利益的工具，基本不按媒体的操作方法，丧失媒体立场，而成为不分好坏艺术家、画廊和相关机构的吹鼓手，甚至自己为自己抬轿，走入不把行业搞臭不罢休的恶途。此种与其说是媒体还不如说是利益工具，也只有在艺术

---

① 朱小钧. 媒体救赎重点在传播上言论自由和公司化制度 [J/OL]. http://review. ar-tintern. net/html. php？id＝6068，2009－5－30

② 朱小钧. 媒体救赎重点在传播上言论自由和公司化制度 [J/OL]. http://review. ar-tintern. net/html. php？id＝6068，2009－5－30

行业还能获得些认可，在其他行业早无立锥之地。"①

　　尧小锋的这一番话是对媒介组织的不良运作模式的批评，尽管对艺术传播效能存在重大影响，但媒介组织的运作模式不在本书的探讨范围内，本书主要关注的仍是媒介本身对艺术信息的传达与传输能力。

　　综上来看，业界对媒介对艺术传播的影响研究相对而言偏重现象，其实效性很强，但在媒介氛围变动较大的大环境中也存在不少数年前的观点如今已不适用或部分不适用的现象。业界重视的是当前事态的优劣与当下的解决方案，声音犀利独到，但若从艺术传播研究的总体思路来看略为琐碎且缺乏延续性。另外，由于可能存在利害关系，业界的观点存在自利性偏见，尽管不一定是故意为之，业界声音时有需要变通来听。

四、研究方法

　　本书首先对艺术传播中媒介的传达功能与传输功能进行了区分，在第一章中分析了艺术传达媒介与艺术传输媒介的一些重要属性。在艺术传达媒介演化一章中，本书引入认知神经科学中对人脑遭遇信息时的知觉研究成果作为讨论前提，分别对遥感知觉的传达媒介演化、躯体知觉的传达媒介演化、化学知觉传达媒介演化以及多通道知觉传达媒介演化进行分析，并介绍了几例与艺术体验具有紧密关系的知觉异常现象。艺术信息如未能到达受众，体验的"好与不好"问题，便因为体验的"有与没有"问题而无法成立，因此在接下来的艺术传输媒介的演化一章，我重点关注媒介如何采集与复制艺术信息，承载并输送艺术信息，以及向受众发散艺术信息

---

① 尧小锋. 艺术媒体的危机 [J/OL]. http://finance. sina. com. cn/stock/t/20080719/
　04172335509. shtml，2008-07-19

的问题。复制是大面积传播的前提，没有复制的艺术原作，无论在空间维度还是时间维度上，都存在较大的传播困难。本章首先对各种传播目标下的艺术信息复制做了较为细致的分析，随后讨论艺术信息扩散的三个主要阶段，包括信息与物质不可分离的阶段、信息与物质分离的数字化阶段、信息与物质汇合的数字化阶段。关于数字时代背景下信息与媒介分离的讨论已有很多，本书将主要关注更加晚近的技术案例。在艺术传输终端部分，本书分三个方面进行研究：首先讨论受众在不同的终端遭遇艺术信息时所产生的两种对其艺术欣赏体验存在较大影响的状态，即单独接受与他人在场。第二部分探讨真实的艺术作品与虚拟数字信息之间的关系。第三部分关注终端的转换与超链接，转换主要针对同一类艺术信息的终端转换，比如利用微信传播演剧信息，引发受众关注，并达成前往剧场观演的艺术传播，或使用社交媒体进行艺术理论欣赏的普及介绍，引起目标受众的兴趣并进一步吸引他们购买书籍与画作[①]。超链接针对的则是不同的艺术信息，如从某一首乐曲信息跳转到与该乐曲同时代的一幅画作信息，或者从结构化搜索引擎中获取与某一部小说具有类似情感体验的作品信息，这一作品可能是另一部小说，也可能是小说的改编影片，甚至是一幅画作或一段乐曲。

材质是艺术传播媒介的重要属性，它直接影响媒介在艺术传播过程中的能力与效率。在分析了艺术传播中媒介的传达与传输演化后，本书单独对艺术传播中的媒介材质做了探讨。首先对材料做简单介绍并说明在本书中使用"材质"作为探讨对象而非"材料"的原因，接着分析不同的媒介材质对艺术信息进行传达的效果，介绍几种常见材料的属性以及它们的艺术信息传达能力，并提出媒介材质对艺术传达的重要影响在于其感受性、

---

① 在微博与微信上以"小顾聊绘画"系列幽默图文出名，进而出版书籍并开设线上画廊的"顾爷"即为一例。

易得性与易控性方面。在材质与艺术传输的部分，本书分时间传输属性与空间传输属性两个层面对承载艺术信息的媒介材质进行分析。

在分析了媒介的传达、传输与材质问题之后，本书在第五章讨论艺术信息与传播媒介之间存在的关系。艺术信息与媒介匹配部分将主要以认知心理学研究中关于人类在知觉信息时使用两种不同的驱动方式——基于概念驱动与基于数据驱动的认知原理作为基础，对受众在认知艺术信息时所产生的不同心理过程进行分析，提出传播媒介与艺术信息的匹配问题。随后进一步分析了人们知觉艺术信息时的方式差异，并详细讨论了这两种认知方式在传播艺术信息时对特定媒介的依赖程度问题。具体而言，人们在欣赏偏向概念驱动的艺术信息时，对特定媒介的依赖程度较低，而欣赏偏向数据驱动的艺术信息，则对特定媒介的依赖程度较高。在艺术信息的传达诉求与媒介部分意在分析承载艺术信息的媒介作用于人类知觉并引发情感体验的底层原理，即媒介使受众产生体验的两种方式——直接刺激与知觉转换。艺术信息的传输诉求与媒介部分则分别从时间传输与空间传输两个角度探讨媒介对艺术信息传输的影响。

本书最后一章提出在艺术传播中采用智能媒介的设想与分析。这一部分与新技术设备的关系最为紧密且时效性很强，本书构思初期的前两年，一些实例还停留在设想阶段，而在完稿时一些实例已有成熟应用与产品。该章首先介绍何谓智能媒介并简单梳理了媒介在智能层面的演化过程，并分析在艺术传播中使用智能媒介的可行性与优势。在艺术传播智能媒介的核心原理"感知数据与情感体验""艺术信息的索引可能"与"关系匹配"三个部分的讨论之后，提出艺术传播智能媒介在实施层面的具体步骤，即获得巨量艺术信息与受众数据的"数据收集"，囊括已有专家系统与人工智能的"分析建模"，以及成功分析已有数据并达成有效关系匹配后，将艺术信息送达相应受众的"传播交付"。

第一章

艺术信息的传达与传输

第一节　传达媒介与传输媒介

　　艺术信息的传达是指信息通过媒介诉诸受众的感官并达成知觉，形成认知，理想的话进一步触发受众合乎预期的情感体验。当然，尽管如今有许多艺术创作者并不认为自己的作品存在预设的情感体验，然而即使不存在预期，创作者也不会希望受众对自己的作品视若不见，即使只是一种混乱的情感，也需要受众驻足关注，因此这也是一种传播预期。艺术信息的传输，则是指信息（如前所述，本书中的信息并不单指通过光电发射的虚拟信息，也包括艺术品实物）被搬运、携带、输送到受众面前，传输的过程就是信息与受众的相遇过程，这当中也包括受众自身的移动。传输与艺术信息的物质状态，以及交通技术发展有重要关系。尽管有许多媒介同时承担着艺术信息的传达与传输功能，但这两种因素并不总是统一的，甚至可能互相矛盾，比如雕像杰作的原件，显然比一张印刷的照片传达功能更强，而后者的传输功能却远远超过前者。

　　几乎所有的艺术信息都存在传达的预期，即便它们可能被创作出来却从未有人见过，比如一些对神灵或其他超自然力量进行传达的艺术信息，或是对创作者自己或假想受众传达的艺术信息。但另一方面，并不是所有艺术信息都具有传输需要，如前所述用于祭祀祈福的艺术信息，它们在被创作出来的那一刻就被决定，它们无法被运输，也不应被送到那些并无资格欣赏它们的受众面前，相当一部分坟墓壁画便是如此。尽管如今我们可以看到无数印刷精美的坟墓壁画画册，或清晰度极高的数字图片复制品，但如果不是王朝覆灭，斗转星移，这些极具艺术传达功能的信息，将永远深埋于墓主的身边。事实上，仍有许多这样的艺术信息正静静地躺在我们的视线之外，可能在未来的某一天进入我们的眼帘使我们叹为观止，也可能直到毁坏殆尽也仍旧默默无闻。

对媒介在艺术信息的传达能力与传输能力方面进行细分，是提升艺术传播效能研究，降低传播成本所必需的前提。媒介的传达属性将直接影响艺术信息的动人力量，而同样重要的媒介传输属性，在已有的相关研究中并没有媒介的传达属性那般受到重视，这是可以理解的——毕竟在艺术研究领域更多关注传达问题是很自然的现象，这类研究基于艺术信息已经顺畅送达到受众并引发受众足够的关注与欣赏。然而在艺术传播实务中却并非总是如此，许多艺术信息在到达能够欣赏或喜爱它们的受众的路途上行走得并不顺利。因此艺术传播研究不仅需要关注艺术信息如何借助合适的媒介进行传达，也要分析艺术信息如何通过恰当的媒介被送达目标受众，这是达成传达之前的必经的步骤——为受众的感官所接触。在接下来两个小节"艺术信息的传达诉求与媒介"以及"艺术信息的传输诉求与媒介"中，将对此内容进行详细讨论。

第二节　何谓艺术传达媒介

艺术传达媒介的重点任务是将艺术信息呈现在受众感官所能触及之处，引导其达成对艺术信息的知觉，并触发合乎预期的情感体验。

很多时候，艺术传达媒介所能提供的丰富、生动的感知数据是构成强烈情感体验的前提。以著名雕塑《变形记》为例，这尊雕塑背后的故事情节是爱神丘比特因为与阿波罗结仇，在阿波罗迷恋上一位漂亮姑娘时故意使她对阿波罗产生极强的恐惧与排斥感，而阿波罗的做法则是穷追不舍并准备强行占有，姑娘走投无路而向河神父亲求救，最终被变成一棵月桂树而免遭侵犯。这个情节乍一看来有些莫名其妙，引发矛盾的起因似乎简单而肤浅——结仇与色欲，神的品格与行为几乎和街头混混类似，对于不太熟悉神话传说的表述方式的受众来说，仅仅被这样的情节打动的可能性不高。但贝格尼尼使用石材与他臻于完美的雕刻技巧，将这个故事中极富戏剧性的一刻，转化为与语言完全不同的造型感知数据。置身于贝格尼尼的雕塑前很少有人能不动声色——这座雕塑作品与真人等高，材质的坚硬冰冷被雕塑家的高超技艺转化得仿佛具有生命，人物的神情动势以及造型细节都表现得极为出色——站在罗马的鲍格才美术馆中细细观察着那人体化作植物枝叶的永恒瞬间的人们几乎会忘记这只是一尊雕像。贝格尼尼通过富有感知数据的视觉媒介，将一个不够精致的神话传说提升为任何人都无法抗拒的艺术情感体验。这一点，许多仅仅只是看过印刷复制品或数字图像复制品的受众也能感受到。

雕塑家用以造型的材料所具有的色彩和质地，对他创造形式存在重要影响①。贝格尼尼的雕像具有如此强大的传达力量，不仅因为它精湛的塑造技巧以及石材质地与表现主题的契合，也与它被置于恰当的欣赏环境中有关。然而在具体的艺术传播实务中，艺术信息并不总被置于符合承载它们的媒介所匹配的环境中。艺术创作者们对于他们所使用的艺术创作媒介是否适合的标准往往多出于他们艺术家的直觉、创作感受判断，当然也受到创作习惯影响，但是他们可能并不总能将受众遭遇他们作品时的欣赏环境考虑在内，对此确实也很难做确定的设想。雕塑家们会将需仰视的佛像塑造得上大下小，使信众在仰视时看到和谐的比例，但佛像创作者无法预期多年后他的作品被从庙宇搬运至博物馆中置于与受众平视的角度，会使金刚们变得腿短头大而一定程度丧失他们本应具有的威严②，当然这一种欣赏环境的变化可能并不至于使创作技艺精湛作品的动人力量被削减过

① ［美］苏珊·朗格著，滕守尧，李海荣译. 艺术问题［M］. 南京出版社，2006. 38
② 有一些博物馆会专门考虑艺术作品原处环境并努力对馆内呈设环境做相应的调整，以期复原展品原初的传达效果。

多，然而有时这一环境变化却有可能导致艺术信息与相应媒介的错误搭配而使艺术信息传达的严重失效。如传统剧目《张协状元》在表演过程中，"贫女交代自己的身份以及自己与张协的认识、遭遇过程有许多次"①，这是因为传统剧目的演出环境是宽松的，可以随进随出，"主要人物不断报告身份事迹，与中国戏剧的演出环境有关。"② 演员必须时常向观众做"前情提要"式的介绍，以免后来者或分心者看不懂。循环介绍前情的剧目表演方式，在被由庙会搬至剧院中时却可能使受众厌烦而导致艺术传播的低效，传统戏剧的剧情在习惯了当代叙事表现的受众看来往往有些拖沓，如在另外一种媒介如影院电影中仍采用这样的表演方式，坐在封闭而安静的电影院中一直专心致志的观众很难不觉剧情拖沓，有一些传统剧目被直接搬上屏幕这一类受众具有较高专注度的媒介，却未考虑具有不同传达能力的媒介差异对艺术信息存在着匹配的需要，造成一些受众对此类艺术信息的误解，便是媒介与信息不相匹配的失效的传播实例之一。艺术创作者考量的是媒介是否具备能够恰当传达自己创作理念的能力，如果人们未能注意到面前的艺术信息而连恰如其分的观察都无法做到，随后那种强烈而细致的共鸣也无从产生，因此艺术传播研究者需进一步注意传达媒介与受众欣赏状态与情境的匹配。由此可见，信息影响媒介，使之更适宜自己的生存，而信息也需要适应媒介，以便达成更为有效地传达。

媒介是人类感知信息的中介物，而认知结果是存在于人类头脑内部的，一旦信息经过感官进入大脑，后期的认知过程就与媒介的关系不大了。因此媒介影响的是信息以何种状态和形式，刺激何种感官对其进行组织与采纳。从技术层面上来看，主流媒介随时可能变化甚至倒退，一场小型战争就有可能导致某一地区的互联网与电子设备等现代信息传播技术无

---

① 王廷信. 寻访戏剧之源：中国戏剧发生研究［M］. 山西教育出版社，2011. 228
② 王廷信. 寻访戏剧之源：中国戏剧发生研究［M］. 山西教育出版社，2011. 228

法使用，而核战争之后，手机、网络这些如今看来稀松平常的传播媒介将在一定时间内全部作废，最有效的信息传播方式则是由飞机抛洒传单与口口相传①。同时随着技术的发展，某些信息可能无需通过人们习以为常的感觉器官传达便可直接诉诸大脑的对应位置引发情感与情绪②。当认知神经科学与脑神经研究的成果积累到一定程度时，或许不再需要精巧描绘与深情讲述，只需一串电击就可以使人无法克制的悲伤流泪或开怀大笑。当然，这样的描述现在看来使人难以接受，即使成真也会有许多人拒绝选择这样的情感体验方式，但仅从技术角度来看，这类信息传播方式将是最可能逼真复制艺术创作者情感体验的方法，不排除会有一部分艺术信息，在未来会向愿意选择此种方式的受众进行传播。

将艺术信息诉诸受众知觉的传达媒介，与将艺术信息送达受众的艺术传输媒介之间是存在差异的，这种差异有时十分巨大。威廉·莫里斯在其《艺术品与工艺品》一文中建议手工艺创作者们要将他们手中的材料根据其特点将优势发挥到极致。确实，在手工艺类的艺术信息中所用材质的物理特性是尤其重要的，高质量的工艺品需要精心选择和处理材质，但这种精心选择与处理的媒介却可能一定程度地降低艺术信息的传输能力。艺术信息的传达往往要求质量更高的媒介，但艺术信息的传输却需要媒介更容易使用、获取与操作代价更小。如前所述的《变形记》雕塑，其雕像原作或具有高还原度的复制品的艺术信息传达能力是最强的，但在传输属性上，沉重而精准复制困难的雕像实物显然无法与印刷图片或数字图像的传输便利相比拟③。选择何种媒介进行艺术信息传达大部分时候由创作者决定，但也有许多时候，尤其是在涉及信息复制的情况下，却是由艺术传播

---

① 邵培仁著. 媒介理论前沿 [M]. 浙江大学出版社，2009

② Ray Kurzweil：30 年内人类大脑将与云直接相连 [J/OL]. http://www.guokr.com/blog/399750/，2012

③ 三维打印技术的发展或可在未来解决这个问题。

者是否完备的思考与是否恰当的操作来成为艺术传播成功的要素之一的，接下来便要进入艺术传输媒介的探讨。

第三节 何谓艺术传输媒介

艺术信息不仅需要被传达给受众，更需要跨越空间和时间以进入更多人的视野，不同的媒介在携带艺术信息前往前世今生与天涯海角的能力也是艺术传播研究的重点。

艺术传输媒介指的将艺术信息搬运、携带、输送到受众面前的媒介。这一过程也包括受众自身的移动，眼镜式屏幕与携带高清摄像头的无人机使得受众的移动也能够媒介化。艺术传输的过程就是艺术信息与受众的相遇过程，这与艺术信息的原件与复制物质状态、传输终端，以及交通技术的发展有重要关系。

艺术传播学中对媒介的艺术信息空间传输能力的研究多于对媒介携带艺术信息跨越时间的能力。本书中对媒介的时间传输问题进行了较多篇幅的讨论，是因为艺术信息不同于军事新闻或天气预报等普通信息，尽管后者的完备记录对人类认识和掌控外部环境甚有助益，而艺术信息如能更加有效的跨时间传输将是累积人类文明的重要条件，媒介的选择对艺术信息跨越时间的传输具有重要影响。湿壁画这种艺术媒介的时间传输能力比干壁画高，对后人而言是更好的艺术传输媒介，然而在绘画的当年，湿壁画的难以操作与繁琐过程，以及对画师技巧要求更高等属性，却不一定是人们心目中好过干壁画的传达媒介，而在建筑艺术史上，现存最早的石质建筑远早于最早的木质建筑，也是艺术媒介在时间传输能力上具有差异的例子之一。

艺术信息的空间传输是人类当时当代目所能及的重要问题，对于实物类的原作或复制品而言，将艺术信息有效送达至受众面前的过程涉及该艺术信息的携带便利程度。珍贵的画作即使尺幅巨大包装完好进行运输也是可行的，一些重量与体积过大的艺术品的运输难度或所需代价更高，而有一些艺术信息几乎无法进行实物的无损转运，尽管纽约大都会艺术博物馆中整体复原了网师园（其中的假山石其实来自另外一座园林），但若要将紫禁城或圣索菲亚大教堂原物搬运至地球的另一边，即使技术上可以完成也涉及过高的经费与损毁艺术品的危险。艺术信息跨空间传输的另一种方式是发展交通使更多的人可能前往艺术信息的所在地。在现代道路与交通设备成熟之前很少有专门为了欣赏艺术信息前往远方的行为，而在高铁开通的这些年，专门前往北上广观摩国际艺术展对许多人来说司空见惯，当然，这些其他国家的艺术杰作能够千里迢迢来到中国境内展出（即艺术信息向受众的靠近）也是重要因素。

数字技术与信息采集设备的诸多发明与普及，扩展了艺术信息跨越空间传输的可能性。演出可被摄录为影像资料，书画可被扫描为高清的数字图像，甚至连纸张的纹理也能分毫毕现，雕塑可被三维扫描仪记录为数字数据通过互联网发送。环境艺术如园林、露天雕塑、建筑内部空间等，可建模或实景扫描，制成虚拟游历空间程序，还可以提供交互。甚至表演艺术中演员的动作与神情也可被动作捕捉设备记录为字符串，复原到具有足够对应点数的关节或面部肌肉节点的虚拟角色上（如图1-1），大型交互式电影游戏《生化危机6》中的虚拟女主角实际上由三位真实演员出演，她们有的负责角色表情、有的负责走路等普通动作，而打斗动作则由另一位演员负责——很少人会意识到艾达王风情万种的步伐其实是李嘉欣的动作——这些动作数据除了由虚拟角色表演，也出现在由仿人形机器人表演的艺术节目中。

图 1-1 动态捕捉技术可将表演艺术的感知数据与人体媒介分离①

以上所举的例子听来振奋人心，但在实际传播中绝非完美。摄录为影像的表演仅仅记录画面与声音，现场空间进深导致的微妙体感、演员与其他观众的实时反应，都无法通过摄录机记录传播，而由机器人表演的动作数据即使使用了当前最先进的人形机器人，也让不仅观众还包括演对手戏的演员感觉缺乏灵魂，但技术的发展将不断推进这些具有高速便捷传输功能的媒介对艺术信息的传达能力。另外，一些传输媒介尽管在对艺术信息的感知数据复原完全度方面存在缺陷，却有可能具有其他一些传达方面的优势而对艺术传播具有促进作用。仅举手机等移动终端的相机这一传输媒

① 图片来源：http://www.gamersky.com/wenku/201607/785200_ 5. shtml

介为例，当前许多手机所配置的高清摄像头光线充足的情况下拍摄效果良好，尽管与雕塑实物相比，手机相片的传达能力显然不足，但从另一个角度来看，手机相片可与社交媒体无缝链接，瞬间传播至各地与众多受众遭遇，这是雕塑原作无可比拟之处。"一名 Reddit 网站用户将自拍狂潮引入爱尔兰克罗福特艺术馆里，采用特殊角度拍摄艺术馆中古老的雕像，照片看起来像是雕像们的自拍照。"① （如图 1-2）尽管这种趣味拍摄的方式对于艺术原作的反映并不全面，但不可否认一类媒介呈现在信息传输方面的力量。（如图 1-3）

图 1-2　自拍的雕像们②

---

① 看，雕塑也在自拍 ［J/OL］. http://arts. sohu. com/20140814/n403433643. shtml，2014

② 图片来源：http://arts. sohu. com/20140814/n403433643. shtml，2014

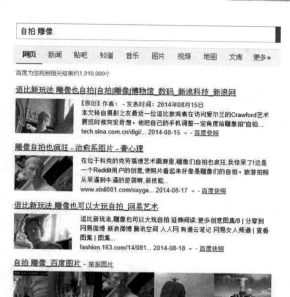

图 1-3　百度搜索结果，可见相关页面数量巨大，这仅是网页终端，在诸如微博与微信中亦有数量巨大的转载①

① 图片来源：百度搜索

第二章

艺术传达媒介的演化

由于媒介承载着将艺术信息与人类感官达成直接接触的任务，媒介在这一过程中的主要任务是诉诸人类的感官系统并引发相应知觉，因此在艺术传达媒介演化的这一章将基于认知神经科学中对人类知觉常见的分类方式——即遥感知觉、躯体知觉、化学知觉进行艺术传达媒介的分析。尽管在文章中为了分析方便而采用分类方式，而人们在真实的艺术欣赏过程中很少只采用一种感官对艺术信息进行知觉，多通道知觉是较为常见的现象，在媒介技术的不断发展中，媒介能够刺激的人类知觉种类也在不断增多。本章中还介绍几例知觉异常现象，这些现象被认知神经科学视作严重的疾病与创伤反应，正常人很难在真实生活中体会到这类知觉现象，但事实上它们与艺术体验十分贴近，人们常能通过欣赏艺术体会到类似的知觉异常。对于艺术传达媒介的研究已有许多优秀成果，本书不进行详细罗列，只将其脉络做一梳理，尤其将重点置于数字化传达媒介的介绍上。

第一节　遥感知觉传达媒介演化

一、何谓遥感知觉

遥感知觉是一种使人类可以接受到来自较远距离的信息的知觉能力，或称"外感受知觉"，遥感知觉使人类不需要直接与信息源接触，就能够对其进行加工。一般将视觉与听觉称作遥感知觉，嗅觉也具备远距离传输的可能，但气味分子在空气中传播的速度，与光（视觉）和波（听觉）相比要慢很多，另外因为嗅觉的达成需要气味分子达到鼻腔感受器，因此与味觉一起被认知神经科学分类为化学知觉。触觉必须由个体直接与刺激源接触才能产生，至于味觉则需要更深的接触，这种接触在某些时候很可能是致命的，比如神农氏的牺牲。依赖遥感知觉进行外部信息加工对生存个体的优势很明显，当个体能够处于较远距离便能侦测到可能对自己产生危险的事物时，所获得的反应与躲避时间才能更充足，如果依赖触觉——无论神经系统在疼痛反应上能有多么快速，被狼咬住才明白要跑就实在太晚了。

数字化时代的人类更加依赖遥感知觉，光学信号与声波信号可以通过数字媒介传输到更远的距离——甚至能够传输到外太空。城市生活中遥感知觉可提供大部分人类需要进行感知识别的线索，高效且方便，但因此付出的代价是其他知觉的退化，硬件设备的发展能对此问题的改善提供一些可能。

二、视觉的知觉原理

昼行性动物都十分依赖视觉，人类也是如此。绝大部分健康的人在分辨外部信息时主要依赖眼睛所见，视觉是主导人类知觉的首要知觉，不仅影响人们的行动方式，甚至影响人们的思维方式与文化习俗。

视觉信息来自于物体对光线的反射，因此以视觉知觉物体，需要个体具有对反射光线起反应的感觉检测器。

"当光线穿过眼睛的晶状体，图像就会被反转然后聚焦投射到眼球的后表面及视网膜。视网膜最里面的一层是由数百万感光细胞组成的，每一个感官细胞都含有光敏感分子，或者叫感光色素。当暴露在光线中时这些感光色素就会变得不稳定，并且发生分解。这一过程改变了感光细胞周围的电流流动，而这一由光诱发的变体会触发下游神经元的动作电位。这样感官细胞就将外部光刺激转化为大脑可以理解的内部神经信号。"①

常人约有两亿六千万个感光细胞，但在视网膜的传出细胞数量上却只

---

① ［美］葛詹尼加著，周晓林，高定国译. 认知神经科学 ［M］. 中国轻工业出版社，2011. 152

有两百万个神经节细胞。这一强烈对比意味着摄入信息的高度压缩，即我们的视觉中心是十分高效的处理器。正常人在识别出熟人的面容方面毫无压力，哪怕已经年未见，而计算机视觉发展至今，仍然只能在某几个方面企及人类。在感光细胞获取外部光线信息后，神经节细胞轴突所形成的一束束神经——即视神经，将这些视觉信息传递到中枢神经系统以供进一步加工。记忆可对这些信息进行解释与补充，但一切都起始于知觉刺激，因此在艺术传播链条中，携带艺术信息对人类知觉进行刺激的媒介，具有相当的重要性。

灵长类大脑中具有多种视觉区，有研究认为这些视觉区存在等级结构。"其中每一个区域都对外界信息生成的表征做进一步的精细加工，并且通过特殊的方式表征刺激。初级视皮层中的简单细胞负责计算边界，复杂细胞则使用大量的来自简单细胞的信息来表征拐角和边缘终端，接下来更高级的视觉神经元整合来自复杂细胞的信息以表征形状。"① 机器视觉的图形识别也采用这一方式。还有一些研究结果 "将视知觉看成一个解析过程。虽然每个视觉区提供了一张外部空间的地图，但是这些地图表中的信息类型不一样，例如某些区域的神经元对颜色变化具有高敏感性，而另外一些区域可能是对运动而不是对颜色敏感，根据这一假设，某一区域的神经元不仅仅编码了物体在空间中的位置，而且提供了物体属性的信息——某一属性的空间分布。"② 人类的视觉认知具有多个处理部门，外界物质的视觉信息并不被导入全部视觉处理部门并进行完整表征，这种分而治之的策略使得每一种视觉区都只能加工有限的视觉信息，但提供了更加高效的识别速度与整体层面的准度。对原始视觉信息进行加工的区域如何将不同

---

① ［美］葛詹尼加著，周晓林，高定国译. 认知神经科学 ［M］. 中国轻工业出版社，2011. 156

② ［美］葛詹尼加著，周晓林，高定国译. 认知神经科学 ［M］. 中国轻工业出版社，2011. 156

维度的刺激整合成可供进一步辨认和解释材料的研究，对传达视觉艺术信息的设备研发具有指导意义。

值得提出的是，知觉并不解决所有识别问题，要使获取的关键信息真正发挥作用并引发进一步的反应，需要已获得并加工的信息与以往储存在记忆中的相关知识进行有效联系。认知心理学认为此时人们采用语义分类将知觉对象之间的相似性提取出来，并获得该物体的独特性认知，也就是一种基于概念驱动的信息认知。另外，人们加工信息的过程并不被动，在面对外界世界时，人们总在进行从纷繁复杂的感官信息中选择出需要注意或感兴趣的部分进行进一步加工的活动，因此在艺术传播过程中引发注意是信息传输成功后的重要步骤，需知并非所有的艺术信息都能为目标受众注意并解读，尽管它们可能十分优美或深刻。

三、视觉的艺术传达媒介演化

人类在看的时候，首先努力分辨的常是形状。在野外环境中生活能够准确快速地分辨出视野中出现的陌生视觉信息究竟是什么，是生存的重要能力。这一知觉习惯一直延续至今，以至于许多未曾受过艺术欣赏训练的人们在遭遇陌生的视觉艺术信息时，首先努力识别的是其中到底"画的是什么"，这一做法往往受到诟病，并被认定这是一种艺术欣赏能力低下的行为，其实这不过是人类生存本能的延续。对于这一类受众所进行的艺术传播需采取辅助策略，具有引导式的欣赏氛围对提高传播效能十分重要。

形状知觉采集自多种信息源，主要有边界、颜色与运动。

1. 线条

由线条表现轮廓是最古老的艺术传达形式之一。早期的线条制作常使用刻线方式，东西方文化都有在陶、石、木质的媒介上以工具刻制线条的艺术表达作品，包括一些浮雕，其实也是边线艺术的变体："汉代的浮雕并不是真正的雕刻艺术，它只不过是在扁平石板上的平面雕刻，或者是平面浮雕和一些赋予其质感的背景的组合。"① 希腊的瓶绘艺术也是一例：首先在陶胚上刻画出造型的轮廓，之后再使用更加锋利尖锐的工具进行进一步的细节刻画，然后涂上颜色或画出高光进行烧制。希腊黑绘风格的花瓶以"深重的黑色轮廓、精巧的细节和明快的多色覆盖相组合，具有不可抗拒的魅力。②"红绘风格是黑绘的进一步发展，画师用涂料画出人物轮廓的同时将背景涂黑，陶胚的红底色成为人物自身的颜色。由此内部细节则可使用绘线来表现，绘线相比使用坚硬工具刻画出来的刻线更能够表现丰富与具有弹性的笔触。在纹理细腻表面光滑的木材断面上使用雕刻刀获得精细线条的木刻画也是一种以刻线造型为主的艺术形式。木刻画可用于版印而大批量复制，从 14 世纪末开始木刻被用于印刷扑克和书籍，15 世纪中期在丢勒的影响下成为一种艺术媒介。木刻版画可以阳刻也可阴刻，这种风格如今在许多图像处理软件中仍留有地位，比如 Photoshop 滤镜菜单中一直存在的"木刻效果"。

与刻线类似而又不同的是绘线，绘线需要使用颜料，绘制使用的笔也对线条风格起到很大的影响。有时颜料与笔合而为一，比如木炭、粉笔或铅笔，有时色料与笔需分离，像墨、水彩、油画颜料等媒介。当使用不同的笔时线条所表现出的形式差别很大，使用毛笔与钢笔表现的书法便是一例。绘线可采用的笔法技巧十分多样，早在新石器时期人们便开始开发绘线的笔法趣味，"甘肃马家窑发现的碎片显示出一种非常复杂的用笔技巧，即在描绘植物时，叶子的顶端往往形成一个尖钩，乃是提笔画成的。这种技法与 3000 年后宋代画家画竹子时的笔法如出一辙。"③ 某些艺术作品中仅仅是绘线技巧的高超就令人叹为观止，比如永乐宫壁画上长达数米的流畅线条。除此之外还有一些使用非颜料媒

---

① ［英］苏利文著，徐坚译. 艺术中国［M］. 湖南教育出版社，2006. 68

② ［美］弗雷德·S·克雷纳著，克里斯汀·J·马米亚著，李建群译. 加德纳艺术通史［M］. 湖南美术出版社，第 1 版，2013. 102

③ ［英］苏利文著，徐坚译. 艺术中国［M］. 湖南教育出版社，2006. 6

介进行线条表现的样例，比如景泰蓝、刺绣编织与马赛克中使用小块石头对色彩分割的白色边线等。数字化视觉信息的时代，线条的视觉观感与图像的分辨率高度相关，在高分辨率的图像中线条看起来更加清晰漂亮，软件与设备的发展使得线条显示可以被优化。Microsoft 提供的 ClearType 技术（如图2-1），可以使 LCD 显示屏上的文字显示得更加清晰可读，当设置恰当时甚至可以比拟印刷文本的清晰程度。另外，矢量格式的数字图像给线条的视觉信息提供了更具表现力的可能，点与点之间的曲率计算方式构成矢量线条的走向，这种以相对关系构成线条的方式可以被无限放大进行输出（瓶颈仅在于硬件设备的配置）。线条与线型的分离，使得同样的线条走向可以被赋予不同的线型，一条线可以被赋予花朵的笔触，也可被赋予模拟书法枯笔的线型。以矢量方式对以单色线条为主的艺术信息进行存储可以做到文件量与表现效果的最佳平衡。将线条视觉信息扫描后，可进行自动化矢量转换的工具也有很多，效果不一，参数设置的合适与否也将直接影响效果。一些自然绘画软件中存在笔刷设置的多种可能，使用者可以使用软件预设的绘线效果，也可以获取第三方提供的更加丰富的绘线效果，甚至可以以自行创作的真实笔触引入软件进行调试，以达到十分逼真同时使用方便、多种多样的绘线效果（如图2-2）。

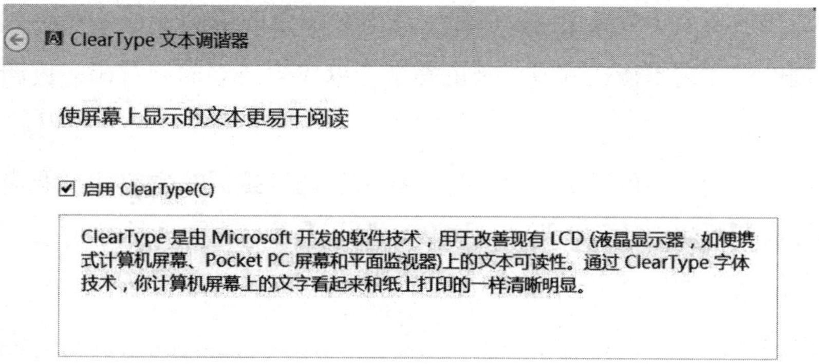

← ✕ ClearType 文本调谐器

使屏幕上显示的文本更易于阅读

☑ 启用 ClearType(C)

ClearType 是由 Microsoft 开发的软件技术，用于改善现有 LCD（液晶显示器，如便携式计算机屏幕、Pocket PC 屏幕和平面监视器）上的文本可读性。通过 ClearType 字体技术，你计算机屏幕上的文字看起来和纸上打印的一样清晰明显。

图 2-1　ClearType 技术①

———————————

① 图片来源：Windows 设置界面

图 2-2　本书作者使用"杨灵华水墨笔刷"① 进行的水墨绘线测试②

2. 颜色

在探讨了传达线条的艺术信息媒介演化后，接下来要进入对颜色传达媒介的探讨。颜色知觉能够促进对形状的知觉识别，颜色是将物体或其中一部分从背景中区分出来的十分重要的线索。边界可能会因为不同的照明环境而产生巨大变化，但当光线充足，锥体细胞能够有效感知信号时，颜色的变化便不会十分剧烈③。日常生活中对颜色的识别往往是对形状识别的辅助，但在艺术传达领域，颜色完全可以成为独立的刺激源，色调艺术便是一例。

人类使用颜色的历史十分久远，在阿尔塔米拉洞窟、拉斯科洞窟一类旧石器时代的洞窟绘画中，绘画者使用红色与黄色的赭土涂绘打底，并另

---

① 灵华水墨画笔 5.0 正式发布！［J/OL］. http://www.leewiart.com/zhuanti/138924.html

② 图片来源：Photoshop 软件界面

③ ［美］葛詹尼加著，周晓林，高定国译. 认知神经科学 ［M］. 中国轻工业出版社，2011. 170

外使用碾制为粉末的赭土吹或涂上墙面。粉末的不易固着使得涂绘方式需要在矿物色料粉末中加入一些可起固着作用的物质，比如动物脂肪，之后发展出使用蛋清或其他具有油性特点的物质。有研究对这些洞窟壁画所使用的颜料成分进行分析，发现它们是被精心配比而成的，且技术成熟度令今人惊叹。在中国，北京周口店的山顶洞人也曾使用赤铁矿粉末这样的矿物色料作为具有宗教意义的随葬品。一般情况下，常用的矿物颜料耐久而易得，但有些色彩颜料在某些时期也十分昂贵，比如色泽艳丽持久不变①的以青金石制作的蓝色颜料曾经贵过黄金。在现代化学工业发展使化学颜料普及之前，植物颜料也常被用于表现颜色，相比矿物颜料，植物颜料相对容易褪色但也大多容易找到而且便宜。还有一些来自动物的染料，但相比矿物与植物颜料，它们因为各种原因被使用的频率要低很多。数字化时代的色彩不仅需要固着于物质之上，其屏幕表现也十分重要，在当前这个人们更常于在屏幕上观看艺术信息的时代，颜色的屏幕色彩模式成为另一种影响艺术信息传达的虚拟颜料配方。与自然界的颜色不同，在屏幕上显示的颜色由于其所基于的设备原理，被称为加色模式，即屏幕上所有的颜色相混将成为白色（而真实世界中的将所有颜色相混合，理论上将得到黑色），这一特点使得屏幕色能够显示比实际物质世界更加鲜艳与明亮的色彩。某些明艳的颜色如亮黄或艳绿在屏幕上显示的色彩将比真实印制的色彩亮得多。类似于荷花花蕊所具有的鲜艳黄色，除非使用特别的颜料绘制或印刷，屏幕显示的能力要胜过印刷物。在传达色彩信息的媒介发展过程中，潘通色②是一种高效并易于统一的方式，这种使用固定号数表现特定

---

① 一个手抄本控的自述［J/OL］. http://mp. weixin. qq. com/s？＿＿biz＝MjM5 MTAxMDQ2MA＝＝&mid＝201497011&idx＝1&sn＝b2c7b597d6ff7b9d7bc579877b 585844&scene＝2&from＝timeline&isappinstalled＝0#rd，2014

② 潘通色（PANTONE）是国际通用的广泛用于印刷、纺织、塑胶、绘图、数码科技等领域的色彩沟通系统。

色彩的方式有许多变种，具有丰富经验的设计师甚至能够通过色号明白其代表的色彩，而所谓的 128 种网页色其实与传达媒介的硬件基础相关，曾经的网速与浏览器限制使得在网页上能够良好呈现的色彩只有 128 种，处于色谱内的颜色在各种浏览器上都能够准确显示，#FFFFFF 在所有情况下都将显示为白色，而#FF56D4 则有可能出现各种不同的显示结果。这种媒介的限制曾经使得早期互联网上的图像质量经常令人头疼，设计师们也颇受限制，然而发展至今的媒介技术，使得早期网页设计师养成的限制图像质量与色彩数以达成传输平衡的习惯变得不再重要。但因媒介导致的传达限制将一直存在，即使价格便宜的手机也能使用真彩色的屏幕硬件，但仍存在一些硬件限制使得色彩的呈现需要被降低，比如在我参与的一项高清数字相框硬件设计任务中，尽管屏幕硬件采购了当时最为顶级的产品，但由于芯片的限制，最初的启动界面在同一屏只能使用 8 种色值。

在绘制色彩的过程中人们常使用的方式有喷洒与涂绘，比如洞窟壁画的绘制者，喷洒时他们的气泵来源是自己的肺，而绘制工具则是一些自然材料如芦苇或鬃毛制成的画笔。芦苇吹管或空心骨头可以让绘制者将颜色沿着形象轮廓吹到太高太深而无法接触到的地方，这种方法想来困难，实际上还原研究发现，熟练的绘制者使用这种方法仅用数天时间就能将大面积的洞窟铺满颜色。吹喷法能够造成过渡自然的色调，喷笔工具套装的发明使得那些需要极其自然过渡的绘画成为可能，超写实绘画的画家免不了要备有一套类似的工具。喷洒的方式有其特别的传达优势，但并不如用笔或刀易控，使用过喷枪工具的人会明白这是一项何其需要耐心的工作。数字化艺术创作使喷绘变得十分容易，数字化绘画软件中可以方便的设定操控区域，这在拉斯科洞窟中极难做到。在使用喷枪工具时因需要剪贴特制的遮盖物也颇麻烦，而在许多图像与绘画软件中提供的选区与蒙版工具使得这类操作在电脑中效率极高。数字绘画的逼真与操作便捷是洞窟壁画时代无法企及的，这也是许多电影中采用 Matte Painting（数字绘景）的原因，这些数字绘画所达到的真实效果在运动镜头与后期特效的协助下，常使观众完全无法区分哪些景色是绘制出来的而哪些是实拍的。（如图 2-3）

图 2-3　Matte Painting 效果示意图①

调色板曾是大块的石板，就像洞窟壁画艺术家们所使用的那样，后来的变种有很多，根据颜料的特性，甚至一块简单的纸板也能够成为调色

① 图片来源：大众影评网

板。数字化绘画软件中对调色板的设计存在几种取向，一种是基于计算机思维的格子状调色板，flash、illustrator 等偏于矢量的图形图像软件便是如此。使用这类软件的调色方式与在实际调色板上调色的方式大相径庭，即使软件可以提供给绘制者以自由的颜色搭配操作，也是通过滑动条控制其 RGB 或 HSB 或 CMYK 的数值以算数一般的方式构成色彩。事实上这种调色方式对色彩艺术的创作具有阻碍作用，因为色彩是相对的感觉，同样的色彩放在不同的背景中可能给人完全不同的感受，许多视错觉的游戏也证明了这一点。而给出固定选择的虚拟调色板却扼杀了这一可能，在格子状调色板中选择的颜色一旦放置到画作的其他颜色之中，很可能形成完全不同的感受，这也是许多艺术家拒绝使用早期绘画软件的重要原因，他们厌恶电脑绘画并非仅仅因为他们对计算机不够熟悉，更重要的是数字绘画的这种调色板设计改变了艺术创作方式。这里之所以使用改变而未将之称为破坏，是因为这种格子调色板也构成了另一种色彩风格。后来一些自然绘画软件逐步研发并提供了更加类似于实际调色板的虚拟调色板，Painter、Sai 或 OC 等流行于数字绘画界的软件中都有可以随意混色的虚拟调色板，Photoshop 的晚期版本时那样也提供类似功能。这些虚拟调色板使用起来的感受虽然无法完全达到真实色料调配时那样的丰富与多变，但它们的优势是方便、快速且经济。很难说真实与虚拟之间究竟哪种媒介更适于传达色彩的艺术信息，数字绘画正在吸引越来越多的艺术家，而许多成长于数字时代的年轻艺术家也常回归传统媒介尝试不一样的创作，并将实际创作出来的色彩与数字方式综合使用，一些数字插画家常采用自己在纸上绘制而成的独一无二的底纹与笔触效果来丰富画面①。

———————————————

① 德珍著. 德珍 CG 彩绘教室：东方画姬 CG 技巧完全公开 [M]. 福建科学技术出版社；2010.

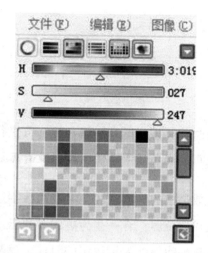

图 2-4 数字绘画软件提供的几种调色板：色彩模式取值①

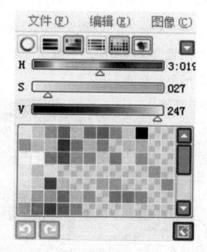

图 2-5 数字绘画软件提供的几种调色板：预设色板②

① 图片来源：Sai 软件界面

② 图片来源：Sai 软件界面

图 2-6　数字绘画软件提供的几种调色板：可进行类似于真实混色效果的调色板（更为逼真的混色效果需使用者的设备有压力感受功能)①

除了使用鼠标与数位板的输入方式，专业的数字绘画需要配备压感级别符合要求的数位板或数位屏，有一些为更加专业需要设计的设备，但因价格原因不甚普及。在触摸屏被大量使用的时代，色彩的绘制从较为僵硬的输入方式进入到更贴近真实效果的方式，如图 2-7 至图 2-10 所示，图形图像软件与设备供应商 Adobe 在其最新发布的产品功能视频②中展示了使用具有无线连接功能与重力感应功能的平板设备进行绘画时的洒色、滴落、涂抹、流淌等逼真的色彩功能。

图 2-7　具有压力感应功能的设备提供手指涂抹时逼真的混色功能③

①　图片来源：Sai 软件界面

②　视频：未来的设计师是这样工作的！Adobe 最新概念视频 [J/OL]. http://v. youku. com/v_ show/id_ XNzk5OTIyNjIw. html，2014

③　图片来源：优酷视频

图 2-8　具有重力感应的设备可在倾斜时模拟逼真的色料流淌效果①

图 2-9　在具有无线连接功能的两台设备之间，可将小屏中调好的颜色洒落至大屏上，模拟逼真的滴洒甩溅效果②

图 2-10　具有重力感应功能的设备可在倾斜时制造逼真的色料流淌效果③

----

① 图片来源：优酷视频

② 图片来源：优酷视频

③ 图片来源：优酷视频

由此可见，色彩传达媒介从真实走向虚拟，并逐渐更具真实与虚拟的结合趋势，这种趋势提供了更具便捷性与创造性的艺术传达媒介。

3. 立体感

人对空间可感受到长、宽与深度三个维度，对于艺术信息的立体追求一直存在着媒介演化。在平面上使用粗细不同的线条来营造立体感是早期绘画中常用的方法，在素描中时常可见通过调整线条的粗细与力度来表现空间关系与质感的方式，此处的线条并非仅意在表现外形轮廓，还传达空间信息，壁画表现也时有意图传达立体信息而非韵律的线条粗细之分。有时候一些表现手法也能形成具有立体感的错觉，张僧繇在寺庙门上的绘画便是一例，远看起来这些门上遍布的花纹好像浅浮雕，而近看则会发现这些用朱红、孔雀绿和宝石蓝绘制的花纹完全是扁平的[①]。还有使用较为稀薄的颜料绘制阴影以提升立体感效果的表现手法。一些浅浮雕介于线条绘画与追求立体的努力之间，比如据说是根据阎立本的底本刻制的昭陵六骏，"整个石刻扁平但充满活力，其扁平形象暗示着这些纪念性石刻的渊源当是线条绘画。"[②] 涂料的厚度也可以用来制作一定程度的浮雕效果，希腊红绘花瓶上如果人物的头发被涂得厚一些，就能制作出具有立体感的卷发效果。尉迟乙僧在其花鸟画中也试图传达立体感，研究者认为他的浮雕效果"并不是一种细腻的、用阴影建立起来的立体感画作，而是用很厚的颜料层层涂抹，使他所画的花卉能够突出画面。"[③]

透视法是对真实空间立体感在平面上进行反映的技法的进一步发展。在中国，早在汉代就已经出现对平面媒介中表现深远空间的努力，比如四川广汉汉墓中出土的一块画像砖。该画像砖上的地平线将画面分为两

① ［英］苏利文著，徐坚译. 艺术中国 ［M］. 湖南教育出版社，2006. 154
② ［英］苏利文著，徐坚译. 艺术中国 ［M］. 湖南教育出版社，2006. 111
③ ［英］苏利文著，徐坚译. 艺术中国 ［M］. 湖南教育出版社，2006. 114

个部分，下部是农人们在水稻田里收割，家人为他们送来午餐。在地平面以上，两个猎人蹲在河岸边射杀飞起的野鸟，湖岸不断后退消失在迷雾之中，猎人身后有两棵秃树，水面之上有鱼和荷花，野鸟在迅速地向远处逃遁①。但与西方不同的是中国艺术后来发展出了具有特定哲学观点的空间表现方式，如今学者们已不再诟病中国画家居然没有发展出如同西方绘画一般逼真的空间描绘能力。数字空间建造技术发展飞速，不断增强的算力与不断改进的算法使得虚拟空间建设越发便捷高效，除了标准的三维软件提供逼真的虚拟空间，许多平面绘画软件也引入相关功能，确立辅助透视线是如今许多绘画软件的标准配置，而一些大型的图形图像软件甚至提供一定程度上的类似于三维软件的功能，它们可将未贴图的三维模型引入，并可多方位旋转观察的同时于立体空间中在模型表面上作画，相比将贴图坐标展开为平面，导入图像绘制软件绘制完成再导回三维软件中进行贴图的方式，这种制作方式可以所见即所得，效率更高，效果更好。

四、听觉的知觉原理

听觉通路起始于内耳，内耳具有复杂的结构，这些结构共同参与将声压的变化即声音转换为神经信号。声波首先到达耳朵并产生耳骨振动，这些振动使内耳液产生小波，刺激基底膜振动，引发毛细胞产生动作电位，以此方式将液体震动的机械信号转化为神经信号。毛细胞拥有对声音频率进行编码的能力与感受阈限，其敏感范围为最低二十赫兹到最高两万赫兹，这些频率范围内的声音人类都可以听到，但一千赫兹到四千赫兹的刺激对人类的听觉而言最为敏感，也正是这个阈限范围，涵盖了人类日常生活中所可能发生关键作用的大部分声音信息频率，许多乐器发生的声音频

---

① ［英］苏利文著，徐坚译. 艺术中国 ［M］. 湖南教育出版社，2006. 69

率也在这一范围内①。

神经元的作用贯穿整个听觉通路，并对声音具有频率调谐能力。"听觉细胞的调节曲线可以很宽，单个细胞并不能给出精确的频率信息，而仅仅可以提供粗略的编码，这一事实表明，我们的知觉必须依赖于很多神经元活动的整合。"② 声音的频率数据是个体解码声音的关键信息，人类需要依靠物体发声时所产生的独特共振所提供的一种特别记号来识别声音。钢琴与唢呐在演奏同一个音符时声音却极不相同，尽管该音符具有同一基频。不同的乐器具有不同的共振特性，可以产生完全不同的音符谐波结构。而说话时所发出的不同声音，也是因为个体通过控制声带的共振特性达成的。嘴唇、舌头与下巴的运动，引发声音流的频谱与频率变化，这些变化对听者辨析声音是何词汇，或是一段音乐至关重要③。与视觉感受器不同，听觉感受器不能直接编码空间信息，声源的位置必须通过整合来自两只耳朵的信号并计算得到。这也使音箱设备在传达声音的空间信息方面，单声道无法做到，双声道略有改进，而五声道的组合音响，配合设计恰当的音效，才能够完美体现一只鬼魂从五十米外突然飞至观众面前并迅速绕之一圈再逼近眼前的惊悚听觉感受。

五、听觉的艺术传达媒介演化

听觉的艺术信息与视觉艺术信息不同，绘画与诗句可以被画或写在

① ［美］葛詹尼加著，周晓林，高定国译. 认知神经科学［M］. 中国轻工业出版社，2011. 142

② ［美］葛詹尼加著，周晓林，高定国译. 认知神经科学［M］. 中国轻工业出版社，2011. 143

③ ［美］葛詹尼加著，周晓林，高定国译. 认知神经科学［M］. 中国轻工业出版社，2011. 144

纸上进行异步传播，而在现代摄录技术发明之前，声音只能通过面对面的方式进行同步传播，歌唱与器乐表演如非亲身体验就无法欣赏。尽管存在对这些表演的文字描述，也有许多绘画表现人们演奏与歌唱的场面，比如今人对古埃及音乐的了解大多来自其坟墓壁画中绘制的表演场景，但诉诸视觉的媒介是无法原真地将听觉艺术信息传达给不在场的受众的。

在能够被记录下来之前，声音的传达媒介被分布在各种乐器、人体和其他器具中，并且还需要相应的使用技巧。人际传播有其便利性——人是特别善于移动的媒介并且自配记忆功能，这也是许多年代久远的歌曲戏剧得以流传至今的原因之一，但它们中的许多也在这一过程里经历了巨大的变化。摄录技术与播放设备的发展，使得声音这种以震动驱动的信息得以与发出源分离而能够进行异步传播，胶盘唱片与磁带记录了相当数量的听觉艺术信息。数字时代的听觉艺术信息媒介演化得更加多样，基于各种音频格式的声音源信息可通过互联网快速传播。随着硬件存储空间与网络传输速度的发展，对音频格式的限制越来越低，更快的码流采样率，甚至不经压缩的音频格式都可被应用于通常的艺术传播中。通用的音频播放软件支持更多的格式，也提供各种均衡器的自定义设置功能①，有些音频播放软件甚至以某些名家如知名乐队主创人员的均衡器预设为亮点。

大众化播放设备的感知数据提供能力也在不断提升，从双喇叭的录放机到各种专业耳机设备，以及如今大量内置于如台式机、智能手机、平板电脑等个人数字终端中的集成或独立发声硬件，使得听觉艺术传达媒介的外延不断扩展。而对听觉艺术信息的专业需求使得专门的音频播放硬件也

① 比如知名的多平台播放器 jetaudio 支持几乎所有的音乐文件格式，包括. wav、. mp3. . ogg、. flac、. m4a、. mpc、. tta、. wv、. ape、. mod、. spx 等等，在音效控制方面，提供 BBE、BBE ViVA、Wide、Reverb、X-Bass 等设置，并预置有 32 种均衡器效果，提供一系列的听觉体验。类似的播放器还有很多。

仍在不断进展，iPod Classic 于 2014 年 10 月悄然下架正说明听觉传达媒介的硬件设备的更新换代，2016 年面世的 Astell&Kern AK240 音频播放器音质完美，能够提供清晰的声音与丰富的音感维度，除了几乎所有的数字音频格式，还能够支持无损音频文件，无论是人声、乐器还是场景音都能够完美还原，几乎不存在失真。这种设备的耳机接口提供常见的 2.5mm 与 3.5mm 规格，并提供 SPDIF 数字光纤接口及 USB 接口，因此受众除了佩戴耳机还可以通过接驳多种音频输出设备进行音乐欣赏。类似的音频播放器种类繁多无法遍历，并且还在不断地发展进步中。

另外，听觉艺术传达媒介也出现智能化趋势[①]。首先，基于互联网与人们的数字行为数据的不断累积，使得自动音乐推荐服务成为艺术领域最早引入人工智能算法的艺术传播行为，许多主流的网络音乐平台都已开始提供音乐智能推荐服务。除此之外，硬件传感器的技术发展使听觉信息输出设备也加入智能行列。SONOS 系列音箱体型小巧，方便挪动，配备专用的无线桥接器（BRIDGE），可以将数个音箱个体连接起来，当然，也可以使用网线和路由器将置于所有房间的音箱进行串联，串联起来的音箱可以统一播放同一首音乐，也可以按照预先的格局设置播放不同的音频信息，比如在客厅听舞曲而进入卧室则播放轻音乐。还有一些便携音箱具有更强的环境侦测能力，甚至能够通过用户将其拿起走动并重新放下的动作，意识到自己被从客厅带到了卧室，而自动播放更加柔和的音乐[②]。

然而，尽管数字时代的听觉传达媒介在高音质与普及度上的成熟令人愉悦，然而现代摄录设备在发展高度精准而纯粹的音质的同时，却可能丢

---

① 语音技术让音箱成智能中枢 ［J/OL］. http://it. sohu. com/20140620/n401095534. shtml

② Cone 音箱：会思考的音乐播放器 ［J/OL］. http://www. ifanr. com/405904

失一些同样可能引发受众情感的辅助音频要素，比如因环境、乐手与录音师的差异而出现各具特点的音色。以模拟制式进行录音的媒介能将振动完全按产生声音的原理记录下来，包括录音环境中的轻微噪音，数字音频录播设备则缺乏这样的个性表达能力，而这种细节上的差异往往是音乐发烧友无法忽视的。就像村上春树尽管认可随时随地都能发出美好而正确声音的 CD，但他还是更喜欢和听者之间存在类似"心的交流"的黑胶唱片，而他觉得自己"虽然不是一个怀旧趣味很强的人，不过夜晚一个人边喝着威士忌，边想认真听音乐时，无论如何都会伸手去拿黑胶唱片那边。"这也是在艺术传播领域时常会遭遇的问题，即受众究竟视何种感知数据更为重要，如果传播媒介与受众预期存在不匹配，则可能导致不够良好的传播效果。

第二节　躯体知觉传达媒介演化

一、躯体知觉原理

躯体知觉不仅涉及触觉，也涉及协助个体确认四肢位置以及本体感受的知觉，"位于肌肉和肌腱连接处的特化神经细胞提供了本体感受线索，使得感觉和运动系统表征关于肌肉和四肢状态的信息。本体感受线索比如在一块肌肉被伸展时会发出信号，可以被用来监测这个运动是来自于另一个人推挤外力还是来自于我们自己的动作。"[1] 躯体知觉还需要负责对温度与疼痛进行解析。

---

① ［美］葛詹尼加著，周晓林，高定国译. 认知神经科学 ［M］. 中国轻工业出版社，2011. 151

相比人类的其他知觉，躯体知觉系统具有更大范围的特化感受器与更加复杂的阵列，并与中枢神经系统的很多区域相关。躯体感觉的感受器存在于皮肤下方的肌肉与骨骼连接处，信号通过脊髓发送至大脑，上行信号通过脑干经突触传递交叉到对侧丘脑，再投射到大脑皮层。躯体知觉中的触摸和按压诉诸皮肤中不同的感受器（即微小体），梅克尔小体编码一般接触，迈斯纳小体编码轻微接触，而环层小体编码深部压力，鲁菲尼小体传递温度信息，疼痛感受器应对疼痛，它们有些有髓鞘，有些无髓鞘。有髓鞘纤维负责快速传递疼痛刺激，这些疼痛感受器可以在个体碰到高温伤害源时以最快的速度挥开手臂，此时个体甚至可能都并没有意识到高温。在刺激之后持续时间较长的疼痛感受由无髓鞘纤维负责，这种疼痛更钝一些，一来提醒个体关注并照顾受伤的皮肤，二来形成痛苦记忆的回避反应，避免个体下一次又赤手去拿烧红的煤块。

二、躯体知觉艺术传达媒介演化

在谈到"气"这种无法用具体语言进行表述的艺术状态时，苏利文举了一个有趣的例子，威廉·艾克（William Acker）"曾问过一位著名的中国书法家，为什么将沾满了墨汁的手紧紧掐入巨笔的笔锋之中。这位书法家回答说，只有这样，他才能感觉到气从他的手臂通过毛笔直达纸面。"① 由此可见，躯体知觉是艺术信息感受中重要的部分，却较视觉与听觉感受所受的重视程度低。

为了证明我的观点需要再举一个真实的例子——我曾亲耳听到一位虽非专家但读书无数尤其喜爱舞蹈与电影鉴赏的老人深恶痛绝地对广场舞发表极端言论。和他一样，许多对广场舞厌烦至极的人士并不见得受到广场舞多么严重的骚扰，而是出于"实在难看"这一原因。不可否认，大多数

---

① ［英］苏利文著，徐坚译. 艺术中国［M］. 湖南教育出版社，2006. 84

配以流行神曲又由缺乏舞蹈技巧的广场舞确实不具备视觉与听觉的欣赏可能，但如果能够深入了解这些广场舞带给参与者的躯体知觉快乐以及这一群体特殊的社交需要，广场舞憎恶者们的情绪或许能够略微平复。因为这种舞蹈并非诉诸视觉与听觉的情感表达，而是需要通过躯体知觉去体会——类似骑马舞和《小苹果》一类的神曲配舞广为流传的原因之一也在于这种颇具节奏感与趣味且易于完成的简单动作能够带给跳舞者基于躯体知觉的快感①。

也存在比广场舞更具欣赏性的集体舞，比如16世纪在伊丽莎白女王的宫廷里流行的孔雀舞。在这类舞蹈中，男性舞者需要时常将女性舞伴举起再放下，贵族女性的娇小身材和大蓬裙成就了这种舞蹈的美感。一个世纪之后德国安乐曼舞开始在宫廷中流行，跳舞的人们成对牵手，轮流转动但手始终与另一名舞者相牵。这些舞蹈十分有趣且赏心悦目，除了跳的人乐在其中，舞会外围常还有大群旁观者，有时候甚至比跳舞的人还要多②。

事实上，像舞蹈与书法等艺术形式其本身原本具有相当强的躯体知觉感知数据，而在长期的技艺发展过程中，专业素质的要求越来越高，导致它们最终都成了诉诸视觉与听觉的艺术而非诉诸躯体知觉的艺术。当然，大多数人都可以通过视与听安静地在内心模仿以达成一些躯体知觉的转换，正如苏珊·朗格所言："舞蹈是一种幻象，它来自于演员的表演，但又与后者不同。事实上，当你在欣赏舞蹈的时候，你并不是在观看眼前的物质物，而是几种互相作用的力。正是凭借这些力，舞蹈才显出上去，前进，退缩，或减弱。舞蹈仅仅靠人的身体，就可以把那种神秘力量的全部变换展现在你眼前。然而这些看上去似乎在舞蹈中起作用的那些力，并不

---

① 神曲、神舞与神经 [J/OL]. http://www.guokr.com/article/438604/，2014

② ［美］F·大卫·马丁著，包慧怡，黄少婷译. 艺术和人文：艺术导论（第6版）
　　［M］. 上海：上海社会科学院出版社，2007. 293

是由演员的肌肉活动所产生的那些引起实际动作的物理力，我们眼睛看到的这种力，因而也是最可信的专为知觉而创造的力。"① 舞蹈的媒介是人类的身体，台上演员的肢体运动，常常能使台下的观众产生共鸣，并引起看不见的"运动"。② 这种内心的共鸣运动在研习书法的人士看来亦很熟悉，即使并无书法艺术训练经验的人也能在西安碑林中默对着喜爱的石碑时体会那种在内心进行的笔法跟随。

建筑是最早对诉诸躯体知觉的艺术信息进行传达的媒介，杰出的建筑师们营造出需要高度建造技巧的高耸建筑，给人们带来超越重力的向天空飞升而去的感受。每一位得以身临其境仰视哥特式高耸建筑的人士，都能够体会到这些建筑翘楚轻而易举将人们的视线与心境引领向与地面对立的天空上去的特质。在此之所以需要特地说明"身临其境"，是因为达成这种高耸离地令人炫目的心理体验的重要感知数据，来自于建筑下部的体量与上部极具透视对比的轻盈，还有受众面临这类建筑时抬头仰视的动作反应——这个动作能够带来最直接的眩晕感觉，触动关于反重力与飞翔的情感体验，小模型和相片都无法企及真实环境的原因就在于此。与普通宽银幕屏幕的比例差异较大的巨型屏幕也可达成这种感觉，有时屏幕巨大到需要较大的头部动作才能将屏幕显示内容全部看清时，这种动作会带来与面临高耸建筑时具有一定类似程度的飞升感，尤其是当屏幕中播放的内容与飞翔或天空有关。像《地心引力》一类具有宏大空间画面并将重力感带来的人类对家园的归属情感作为影片重要元素的影像作品，以后可能会将重力感也加入对受众进行传达的感知数据中去，相似的技术在一些具有游乐性质的小型多维电影院中早已使用，比如座

---

① ［美］苏珊·朗格著，滕守尧，李海荣译. 艺术问题［M］. 南京出版社，2006. 6

② ［美］F·大卫·马丁著，包慧怡，黄少婷译. 艺术和人文：艺术导论（第 6 版）［M］. 上海：上海社会科学院出版社，2007. 287

椅在摇晃过程中会突然小幅度下落而造成的短暂与轻微失重感。但类似技术因所需要连接的信号维度过多，难以维护代价高昂而无法普及①。除了重力感，像时间感这样的感知体验，也需要借助一定的设备技术和媒介才有可能让人们切实感受，在高速/低速摄影出现之前，那种一眼万年的感受是很难呈现得如同 Discovery 纪录片在半分钟内将森林一角整整一年的生存状态播放出来般令人震撼。

垂直风洞游戏这一类类似于极限运动的活动是更加直接的刺激，这种直接作用于感受的刺激过于简单，单纯来看并不具有更多角度更为复杂因素的艺术感染维度，因此不能将其视作标准的艺术传播媒介。但当风洞体验一类的游戏被用于某种装置艺术，或某个精心设计的体验式展览的环节之一，风洞带来的奇特的漂浮体验与受众内心潜在的情感力量相结合，便完全可以为受众带来深刻的艺术体验，达成具有意义的情感经历。当然，垂直风洞的造价与安全性可能使艺术家在创作作品时很难对类似媒介予以考虑，但这只是时间问题。

疼痛意味着危险和伤害，人类并不喜爱这种躯体感受经验，越是严重的疼痛一般人越趋向回避，但在某些亚文化中存在对疼痛的崇拜与应用变体，在较为严重的心理疾患案例中自残现象也不少见。主流的艺术传达媒介很少诉诸疼痛感受器，但艺术信息本身经常将疼痛引入表达，只是在传达过程中提供疼痛的想象而受众本身是安全的。一些交互游戏存在对疼痛或危机具有躯体知觉的反馈设计，在遭遇危机或在虚拟世界被伤害时，操控器会将一些按压和震动反馈给受众，但这需要软件与硬件的支持，不会抖动的鼠标和键盘无法完成这种反馈，装有简单振动器的手机或平板电脑

---

① 我曾访谈过多位五维电影小影院的经营者，无法获得高质量的具有多通道信息的片源，以及座椅上的喷水器与支杆等设备时常出现的小毛病是他们抱怨最多的话题。

可以在赛车游戏撞车瞬间轻微震动以示危险，但震动频率与强度单一。越逼真的躯体知觉传达效果对媒介的复杂程度要求越高，价格也扶摇直上，一些设置有价格高昂的体感游戏设备的娱乐中心，往往收费也不低。大多数时候，对疼痛的表现都是用听觉与视觉线索，即使在对多通道知觉尤其关注的交互式游戏中也是如此，主角在遭受攻击时会发出惨叫声、画面的镜头会剧烈摇晃，整个情境的色彩会持续黯淡，视线内的事物也会模糊一段时间，这些都意味着疼痛与受伤。

第三节 化学知觉传达媒介演化

一、化学知觉原理

认知神经科学将嗅觉和味觉归为化学知觉，是因为它们都需要通过感觉器官分辨不同的化学物质来解释环境。视觉与听觉依赖的是光与波，而嗅觉与味觉则依赖化学刺激，如着嗅剂和着味剂。现在看来，与遥感知觉相比，化学知觉通过数字媒介进行虚拟传播更为复杂与困难，因为光与空气随处可得，而着嗅剂和着味剂却具有特定的分子结构，一只佛手瓜的数字图片很容易通过网络传播，而佛手瓜的气味则不那么容易转发。当然，如今也有数字设备公司研制出了可以通过网络发送气味的设备，这将在后文进行简单的介绍。

1. 嗅觉

相比视觉与听觉，嗅觉似乎并不很受重视。但不可否认，作为更加原始的感官，嗅觉对人类的生存至关重要，它已经进化成评价食物是否可能具有毒素的自我保护机制①。如今，嗅觉在人类生活中扮演的主要角色已不再是自我保护，而在于社交与情绪安抚方面，数之不尽的香水种类，以及可以释放压力缓解不良情绪的香薰产品都是嗅觉的艺术化应用。

嗅觉通路非常独特，它的感受器直接暴露于外界，并且嗅神经是不经过下丘脑而直接抵达初级嗅皮质的，因此人类很难回避出现在身边的气味。另外嗅觉与视听的不同之处在于它的不稳定性，相比视觉与听觉信息，气味更加显得飘忽不定而由此可能更加具有令人迷醉的情感体验。

"同样的气味不能在初级嗅皮质产生稳定的激活，然而当气味出现在框额皮质外侧部分则产生稳定的 fMIR 信号增强，这个区域通常被认为是次级嗅皮质。初级嗅皮质的活动与主动吸气的频率紧密相连，不管是否有气味出现，每次个体用力吸气嗅闻时，初级嗅皮质的 fMIR 信号就会增强，这些结果似乎很令人困惑，表明初级嗅皮质也许更像是嗅觉运动系统的一部分。"②

嗅觉是一种和记忆联系颇深的知觉器官，很多人都有过类似经验——多年之后回到故乡，在那人是物非的感慨中突然飘来一阵熟悉的气味，无论这种气味是否令人愉悦，都能在一瞬间将那时那景的熟悉感觉激发出来。记忆与嗅觉紧密相关的原因何在？一些研究认为可能在于嗅皮质与边缘皮质的直接连接，根据当前的脑神经研究，边缘皮质被认为是涉及记忆与情绪的重要区域。通过 fMIR 检测科学家发现"当刺激被用来触发有意

---

① 甚至有一种猜测，认为幼儿对蔬菜的厌恶可能来自于蔬菜的气味，为了自我保护，人类在消化器官尚未成熟的阶段两害取其轻的选择偏好肉类，因为相比植物，以蛋白质为主要成分的肉类具有毒性的可能性更小。

② ［美］葛詹尼加著，周晓林，高定国译. 认知神经科学［M］. 中国轻工业出版社，2011. 148

义的个人记忆时，气味比相关的视觉刺激更加稳定地激活了边缘系统。"①关于海马损伤的病人在气味识别能力上受到严重损害的研究，更进一步证明气味与记忆的联系（levy 等，2004）。

尽管有许多观点认为诉诸遥感知觉的数字化设备毁掉了许多艺术信息的本真之处，比如数字阅读设备消解了读书时文字的美感、纸纹的触感以及书香气味合一的完美体验（极端的观点甚至由此质疑人类在文化深度上的倒退），但在艺术传播中将气味加入传播的研究相对较少（倒是在艺术传播实务中存在一些尝试②），这也与嗅分子的数据采集与传输困难有关。尽管在悠草碧水小亭台的气味配合下，柳梦梅与杜丽娘的缠绵悱恻可能更加动人，然而很难将那种说不清道不明的气味收集起来放到千里之外的剧院里。但另一个方面是值得艺术传播者考虑的，那就是如何使用人工合成香料这种可控的媒介恰当地与视觉或听觉艺术信息相匹配，以给予受众更为复杂的感知数据并引发更加深刻的情感体验③。

2. 味觉

味觉的神经通路由食物分子或着味剂刺激味觉细胞感受器开始，感受器因味觉信息的刺激而去极化，开启味觉系统的转换过程。人类口腔中约有一万个味蕾，味蕾大多位于舌头，也有少量存在脸颊和嘴中的其他位置。人类的基本味觉包括咸、酸、苦、甜、鲜。基本味觉存在各自的化学信号转换形式。研究认为每一个单独的味觉细胞只对应一种着味剂起反应，而人类在日常生活中所体验到的味觉往往并不单纯，有时甚至十分复

① ［美］葛詹尼加著，周晓林，高定国译. 认知神经科学 ［M］. 中国轻工业出版社，2011. 149

② 三个艺术海归开创"气味"生意 ［J/OL］. http://www. ck1818. com/portal. php? mod＝view&aid＝2863，2010

③ 麻省理工大学举办艺术展览 人体气味上展堂 ［J/OL］. http://www. yiyiarts. com/index. php/Index/news_ info/id/575，2013

杂，这是因为信息经由味觉细胞传递再经框额皮质加工后整合得到。

基本味觉使大脑获取正在品尝的食物的种类信息，鲜意味着蛋白质，甜意味着碳水化合物，而咸提供矿物质或电解质与水是否平衡的重要信息。酸和苦是使大部分人不甚愉悦的味道①，这是因为酸和苦似乎在人类知觉中进化成类似警告的信号。很多有毒植物尝起来苦，浓烈的苦味甚至会导致呕吐。人类对苦味物质的探测能力相比对其他味道比如咸味要敏感上一千倍，也是苦意味着危险警告的证据之一。酸味可能表明食物腐败或水果没熟，存在有毒或对人体不利的物质。

好味道是人类幸福感的重要来源，框额皮质似乎在加工摄入食物带来的愉悦感或奖赏价值中起到重要作用。Dana small 和她的同事做了一项研究，对吃巧克力时的人们的大脑进行扫描："在测验期间，被试评估了巧克力带来的愉悦感和他们想吃更多巧克力的欲望。最初，巧克力被评为很好吃，并且被试表达了想吃更多的愿望，但随着被试吃得越来越饱，他们想吃更多巧克力的欲望下降了，尽管巧克力仍然被认为好吃，但对其带来愉悦感的评价强度下降。"科学家比较了首次测试的神经活动以及实验结束时的神经活动，他们确定了大脑的哪些区域参与了对食物的奖赏即愉悦感。"框额皮质的后部内侧部分，在巧克力有高度奖赏价值和被试的想吃动机强烈时被激活。相反的，框额皮质的后外侧部分在吃饱状态，也就是巧克力并无奖赏价值，和想吃动机很低时被激活。这样，眶额皮层似乎是高度特化的味觉加工区域，包含分离的区域，分别加工食物奖赏价值谱的相反两级。"②

---

① 尽管有许多人喜欢金桔与黑巧克力，但纯粹且高强度的酸味和苦味并不是令人愉悦的味道，馋嘴的孩子可能会将白糖当做零食，但几乎没有人会以嚼黄连为乐。

② ［美］葛詹尼加著，周晓林，高定国译. 认知神经科学［M］. 中国轻工业出版社，2011. 150

二、化学知觉艺术传达媒介演化

化学知觉包含嗅觉与味觉两种知觉类型，尽管人们时常将饮食称作文化或曰独特的品尝艺术，但艺术传达中诉诸化学知觉的成分大多集中在嗅觉，因此本小节中我将主要探讨诉诸嗅觉的艺术传达媒介演化。

正如吉卜林所言，气味要比景象和声音更能拨动人的心弦[①]，对于这种现象的解释在前一部分知觉原理的内容中已做探讨。不存在嗅觉感知数据的艺术信息很多，可以说大部分艺术信息尤其是当前数字时代的艺术信息，都缺乏诉诸嗅觉的感知数据。尽管这并不影响艺术传达的有效性，但人类感知与情绪的复杂使得嗅觉这一直达边缘皮质的知觉类型的媒介演化不应为艺术传播研究者忽略。对书香这样的感知数据已有基于化学成分的研究，《Compoundchem. com, What Causes the Smell of New & Old Books?》[②]一文中讨论了新书气味与旧书气味的来源可能，认为"新书气味"可能具有三种主要来源：纸张本身以及制造纸张时使用的化学品、印刷油墨、与装订用胶剂。具体制书过程不同可能带来不同的新书气味，比如制作纸张的原料是木浆还是棉花或其他织物，造纸过程中为了调整纸品性能使用了哪些添加剂，印刷的油墨种类以及装订时使用的黏合剂，都可能带来不同的新书气味。而旧书气味则主要是由纸张中的化合物分解而产生的，现代工业发展产生更高质量的纸张，其中纤维素尽管分解速率较慢，但分解反应仍然存在。人们对一些化合物的嗅觉感知数据已经很了解，比如苯甲醛可以提供杏仁的香味，香兰素提供香草香味，而乙苯和甲苯可以造成甜蜜气味，添加2-乙基己醇可以产生轻微的花香，并且这些反应中所产生的其

---

① ［美］黛安娜·阿克曼著，路旦俊译. 感觉的自然史［M］. 花城出版社，2007. 11

② Compoundchem. com, What Causes the Smell of New & Old Books? ［J/OL］. http://www. compoundchem. com/2014/06/01/newoldbooksmell/, 2014

他醛类和醇类嗅觉阈值很低，只要一点点就能产生书香。曾有公司专门生产模仿书香的气雾剂，对于书香有严重癖好又希望享受 Kindle 的轻盈体量与丰富书量的人们来说这似乎是一种折中办法。也有一些可能意图使阅读环境更具嗅觉上的微妙维度的以书香为主打香调的香水出售，尽管不一定会有很多人愿意使用这类产品使自己闻起来像一本书，但对于激发情感体验的嗅觉感知数据的量化研究，将直接形成下面要提及的嗅觉信息传达媒介的基础。

数字化设备对视觉与听觉这类感知数据的传播十分容易，但嗅觉这类需要化学元素达成的知觉类型则很难通过网络传播，即便如此也已出现一些设备可以完成通过网络传播嗅觉的任务。比如一款名为 Scentee 的球状小装置，它的使用方法是将之插入智能手机的耳机孔并安装特定的应用，之后设备将针对某些通知内容释放出相应的气味喷雾（着嗅剂储存于球状体中）。比如当用户的社交媒体账号收到一个"赞"时，它会释放一小股清爽甜蜜的气味，比如草莓或薄荷，这款装置还支持包括玫瑰、咖喱、茉莉、肉桂卷、薰衣草、苹果、依兰树、椰子等味道，观其网站可发现熏肉味也已提供预订。这种装置的每一个味道盒可以喷洒 100 次气味，每次重新装填气味盒需要 5.33 美元，当前可支持的系统有 iOS 及 Android①。类似的设备还有由气味短信平台的运营商 Vapor Communication 提供的名为 oPhone 的设备，Vapor Communication 的总裁爱德华兹如此介绍自己的产品："oPhone 向移动通讯中引入了一种全新的感官体验，此前，移动通讯一直都只局限于人们眼前的体验，而有了 oPhone，人们可以在任何地方与任何人分享他们的感官体验，而不仅仅限于文字、图像和声音。"② 在

① scentee.［EB/OL］. http://scentee.com/，2014

② Jerrusalem. You've Got Smell：1st 'Scent Message' Sent from NYC to Paris［J/OL］. http://www. livescience. com/technology/，2014 oSnap 应用里，用户可以通过对 32 种原始气味进行混搭，从而创造出超过 30 万种独特的气味。

上文提及的此类设备更偏向概念性，离普及使用尚有距离，但有了概念与样本硬件，事情的进展便容易应人们的需求顺利地进一步完善，《牡丹亭》演出中配备经过设计的气味感知数据传达，在不久的未来可能成为艺术传播领域可实际操作的行为。

至于味觉，在艺术传播中是最少被直接加入传播因素的感知数据，一些涉及味觉的艺术创作，仍属于视觉或听觉范畴[①]。尽管有许多艺术作品表现的是存在味觉特征的信息，但绝大部分博物馆或艺术馆不仅不会在他们的雕塑与绘画作品前放置一盘可供品尝的点心，甚至不允许观众自带食物。艺术创作者们也很少将味觉作为直接激发情感体验的感知数据，他们往往使用联想与促发联觉的方式进行呈现，毕竟相比食物，画作与磁带更易保持，看与听也比吃更安全。另外，某些需要静观与深思的艺术信息，很难与口腹之欲相联系，但这并不妨碍艺术传播者将味觉这一与人类情绪相关程度如此紧密的因素，纳入到艺术传播媒介的研究中来。

第四节　多通道知觉传达媒介演化

一、多通道知觉原理

行文至此已将视觉、听觉、嗅觉、味觉，以及身体知觉的感觉通路机制以及艺术传达媒介诉诸这些感官进行艺术信息传播时的状态做了简单探

---

① "艺境·味觉艺术展"展现艺术与味觉间的微妙体验 [J/OL]. http://www. ce. cn/ culture/gd/201206/13/t20120613_ 23404426. shtml

讨。然而日常生活中，人类很少仅凭单一知觉进行信息认知，常人的各种感官所产生的相互作用对他们的生活十分重要。难度较高的行为任务，如在闹市公路上安全行驶，则需要有效整合来自视觉（周遭车辆、行人、十字路口与信号灯）、听觉（喇叭声与其他可能意味着情况不对的声音，比如车内突发的噪音等）、触觉（汽车的各种控制装置），甚至嗅觉（比如电线焦煳味是重要的警告）① 等多种知觉线索。人们无法仅凭味觉品尝食物，嗅觉参与了重要的助长作用，另外连视觉线索也对食物产生影响——鲜艳的蓝绿色面包看起来似乎不像奶白色面包那么好吃。

大脑中的多通道感觉，往往来自两个或更多感觉信息汇合的区域，神经生理学研究使用将电极插入动物的目标脑区并呈现不同感觉通道刺激的方法证实了这一点。"在麻醉状态下，猴子颞上沟（STS）的某些细胞对视觉听觉和躯体感觉刺激产生反应。在一项研究中对这一区域的超过两百个细胞进行了记录。虽然有50%的细胞是单通道的（即它们只对三种通道中的一个起反应），但是有超过20%的细胞是双通道或三通道的，剩下的细胞则对这些刺激不反应（Hikosaka 等，1988）。"② 不仅是颞叶区呈现多通道性，顶叶、额叶的大部分区域以及海马区都具有感觉整合的能力。

人类生活的世界存在各种刺激源，有些能为我们知觉有些不能，然而尽管如此，我们需要面对的信息也已过于多样和复杂，形状和颜色是视觉体验，声音与节奏诉诸听觉，特定的纸墨香气是独特的嗅觉体验。"每一种感觉都为我们提供了关于世界的独特信息，然而即使每种感觉提供的信息截然不同，但作为其结果，我们对周围世界的感觉却不是杂乱而是统一的。而且在感觉任务中，当提供多于一种感觉信息时，我们通常表现得更

---

① ［美］葛詹尼加著，周晓林，高定国译. 认知神经科学 ［M］. 中国轻工业出版社，2011. 141

② ［美］葛詹尼加著，周晓林，高定国译. 认知神经科学 ［M］. 中国轻工业出版社，2011. 171

精确或高效。"① 在艺术信息向人们提供的知觉中，不仅存在诉诸单独知觉种类的艺术信息，大部分情况诉诸的都是多通道知觉。不仅如此，艺术与普通信息的差异还在于，某一种类的艺术信息往往能够引发另一个种类的知觉类型，接下来便进入这部分内容的探讨。

二、多通道知觉艺术传达媒介演化

舞蹈演员和着节奏快速旋转的身影和她挥扫而来的阵阵微风；大理石雕塑的力量感与光滑冰冷触感的结合，还有洒在其上的阳光与四周植物的味道；画作中神圣的宗教场景，画布纹理与颜料的气味，华丽的边框；亭台中昆曲唱腔的婉转映着水音与茶香阵阵——事实上，大部分时候的艺术体验都是诉诸多通道的，只在现代媒介技术尤其是数字复制技术大大提高传播效能且降低传播代价的同时，却剥夺了人们除了视觉与听觉的其他知觉能力。但无需因此认为数字技术是反文明的，毕竟现代媒介技术出现的时间还不够长到使其发展得足够成熟，原有媒介的知觉体验在设备技术的发展下正不断的于数字设备上被复制出来，并且质量越来越高。

从另一个角度来说，它也带给人类另一种类的多通道知觉感受。由数字设备创作的虚拟艺术是典型的诉诸多通道知觉的艺术形式。"精神废墟"是早期虚拟艺术装置的代表，它由波士顿大学计算机实验室中的艺术家与计算机技术人员共同创造。受众需要带上特殊的眼镜，手握操纵杆进入一个完全的虚拟世界。在这个世界里，受众将被赋予鸟一般的视角，他将体会到在空中飞翔的感觉，并且这种飞翔是由他自己控制的。屏幕上的三维空间无限延伸，操作杆收集受众的动作，

---

① ［美］葛詹尼加著，周晓林，高定国译. 认知神经科学［M］. 中国轻工业出版社，2011. 170

并通过传感器传输给计算机，程序计算出受众操控的速度和角度，并作出相关反应。这一数字装置使得习惯双脚行走的人类获得飞翔这种包括视觉、听觉与身体知觉的特殊体验。在整个虚拟空间中，受众可以时而俯冲时而高翔，四处回响着自然环境音，遭遇到的塑像甚至能够回应控制①。在这件虚拟艺术作品出现的多年以后，技术有了更新的发展，巨大的屏幕已不仅在名校实验室中方能看到，操纵杆的设计更加贴近真实感受。成长于数字游戏与设备中的一代人，对这类诉诸多通道知觉的体验已经非常熟悉。

虚拟现实设备的进一步发展使得 Oculus Rift 虚拟现实眼镜这类产品出现，这种可以提供包括视觉、听觉以及躯体知觉的多通道感知设备的家用版使人看起来有些滑稽，但亲身体验的感受却远非现有的影像设备可比②。微软研究院的 RoomAlive 项目则意在将任何一个房间转换成一个可以带来沉浸式增强现实娱乐体验的设备，通过投影仪与体感侦测设备，虚拟的信息与真实的场景合而为一，并能够对用户的需求做出灵敏反应。"我们感兴趣的是，如何在可行的场景中，把虚拟世界和现实世界融合起来，让虚拟物品可以与真实物品实现互动，"③ 看惯科幻电影的人们对这样的设备并不陌生，不同所在它们可能就在不远的未来出现在每一个具有一定经济基础的家庭的客厅中，并改变许多人对外界世界的认知方式。

---

① ［美］F·大卫·马丁著，包慧怡，黄少婷译. 艺术和人文：艺术导论（第 6 版）［M］. 上海：上海社会科学院出版社，2007. 432

② http://www.oculus.com/

③ 微软黑科技 RoomAlive［J/OL］. http://www.ithome.com/html/digi/106637.htm，2014

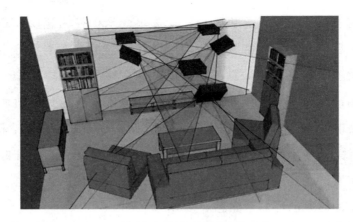

图 2-11 "RoomAlive 的核心部分称为"节点"（node）。每个节点包括三部分：投影仪、Kinect 摄像机和计算机。节点被安装在天花板上。通过 Kinect 的摄像功能，节点可以构建房间的 3D 图像，然后把虚拟的东西投射其中。对于一般的客厅来说，三个节点就足以构建整个房间的 3D 图像了。RoomAlive 还有一个优势，每个节点之间是相互识别，可以自动协作的。就是说，整个系统的扩展是没有限制的"[①]。

第五节　知觉异常与媒介传达

　　每一个人都有可能存在一定类型和程度的知觉异常，不少人有轻微夜盲症，有人对低频声音不敏感以至于在同样的距离下男性声音对其引起的反应要低于女性声音。这类知觉异常属于不影响日常生活的小障碍，然而存在一些严重的知觉异常如视觉功能或听觉功能的丧失使得许多人无法感受鸟语花香的多彩世界。知觉异常被纳入艺术传播的研究并不多见，本书

---

① 图片来源：微软黑科技 RoomAlive ［J/OL］. http://www. ithome. com/html/digi/ 106637. htm，2014

之所以要讨论这些本属于认知病理学的内容，是因为接下来将涉及的几个特殊的知觉异常病例，却是常人在艺术体验中常见的。有一些艺术作品特别压抑受众的某种感官，以达到其预期的传播诉求。事实上，某些为常人视之为奇思异想的艺术表现形式，在一些遭受知觉异常侵扰的人士那里却是一种常识。另外，由于媒介技术的发展，人们能够感受到越来越多的超寻常体验，其中一些就与知觉异常相关。

一、亮度

这是一个在亮度与对比度知觉方面存在障碍的例子。患者 P. T. 在经历过一次卒中后出现了这一症状。在观看如图 2-12、图 2-13 的莫奈与毕加索的绘画作品时，P. T. 无法认出莫奈作品中更为真实的人物形象，却能够看清大部分人觉得怪异的毕加索的画作中的形象。

图 2-12　《草地上的午餐》局部 莫奈 1860 年①

————————————

① 图片来源：［美］葛詹尼加著，周晓林，高定国译. 认知神经科学 ［M］. 中国轻工业出版社，2011

图 2-13 《哭泣的女人》毕加索 1937 年①

对 P. T. 进行研究的神经学家认为，他的问题可能主要源自对颜色对比度知觉的缺陷，他的颜色与形状知觉经常混合在一起。莫奈的画作中人物面孔与背景的边界处于一种过渡柔和的状态，他使用渐变的颜色来绘制人脸，人脸与背景的边界也不十分明确，对于常人来说这正是符合真实世界的表现，而在颜色知觉上存在障碍的 P. T. 在识别这样图像时却感到困难，因为他很难辨别具有细微色调与对比度差异的颜色，他只能将优美的青山视作一团模模糊糊的绿色块。毕加索的画作在色调和对比度上要清晰得多，如此一来便为 P. T. 识别画作中的形状提供了有效线索。值得一提的是，P. T. 的卒中主要影响到他的颜色和形状知觉关键通路的皮质投射，而他的运动通路皮质投射是完好的，当妻子坐在沙发中时，P. T. 认不出她在那里，但当他的妻子起身移动时，他说自己可以通过妻子特别熟悉的动作认出她来②。

---

① 图片来源：[美] 葛詹尼加著，周晓林，高定国译. 认知神经科学 [M]. 中国轻工业出版社，2011

② [美] 葛詹尼加著，周晓林，高定国译. 认知神经科学 [M]. 中国轻工业出版社，2011. 166

二、色调

　　如果说 P. T. 的病例显得较为特别，那么色盲症的患者数量就要多出很多，在我们所认识的人中很可能便存在一位对红色与绿色不敏感的朋友。而红绿灯由统一圆形改为不同的形状，也是由于一位红绿色盲的火车司机无法分辨红绿色灯所引发的严重事故而起。

　　有些患者属于全色盲，在他们眼中所有颜色都是灰色，但这些灰色存在亮度上的变化，如同常人眼中的黑白照片。全色盲患者虽然识别不出色调，但对深度与纹理的知觉是完整无缺的，因此在日常生活方面他们并不受到严重影响。确实，颜色对于形状知觉并非必要线索。正因为缺失了色彩，黑白照片常拥有一种比彩色照片更有趣的视觉感受，因为它迫使人们将知觉注意力集中在明度上，那些明度相似的部分在黑白照片上差异不大，而在彩色照片上却可能是完全不同的亮蓝色与枚红色。在识别活动时色调缺失并无大碍，即使在彩色影像设备如此发达的今日，有些具有特殊美学预期的影片仍采用黑白效果。为大众所知的影片《辛德勒名单》便是一例，当观众在持续的黑白图像中，第一次看到那位身着红色大衣的可爱小姑娘，以及那抹红色最后一次出现在堆满腐烂尸体的板车上时，其遭受的心理扰动是可想而知的。另外一部具有类似设计意图的电影《南京南京》，则采用在影片最后加入艳丽色彩的手法。相比黑灰中的红色，这样的改变不那么引人注目，在我对若干艺术专业班级的学生调研过程中，他们中的少数甚至没有注意到这一对比。而在《辛德勒名单》中所使用的红对黑白这一被视听语言教材视作经典的手法，却在某一本《视听语言》教材中由于印刷质量不高而导致红色与黑白差异极小，我可以从那些没有看过电影而为书中示例图疑惑不解的同学的神情看出，他们很难通过这些图片获得影片预期传达的情感体验，这是典型的一种需要由媒介提供足够感知数据以达成情感体验，媒介却没能完成任务的艺术传播案例，类似的案例还有很多，有些时候可能造成遗憾。

三、深度

下面要提及的是一个具有争议的知觉缺陷案例。20 世纪早期有一篇报道描述了一位在其看来世界基本是平面状态的患者（riddoch，1917），他对深度知觉存在缺失，尽管对颜色和形状变化他都能知觉。由于当时的研究对患者的其他视觉功能未做仔细检查，这一缺陷的特异性没有得到定论。皮质损伤后丧失明度感知能力的患者一般在视知觉上存在障碍，因此基本没有在形状和深度知觉具有选择性缺陷的明确报告①。常人很难想象真实世界中出现这一情景，我们的知觉无时无刻不在帮助我们定位深度信息，但类似的知觉在绘画艺术作品中却比比皆是。

四、连续运动

1983 年慕尼黑的马尔克斯普朗克研究院报告了一位运动盲患者的十分奇特的病例（zihl 1983）。这位女患者存在选择性运动知觉丧失，在她看来世界仿佛一系列快照，她看不到物体的连续运动，动作是间歇性的改变，如果有一个人从她面前走过，她将看到一顿一顿的静止画面，正如 G·朱利的摄影作品《下楼梯的女人》（如图 2-14）。她在倒茶时常会使茶水溢出杯子，因为在她看来，水会滞留在空中，仿佛一团透明胶质，常人很容易察觉的水在杯中渐涨的现象，在她看来是不会出现的。她在过马路时也因为运动知觉的缺失而战战兢兢，"当我开始看着一辆车的时候，他还在

---

① ［美］葛詹尼加著，周晓林，高定国译. 认知神经科学［M］. 中国轻工业出版社，2011. 170

很远的地方，但当我想要穿过马路时，这辆汽车突然离我很近了。"①

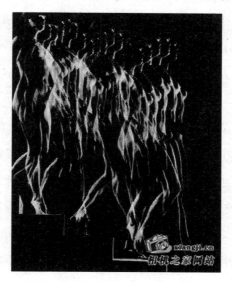

图 2-14　下楼梯的女人②

　　这样的体验常人无法通过真实世界感受，但媒介演化到三维影像的高度发展，使得这位患者的视觉体验，完全可以由媒介模拟出来，提供给人们一种完全不同的观感体验。

五、联觉

　　林黛玉在读完《西厢记》后觉得"口角余香"，人们在体验某些艺术信息时也时常出现此类感受，某些音乐听来如此甜美，而某些画作看起来苦涩不堪。文字能够引发听觉、嗅觉与味觉等其他知觉的体验，在艺术欣赏中是常事，如果不是基于概念的连接，便是一种描述上的比喻。

---

① ［美］葛詹尼加著，周晓林，高定国译. 认知神经科学［M］. 中国轻工业出版社，2011. 166

② 图片来源：相机之家网站

在真实世界中大多数人看不见声音，听不到色彩。然而对某些人来说词汇真的有味道，比如 J. W.，在他尝起来，单词"精确的"就像酸奶，单词"接受"像鸡蛋，跟别人谈话的大多数时候口感不错，但当他见到一位名叫戴瑞克的客人时就会感到恶心，因为一打起招呼，他便会尝到耳垢的味道。

这一感觉混合的现象叫联觉（synesthesia）。"联觉的特征是有感觉的通道之间或之内一个特殊的联合。"[①] J. W. 的联觉形式极端罕见，而将诉诸听觉的词汇或音乐感知出颜色，或将如书报中没有色彩的字母看成是有颜色的联觉更加普遍。产生联觉的比例很难测定，因为有许多个体甚至觉察不到他们具有的多感觉知觉是异于常人的。研究者估计存在联觉现象的人们可能占人口总数的两千分之一到两百分之一。似乎在同一家族中更易出现联觉，说明这一现象可能部分来自基因的影响（Baron-Cohen 等，1996；Smilek 等，2005）。

对联觉现象中研究得最充分的形式是颜色与字形的联觉，即无色（黑或白）的文字被知觉为多种颜色，在联觉患者看来，A 是红色的，B 是黄色的，依次类推到整个字符的集合。联觉对每一个体都是特异的，一个人可能将 A 看成红色，另一个人则看成绿色。虽然联觉的联结在个体间并不一致，但是对于同一个体来说在时间上是一致的。

在有色听觉中，颜色会发出语言或音符般的声音。颜色触觉和颜色嗅觉也有报告，包含其他感觉的联觉的体验并不普遍，例如这 J. W. 体验到词语的味道，还有一些罕见的案例如触摸一个物体会诱发特定的味觉。"触发联觉体验的感觉刺激被称为诱发物，而作为结果的联觉反应被称为并发物，在颜色对字形的连接中，字母是诱发物而颜色是并发物，诱发物

---

① ［美］葛詹尼加著，周晓林，高定国译. 认知神经科学 ［M］. 中国轻工业出版社，2011. 172

可能是真实的，如一个物体，一个印刷字母，或一个音符，也可能是想象出来的。仅仅想一个字母或音符就可以引起相联系的并发物，无论是真实的或想象的诱发物，都被报告为是由患者的"心灵之眼"看到的，或是投射到视觉空间中的一个特定位置而被看见。有时，不同诱发物的并发物会被排列成一个独特的空间模式。"①

图2-15　对颜色-字形联觉的艺术模拟，这幅模拟图据患者本人证实与她的感觉很类似②

在互联网上看到报告自己存在联觉的现象并不少见③，对于此种现象的真实程度与生理基础，并不在本书讨论之内，而艺术体验中联觉现象的如此普遍，是我将其纳入文章做简要介绍的重要原因。

---

①　[美] 葛詹尼加著，周晓林，高定国译. 认知神经科学 [M]. 中国轻工业出版社，2011. 171

②　葛詹尼加著，周晓林，高定国译. 认知神经科学 [M]. 中国轻工业出版社，2011

③　谁能举个通俗易懂的色听联觉的例子. http://zhidao. baidu. com/link？url = gl6N2JMZ7nbMYZY78LlsnLHxNxeOlnLhVfZpc5BEGkv

DLYKf8s0vBFHfAR2VufmaaBp7GUoUyup69Y8R3yyia [J/OL]，2009

第三章

艺术传输媒介的演化

媒介对艺术信息的传输是比传达更为先行的步骤，如无有效的传输，受众便无从获取感知数据以达成情感体验。对于艺术传输媒介的研究存在许多优秀的成果，但在探讨时常与传达一并进行。本书以艺术传播研究为出发点对艺术信息的媒介传输进行分析，着眼点的不同将导致本书在某些观点上与基于传达研究的学者略有出入。

第一节 艺术信息的传输方式

一、艺术信息的复制

关于艺术复制的研究成果众多，陈鸣较为综合的将艺术信息复制定义为"艺术复制者以技术复制的方式，将现有的艺术作品在相同或不相同的文本媒介中制作成艺术复制品，进而实现艺术作品的再生产性传播。"[①] 他将艺术原作的技术方式分为以下三种：

"1. 翻制：制作者通过不同类型的质料介质之间的置换，对已有的成品艺术原作进行技术复制，包括立体作品的翻模和平面作品的翻拍。2. 印制：制作者采用手工或机械的工具介质，在纸质媒介上印制成品艺术作品，包括版印制作和复制制作。而版印制作又分为凹刻印制、凸刻印制与平版印制。3. 录制：是表演艺术原作、仿像艺术原作的技术复制方式，制作者通过各种录制技术设备，以信息解码编码的途径，以相同或不同类型的质料介质录制艺术作品，包括舞台表演作品的录像、电影胶片的拷贝、广播电视节目的收录、网络艺术文本的下载、电脑艺术文本的储存等。"[②]

---

① 陈鸣. 艺术传播原理 [M]. 上海交通大学出版社，第 1 版，2009. 193

② 陈鸣. 艺术传播原理 [M]. 上海交通大学出版社，第 1 版，2009. 193–195

艺术信息的复制对于艺术原作，存在传达与传输两个层面的影响。在传达层面，陈鸣认为"艺术原作在文本媒介上的不同特质，导致一次艺术复制文本中的两种审美复制效应，即同质复制效应与异质复制效应。"[①] 而异质复制效应可能导致在复制过程中对艺术信息的严重改变。在复制品对于原作影响的传输层面，则能使"艺术原作得以复制多份，进而获得更大的传播空间。"[②]

复制是不是反艺术的，是不是对艺术杰作的令人悲哀的消解，不在本书讨论范围内。无可否认，某些复制行为会使得人们对原本优良的艺术作品倒尽胃口。但事实上，我们谈及的复制意指众多可能，即使是对一幅油画作品进行印刷复制这样一个较为单一的过程，也可能因方法、设备和所用材质的差异而导致截然不同的结果。复制是传播的重要环节，无法想象一件艺术品既没有复制品也没有翻拍影像，却能够让全世界的人们都为它的美而感动，艺术传播研究需将注意力放在复制的效果与代价方面。

对艺术信息的复制存在两种目标，一是复制感知数据，比如将名画扫描印刷，将话剧表演拍摄录制下来。还有一种复制方式，针对的其实是情感体验的复制，比如采用不同的表现方式对相同或相类似的艺术主题进行展现的复制行为。本小节中所涉及的复制，仅针对前一类即复制感知数据的行为而言，后一种涉及再创作的复制方式本书暂不探讨。

复制的技术手段及其细节是无穷无尽的，已有许多优秀研究将各艺术子类领域的复制技术整理得清晰准确，本书不再赘述，而根据复制目标将对艺术信息的复制划分为如下几种：1. 作为商品或收藏品的复制；2. 推广信息与受众遭遇广度的复制；3. 传播相关信息的复制；4. 作为艺术技能教育的复制；5. 指示性的复制。这几种复制目标显然不能囊括所有案例，但

---

① 陈鸣. 艺术传播原理［M］. 上海交通大学出版社，第 1 版，2009. 198

② 陈鸣. 艺术传播原理［M］. 上海交通大学出版社，第 1 版，2009

它们较为常见。另外，在实际的复制行为中，可能存在各种复制目标的重合现象，但一般情况下，复制仍具有主要目标并需采用相应的复制方式与传输媒介。一种媒介的采用在一种目标范围内是适宜的，在另一种目标范围内却可能导致灾难性的后果。

在对各种目标的艺术信息复制行为做具体分析之前，需要提及一种在艺术界与艺术批评界较为主流的观点，即认为艺术的价值在于作品的原真与独一性，"尽管对于这一点人们不愿接受可却是千真万确，我们说艺术作品因为它的独特性才具有价值，而艺术作品的独特性要具有两个标准，唯一性和真实性。艺术作品的品质在于它不是大量存在，不是大批生产的普通工业制品，这就是它的商业价值。"① 对艺术研究领域秉持这样的观点我毫无异议，但在艺术传播者看来，原真是具有一定范围的原真②，而独一是反传播的，艺术欣赏者需要原真的艺术信息，而艺术传播者则需要符合传播目标的更多的艺术信息复制品。

1. 作为收藏品或商品的复制——高还原度与代价之间的均衡

作为收藏品或商品的复制存在预期的两个维度，一是相对小众的，一是相对大众的，前者不像后者那样具有大范围的传播需求，甚至必须对复制数量进行控制，否则会对艺术价值造成贬损。"从 18 世纪中叶开始的技术再生产时期，人们人为地减少复制品的数量，目的就是要吸引潜在的收藏家，1860 年限制印品的印刷数量，对原始雕刻的复制以及对绒绣织锦画的复制限制在七件以内，如今对酒和签名的照片也加以限制。市场的价格

---

① ［美］F·大卫·马丁著，包慧怡，黄少婷译. 艺术和人文：艺术导论（第 6 版）
　　［M］. 上海：上海社会科学院出版社，2007. 315

② 同一幅画作原作者绘制数次甚至十几次的情况，在艺术史上并不少见，在这种情况下很难界定哪一幅才是原真和独一的。

标准由物品的稀缺来决定。"① 这类艺术信息的复制首需考虑的是如何精准完备地采集原作的感知数据并复制还原，现代复制技术发明之前，这类复制对复制者的技艺要求很高，有时这类复制由艺术创作者自己指导完成。中国明清时期居于富庶南方如苏杭一带的商人们，常需要通过收藏如沈周或董其昌等名家的书画以彰显品位提升修养，需求之大使得有的"画家让学生或助手代笔，以老师的风格绘画，然后再添加老师的签字和押印。代笔的技术如此精湛，以至于文征明都不能够将代笔画作与沈周的区分开来，而文征明自己也常常让儿子文嘉代笔。"②

这种复制也需要考量代价，只是在复制效果与代价之间存在冲突时，往往选择以效果为先。纽约大都会艺术博物馆将网师园整体复制于其中，可说在效果方面不计代价，但即便如此，假山也来自苏州另一个废弃的园林，而无法从原本的网师园中拆出一部分来③。

此类复制有时会因代价与效果之间的平衡在采用不同媒介进行复制时对原初艺术风格产生改变。罗马曾以希腊雕塑布置公共场所与私人寓所为时髦，并由此产生了巨大的需求，为了达到效果与代价的平衡，复制品常以相比青铜而言价值低廉的大理石制成。石雕的重量使得造型也有了变化，复制者常在手臂与身体之间添加支撑重量的部件如树干等。由于数量的需求，罗马时期的希腊雕塑复制品很难达到原作品质，但它们仍是重要且动人的，如果没有它们，后人便无从重建古风之后的希腊雕塑史④。

---

① ［美］F·大卫·马丁著，包慧怡，黄少婷译. 艺术和人文：艺术导论（第 6 版）［M］. 上海：上海社会科学院出版社，2007. 315

② ［英］苏利文著，徐坚译. 艺术中国［M］. 湖南教育出版社，2006. 195

③ ［英］苏利文著，徐坚译. 艺术中国［M］. 湖南教育出版社，2006. 188

④ ［美］弗雷德·S·克雷纳著，克里斯汀·J·马米亚著，李建群译. 加德纳艺术通史［M］. 湖南美术出版社，第 1 版，2013. 124

2. 打动更多受众——主要感知数据的高质与高效复制

比起上一种复制目标，打动更多受众的复制目标显然具有将信息推向更广范围的诉求，并同时要使受众达到预定的情感体验。这类复制的媒介采用要点在于以（相对）高效并廉价的方法还原主要的感知数据，这是最需要质量与效率均衡的目标，对媒介也具有传达能力与传输能力兼具的要求。

艺术原作可能包含对多种知觉类型的诉求，在为用作收藏品尤其是要求极高的收藏品所作的复制中，尽可能将多种感知数据皆复制还原是重要的。犹如前文提到的大都会艺术博物馆在复制苏州园林时的方法——如果采用影像作为复制媒介，显然在感知数据方面不如复制园林实物的方式丰富与完整，后者能为参观者提供包括空间感、温度、气味等躯体知觉，以及视觉与听觉等最为完整的艺术感知体验。但在向更多人推广的复制目标中，由于代价的限制，影像媒介这类复制媒介的传输能力要高于实物复制，尽管影像媒介只能保留艺术原作的部分感知数据。因此在这类复制过程中，所采用的媒介是否能够保留艺术信息的主要感知数据是衡量媒介是否合适的重要因素。

版画便是既能够保留主要感知数据又具备廉价与高效传输能力的复制媒介之一。在没有扫描与印刷技术的古代，复制绘画除了约请绘师进行，常用方法便是雕版印刷。事实上雕版印刷对线条与过渡不明显的色块表现是足以胜任的，但对某些具有丰富色调变化（尽管不一定是色彩变化）的绘画原作，雕版印刷复制之后造成的差异便很明显，尽管为了达到更好的视觉效果发明了套色印刷，但要逼真地复制出像油画那样具有精细过渡效果的绘画原作，雕版印刷便难以胜任了。即便如此，雕版印刷在传达绘画的主要感知数据如线条与主要色彩方面是能够达到要求的，至于笔墨的晕染、纸张的肌理细节以及原作的大小（并且这类复制的成品一般都须具有便携的特点）等并不对传播预期造成很大影响的感知数据，可以在复制时适当忽略。雕版印刷在绘画的复制传输过程中起到了很大作用，并在精致与色彩方面不断提升技术水准。"世界最早的套色印刷是 1346 年的双色《金刚经》，明代艳情小说往往在插图中使用多达五种颜色的套印，最早采用全色印刷的书是 1606 年出版的《程氏墨苑》，其中某些单色插图是从耶稣会士利玛窦处摹写而来的。套色印刷艺术在 17 世纪达到高峰，其中最著名的代表是以早期收藏者命名的卡恩佛（Kaempfer）收藏。"① 中国的套色印刷技术于 17 世纪晚期传到日本，日本艺术家使用木刻版画的方式来创作关于城市生活和歌舞伎剧场的"浮世绘"作品，也是看重这种方法的复制效果优良且方法便利，甚至由此出现专门的艺术风格。有些套色印刷可以印制的丰富色彩与精细效果令人惊叹，但是以牺牲速度与提高印刷代价为前提的。北京荣宝斋在复制古代画作时甚至使用多达两百块的色版②，这样的雕版印刷方式无法胜任大批量的印制任务。为了提升版画的复制效率并降低成本，19 世纪的人们开始使用钢板雕刻版画原版，钢板比木板与其他质地软的金属板经久耐用，可以印制的数量更加庞大，但它太过坚硬难以操作，人们便通过电解的方法在铜板上镀上纯钢薄膜来解决。

具有同样表现能力但不同媒介的尺寸，也存在是否能够对主要感知数据进行复制的问题。人们乐意在尺寸较小的电视屏幕上观看一部偏重对话的剧情电影，而不愿意使用手机屏幕观看专为 IMAX 屏幕拍摄的巨幅立体影像，因为后者对主要感知数据的丢失过度大了。大卫·林奇在评判录像是对他电影作品的低劣复制时，很可能也出于对录像带 320 像素乘 480 像素的低精度的不满，如果使用 4K 精度甚至 8K 精度的家用屏幕观影，想必大卫的不满情绪会略有好转。

---

① ［英］苏利文著，徐坚译. 艺术中国［M］. 湖南教育出版社，2006. 189-190
② ［英］苏利文著，徐坚译. 艺术中国［M］. 湖南教育出版社，2006. 189-190

3. 作为艺术技能教育的复制

对艺术信息的复制还有一种目标——为艺术学习者提供技能训练时的参考与样本。这也是一种需要高还原度的复制，但与传达情感体验的复制目标不同，在这类复制中重视如何将偏重于技法的感知数据高度还原，即一些艺术教育中可以教授的部分，比如透视与明暗法、具体的笔法或皴法造出的不同效果，以及一些画面布局的技巧。这类复制存在偏向技法传授的倾向，因而在某些情况下可能存在对艺术信息的分解与简单化，最早于1679年出版的《芥子园画谱》便是一例。经过不断扩展，《芥子园画谱》至今仍是众多国画艺术学习者的重要工具书，但却鲜有行家会将其当做真正的艺术品，因为它更像一本图像字典，而无法构成荡气回肠或灵韵生动的国画艺术卷宗。

4. 指示性的复制

这类复制常出现在众多关于艺术的新闻报道与学术文献中（比如本书中的附图）。指示性复制因其传播广度与成本预算而允许较低的感知数据还原，这类复制的要义在于指明艺术信息的大致形象。与宣传海报不同，新闻报道需要完成的是关于艺术信息的归属或展演方面的介绍性任务，而学术文献（包括教材）中对艺术信息的复制，往往基于受众具有相关知识与恰当印象的基础。然而值得探讨的是，有相当一部分受众却是从这类传播源中获取对某件艺术信息的最初印象，感知数据的过度匮乏可能导致偏见与误解。比如在全本灰度印刷的艺术概论书籍中，以一幅黑白图像对"色调艺术"进行的指示性复制，不仅将原作中令人神往的绿色脉动去除殆尽，还将这一大尺幅可使观众立于画前周转目光的作品弄成书页中小小一块不知所以的灰色糊团，如非对色调艺术存在恰当概念的受众，被如此图像打动的可能性极低，甚至可能产生对色调艺术的误解。

5. 以封闭保护原作为目的的复制

以封闭保护原作、或转移空间进行展示为目的的复制，是所有复制中对媒介是否能够全方位复制艺术原作感知数据要求最高的一种，这类复制品作为代替原作面对世人的虽不见得唯一却是需要最负责任的存在，容不得粗制滥造。许多博物馆或展览馆会将过于贵重的展品进行复制，并以复制品替代原作进行展示，"［仿］"这一说明有时标注于展品下方，有时却未说明。对于小型器件或画作等本身提供的感知数据类型有限的艺术原作其复制难度尚可，还原度也可达到令人满意的程度。然而像建筑与巨型露天雕塑等处于环境中的艺术信息，不仅涉及视觉知觉与听觉知觉、还包括有如仰视的平衡感、行进的时间与空间感等躯体知觉，以及触觉、甚至温度与嗅觉等感知数据，这类具有丰富数据量的艺术信息，其复制结果如降低至影像或图片层面，可能严重削弱原作的动人力量甚至造成误解。现代光电影像技术正在对此类艺术信息的复制进行高科技的尝试，2014 年 8 月 1 日，敦煌莫高窟数字展示中心启动：

"数字展示中心利用当代先进的信息技术和展示手段，通过全方位、立体化的虚拟洞窟场景，使游客感受身临其境的参观效果。同时，游客还将在此了解与莫高窟遗址相关的历史、文化、艺术、自然风光以及洞窟开凿、壁画彩塑制作等诸多信息。这一传播途径满足游客多样化的参观需求，使游客的参观体验得到量的充实和质的提高，使现有开放洞窟的数量可以适量减少，游客在洞窟内的滞留时间也得以缩短。借助游客中心的调控功能也将有助于平衡旅游旺季时莫高窟游客流量的分布，缓解莫高窟旅游开放与保护之间的矛盾，实现敦煌莫高窟'永久保存、永续利用'的目标。"①

----

① 敦煌莫高窟数字展示中心开放 可全方位展现洞窟场景 ［J/OL］. http://www. chi-nanews. com/cul/2014/07-30/6442899. shtml，2014

中心由两组包含主题与球幕影院各一座的数字影院组成，同时可容纳800 位观众同时观影。球幕影院的屏幕面积为直径 18 米（面积 500 平方米），并且无缝拼接为一个视觉整体。投影仪共有 6 台，亮度与分辨率皆具高等水准，提供给受众最佳的观影体验，并为可能来自世界各地的观影受众设置多语言的红外语音系统，提供不同语种解说①。艺术传播实务操作者有如上美好的描述，而我在社交媒体上收集到的一些游客对敦煌莫高窟的评价（如图 3-1）中具有代表性的一条为："220 就让你看部电影和几道手电光。"然而这并不意味数字中心的努力毫无效果，也不可因为保护壁画免受光线损毁的折中方法而责难莫高窟管理部门，这种尴尬的存在正是艺术传播研究者需努力跟进并寻获有效改善方法的。

图 3-1　对敦煌莫高窟的参观感受的社交媒体数据②

---

① 敦煌莫高窟数字展示中心开放 可全方位展现洞窟场景［J/OL］. http://www. chinanews. com/cul/2014/07-30/6442899. shtml，2014

② 图片来源：作者的微信朋友圈

　　还有一种目标其实是以复制为创作手法，比如德拉罗旭使用成像暗盒来勾画人物场景，劳特雷克采用平版印刷进行创作，或是艺术家希望获得具有独特肌理效果而使用拓印创作的独幅版画等。此类复制不在本书讨论范围内。

二、艺术信息的扩散

　　对艺术信息进行空间上的扩散，是媒介的重要任务。迄今为止，艺术信息的扩散经历了三个阶段：信息与物质的不可分离阶段；信息与物质分离的数字化阶段；信息与物质汇合的数字化阶段。

　　1. 信息与物质的不可分离阶段

　　艺术信息与媒介曾经是不可分离的，绘画必须依存于油画布或绢帛宣纸，音乐需要乐器或人声承载①，而雕塑则需有实实在在的体量存在，无论是青铜的、大理石的，还是陶瓷或塑料的。这些艺术信息的空间扩散相当于物质运输，然而无论交通工具发展出多么快的速度，艺术信息的扩散仍受限于运输工具的时速，扩散范围与其所在地理位置（即运出或受众向其靠近的可能），以及材质、大小、重量与牢固程度（很多时候还与其价格）等艺术品自身的转移难度相关。

　　2. 与物质分离的数字化阶段

　　信息与媒介的分离出现于光电媒介产生的时代。艺术信息脱离物质实体以光速进行扩散，传输时间几乎可被忽略。互联网的普及以及使用价格走低、传输速率奔高的设备，使得艺术信息的扩散迅速到物质运输时期无法想象的程度。然而这个时代的艺术传播面临这样的问题，一如罗兰·巴特所指出的——那些沉重而牢固的神圣化了的东西，被那些轻巧的无地域

---

① 尽管音乐可以通过记谱法扩散，但记谱属于一种降低信息维度的记录方式，不在本小结讨论范围内。

性的去神化的东西取代了——究竟哪一种东西是人类最需要的不在本书讨论范围之内，但不可否认至少在当前的许多领域，像素与比特率确实过分主流地取代了复杂艺术体验中的其他部分。惯于通过数字化信息观察世界的人们，可能养成特定的思维习惯，尽管这无碍于他们在本时代的生存，却是对人类生就的多样感知类型的遗弃而未免可惜。当然，这种改变不只存在于人类世界，美国自然历史博物馆副馆长迈克尔·诺瓦克尔（Michael Novacek）告诉人们："通过化石重建的大脑结构可以发现，哺乳动物进化的早期拥有比视觉和听觉发达得多的嗅觉系统。"① 而灵长类动物在进化过程中获得视觉能力的巨大进步，代价则是敏锐嗅觉的丧失。可虚拟化并通过网络传输的数字艺术信息，基本集中在诉诸遥感知觉的感知数据类型中，即视觉信息与听觉信息，其他类型的知觉数据，尽管也已出现一些可供虚拟传输的设备，但技术仍不够成熟，代价较高且不普及，这是时间问题。

3. 与物质汇合的数字化阶段

这一阶段的艺术从数字信息向物质回归，这里的回归并非意指人们厌倦了电视与网络而重回庙宇或博物馆，而是艺术信息在被数字化后，可以通过新的技术手段与设备，再度以实物状态呈现在受众面前。增强现实、三维打印以及动态捕捉是我观测到的此类现象的代表，这方面的技术与设备更新十分快速，并且呈现技术奇点的态势②，仅仅几十天就可能有新的技术与设备出现，或是已有技术与设备的大幅度改良。

---

① "气味"能当短信发了，你会怎么玩？ ［J/OL］. http://www. guokr. com/article/438637/，2014

② Ray Kurzweil "技术奇点"：人类的科技会在未来几十年指数式的（exponentially）进步. ［J/OL］http://www. 36kr. com/p/210159. html，2014

另外还有一种信息扩散方式需要略谈——即受众的数字化。一幅画可以扫描或拍摄成以 RGB 色彩模式与像素组合的数字化信息，一首乐曲可以被采集为高比特率甚至以 APE 或 flac 等格式的小文件量却音质无损的数字化信息，一段戏剧艺术的表演可以用多方位高清晰度与高帧率摄影机进行数字化记录，然而人类如何数字化？事实上这已经不是科幻情节，可穿戴设备①将佩戴者的视角数字化并通过网络上传，如果使用者赋予该视频的大众访问权限，受众甚至可以在观看某一座遥远古国的佛像时得以选择曾经亲身前往的多个人的多种视角，仿佛就与曾在当场的人一样围绕在艺术杰作前啧啧称奇。当然，谷歌眼镜一类的智能设备尚未进入完善状态②，可以录制的视频精度与传输速度并不足以达到本书刚刚形容的水平，然而回想当年录像带糊作一团的画面精度进展到如今蓝光影像的分毫毕现的这几十年时间，这一设想可能并非异想天开。再进一步来谈，谷歌眼镜一类的设备提供的是他人的遥感知觉数字化信息，配备高清摄像头的无人机，则在未来有可能为人类提供属于自己的遥感知觉数字化信息。美国政府于北京时间 2014 年 9 月 26 日宣布批准 6 家公司使用无人机进行影视拍摄③，当然现在的使用还限制颇多④。近日，

---

① 如谷歌眼镜一类的设备，当然，除了谷歌公司，还有许多数字产品公司也生产类似的产品。

② 这类产品可能因其涉及严重的隐私泄露等各种因技术超越人类规范而导致的问题面临被限制的前景，但这不在本书研究范围内。

③ 美国首次批准用无人机搞影视拍摄．[J/OL]．http://finance. qq. com/a/20140927/009077. htm，2014

④ 无人机的影视拍摄条件限制众多，如无人机的重量、飞行速度和高度都有严格要求，飞行高度不能超过 120 米，且只能在限定区域使用；操作人员都得持有私人飞行执照；无人机飞行全程都必须在操作人员视线范围内；不得夜航等。

一款可穿戴式无人机"女水妖（Nixie）"由斯坦福大学物理学研究员克里斯多夫·科赫斯塔尔与他的两位同事研制。这一设备可折叠并附加于手腕，当佩戴者想要开始拍摄时只需按下按钮，无人机便将展开羽翼飞行于半空中，现在它的主要功能是通过运动传感器跟踪人们的活动①。当然，此种科幻意味浓厚的设备离量产普及尚远，该研究小组也只是凭借 Nixie 进入了 2014 年度英特尔制造可穿戴设备大赛的决赛并获得奖金，制造了一个早期的原型产品而已，但类似于 Nixie 的设计与制造却可能是一个视界与人体分离的影响深远的锥形的起点。

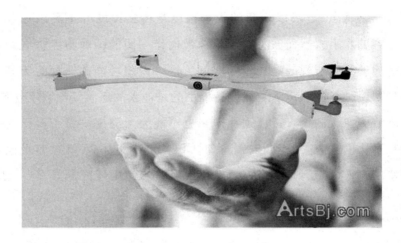

图 3-2　Nixie 微型航拍飞行器②

---

① 美国科学家设计全球首款可穿戴式无人机 Nixie. ［J/OL］. http://www. cnbeta. com/articles/333345. htm，2014

② 图片来源：北京文艺网

第二节　艺术传输终端

一、单独接受与他人在场

图 3-3　关于南京青奥会开幕式参与感受的社交媒体数据①

图 3-3 是我的一位媒体朋友于南京青奥会开幕式上所发的微信朋友圈内容，类似的这样的表述，在 2014 年 8 月 16 日参与了青奥开幕式现场演

---

① 图片来源：作者的微信朋友圈

出的人们的社交媒体上并不少见。

人类作为社会性动物，在单独状态与有他人在场（哪怕是假想的他人在场）的环境中，往往会有不同的心理与行为，有时甚至差异甚大。如果媒介可以提供个体获取他人在言语、表情、躯体姿势等方面的信息反馈，则会对个体的心理与行为产生更大影响。当然不同受众之间因其个性、人格与信息处理方式的不同，在有无他人在场的情况下其表现不尽相同，但对个体本身来说，独乐乐还是众乐乐仍旧存在差异，对那些具有高自我监控人格倾向的受众，此种差异的影响更为强烈。

艺术信息诉诸的是人情感的部分，真正的艺术欣赏必然伴随着情感体验，相比其他信息传播情境，单独欣赏与他人在场对个体艺术体验具有更大的影响，因此在讨论媒介作为艺术信息传播过程中面向受众的终端节点时，应当对受众欣赏环境的单独性或群体性予以考虑。

媒介终端所塑造的艺术信息是单独接受式还是他人在场式，并不以受众是独自一人还是身边存在其他人为标准，而在于是否有一种真实或虚拟的他人存在感影响受众，使其对艺术信息产生心理感受与行为表达的差异。

前文曾对"电影美学是静观美学、电视美学是评议美学、网络美学是互动美学"这一观点提出基于艺术传播角度的分析。以电影、电视与网络等媒介对受众在遭遇艺术信息时的不同审美状态作为区分，在媒介形态较为单一的时代是合理的，然而当前这个媒介融合又高度细分的时代，采用这种区分方式有可能造成混乱。如果参考媒介终端所处的情境氛围，结合艺术信息对受众卷入①程度的高低来评价受众艺术欣赏的独与众，可能对艺术传播实务分析方面会更有效。

---

① 卷入（involve）是心理学术语，在此借用以指受众面对艺术信息时的专注程度、投入深度与共情强度。

诚然，不同的艺术传播终端具有不同的独与众倾向，但区分独与众的标准，不在于人们是否处于同一环境下，而在于受众有无可能根据他们面前的艺术信息互相进行言语、表情、动作等方面的交流，人声嘈杂且光线明亮（受众之间不仅存在言语交流还存在目光交流）的露天剧场是他人在场指数较高的媒介，而同是一群人坐在一起却黑暗沉寂，受众之间不存在目光与言语交流的影院或剧院，则属于单独接受指数较高的媒介。

另一方面，空间的他人在场是否构成艺术欣赏的他人在场，与受众面对艺术信息时的卷入程度相关。一位坐在地铁中专心读书的人，由于书籍所传达的艺术信息对其具有高度卷入效应，可认为他处于单独接受艺术信息的状态，即使周围人群纷扰，对于此人的读书行为也并无影响（除非有人提醒他到站）。博物馆、美术馆或音乐厅等公共场所的艺术终端往往总是多人共处欣赏艺术信息，然而曾在展览馆中为某件作品深深打动的人们能够感受到即使身后人群熙攘而内心却如孤岛般的宁静。相反的例子是弹幕电影，使用过弹幕功能观看视频或图像的人会知道，即使受众独自一人坐在电脑前或手持平板电脑观影，却可以因联网获得的弹幕信息全程形成与多人之间的交流，有时候交流频繁到受众已无心观影，满屏幕飞的各种观点，会让受众不仅可能没法安心观看电影，甚至也无所谓看不看，加入聊天才是一种乐趣。知乎上曾有人提问如何使春节联欢晚会更受欢迎，最受赞同的回答是"加入弹幕功能"。虽然这只是一个玩笑的回答，却是媒介可以提供给那些在空间上单独接受艺术信息的受众，实际上都得以与诸多他人实时交流的例子之一。

二、实物与虚拟及其混合

事实上，在当前媒介环境下，实物与虚拟的分界线并不清晰，本书倾向于将无法与物质媒介脱离而需要通过交通运输的艺术信息视为实物，而可与物质媒介脱离，以有线或无线的网络线路进行传输的艺术信息视为虚拟。这样的区分无法包含所有个案，但对于艺术传播实务而言是一种具有可操作性的简化模型，尤其是从媒介对艺术信息进行传达与传输的角度来看。

有些艺术作品本就出生在虚拟世界，如具有交互功能的数字影像程序，但有更多的艺术作品是以实物为初始状态面世的，它们可能因奉献给神明或亡灵而与世隔绝，也可能经历各种各样的复制被呈现在不同时空的受众面前。在现代数字技术出现之前的传输，其复制品也基于实物状态，与原作信息一样需要通过交通运输进行传输。值得一提的是，视觉电报是光电时代之前最快的信息传输方式，但视觉电报所能承载的信息量有限，天气与操作员的影响对视觉电报的效率与准度也具有很大影响，用之传输约定好的语义简单的军事或政治指令完全可行，而用视觉电板来传输哪怕是一部短篇小说，便根本无法胜任了，更不用说图像信息。

现代数字技术在复制许多类型的艺术品的虚拟信息时驾轻就熟，胶片电影可以数字化，甚至可以经过修复添加色彩、特效，并使其变得更为清晰，暗房与印刷艺术可以被扫描或拍摄，立体的雕塑可以通过数字建模或三维扫描生存于虚拟世界，戏剧、舞蹈等表演艺术可以被摄录为数字影像格式，出版高清画质的蓝光 DVD 或者压缩为流媒体流通于网络世界，演员的表演甚至可以被捕捉为动作数据予以保存与虚拟化表演。除非设备与网络瘫痪，否则虚拟信息的传输能力是远远超越实物的。

存在一些对艺术信息过度虚拟化的批判，比如认为话剧表演的录像丢失了表演原初的动人力量，油画的数字化图像是对油画原作的低劣复制等观点。实际上仅从艺术传播的技术角度来看，这些虚拟化导致的遗憾大多来自媒介变换后的感知数据丢失，虚拟化媒介本身并不一定只能降低艺术信息原作的感知数据，有时甚至可能提升某一类感官的数据丰富程度。大部分时候，对艺术原作进行虚拟化的媒介承担了非虚拟化媒介完全无法承担的高效传输任务，它们传得快、传得远、不占空间（相对实物原作而言），这样的媒介特质事实上是一种优点。尽管少有艺术评论家对此大加赞赏，但某种艺术媒介能够节省空间却又足以传达情感体验这一特征是受到赞誉的，比如大卫·马丁在评价概念性艺术时，认为概念性艺术既做到了受众与艺术家的心灵相通，又做到运用了极少的材料。"这个世界充斥着大量的传统艺术品，很多美术馆不得不将大量作品储藏在储藏箱中，假如我们能够摆脱物质材料的束缚，美术馆的空间就不会被新的艺术填满，而且，这种艺术将不再需要保存艺术品的物质材料，必须得保护存放或其他造价高昂的防护措施，概念艺术能够摆脱物质的局限性，随时随地能够发生如同一首诗歌，而且耗费几乎为零。"① 概念艺术的优势在于它所需要的实物材料如此之少，甚至只需要一句言语便可完成艺术传播。大卫·马丁的感慨似乎可以转换为对艺术信息虚拟化存在的赞叹，一张光盘便可承载整个大英博物馆展品的数字信息的优势与概念艺术类似，只要这些虚拟化的艺术信息复制媒介没有将主要的感知数据丢失。但概念艺术对媒介的节省是有前提的，一句话点醒梦中人的概念艺术成功传达艺术体验的前提是受众必须具有相应的概念，否则只是简单的语言差异就会使一件概念艺术作品失效。哪怕一位受众的艺术造诣很高，在没有翻译的情况下，也很难领会使用了他无法理解的文字所创作的概念艺术，而虚拟化的艺术信息传输媒介在技术的不断进步下，能够同时提供丰富与完整的感知数据复制能力，同时低价高效且不占空间。

然而正如许多学者所忧虑的那样，虚拟信息的传达能力却不一定能够达到实物信息的层次。艺术信息需要诉诸知觉类型越多，所包含的感知数据也就更复杂，在当前的技术条件下，这类艺术信息越难以通过虚拟信息传输。当然这主要是设备限制所致，而设备的发展是快速的。我初次接触

---

① ［美］F·大卫·马丁著，包慧怡，黄少婷译. 艺术和人文：艺术导论（第6版）
　　［M］. 上海：上海社会科学院出版社，2007. 427

电视台视频剪辑工作时，640 像素乘以 480 像素的清晰度是当时分辨率的标准，如今小小的手机屏幕便能支持 1920 像素乘以 1280 像素的高清分辨率视频已司空见惯，而客厅电视的硬件指标更已进入到 4K（即 4 个 1920 * 1280PX 的分辨率）阶段。但无论如何，艺术信息的实物仍有诸多重要的感知数据是虚拟化过程无法保留的，或许未来技术与设备能够完成现在我们无法完成的任务，但那只是意味着未来的人们在欣赏圣索菲亚大教堂的数字化信息时，能够体会教堂内部真实的空间、光影、气味、方位不同而产生的声响与回音，以及所有一切感知数据综合起来带来的一张图片无法呈现的摄人心魄的神圣感，但我们不能。

因此在接下来的内容中将探讨基于当前技术与设备环境，在终端间实现转换与超链接的可能与意义。

三、终端的超链接和转换

尽管本书在分析艺术传输媒介时使用了终端一词，但需要说明此处的终端指的是将艺术信息呈现在受众面前的媒介终端，然而艺术传播是一种链接状并具有发散点的过程，任何媒介终端只是其中的节点之一，并没有"终点"的含义。

在确定了终端的基本概念之后，这一部分将探讨关于艺术信息媒介终端的两个问题：终端间的虚拟链接与终端间的真实转换。

1. 终端间的虚拟链接

终端之间的虚拟链接指的是通过提供不同知觉种类与感知数据的媒介之间的超链接，进一步提高艺术传播的质量与效率。

在互联网普及以前，媒介与媒介之间几乎不存在自动联结，随书（文字媒介）附赠磁带（声音媒介）的传播方式是早期媒介尚未自动链接时代的变通之法，而如今，媒介与媒介之间可以达成快速而便捷的链接，电影海报（印刷媒介）上的二维码可以将人们迅速带至声像世界（影像媒介），装置艺术空间中的 nfc 设备（近距离无线通讯技术发射设备）可以提供给艺术展上的观众更多类型的感知数据，而这些感知数据是无法单纯通过现场布置完成传达的。本章第一节"艺术信息的扩散"部分，曾论及在指示性复制目标中，既无需大幅度提高传播代价，又能够避免低成本的传播媒介导致的艺术信息感知数据过度缺失，则可采用终端超链接的传播策略。举例而言，非彩色印刷的报纸在报道相关艺术新闻时无法刊登色彩信息丰富的介绍图片，如果报道的是书法一类的艺术信息显然无关大碍，但对那些以色彩为主要感知数据的艺术品，报纸印刷的限制显然严重影响了受众对此新闻所传达的相关信息的认同。没有见过塞尚精湛色彩的受众，第一次遭遇塞尚便是在低清晰度的黑白媒介终端上，无疑会造成对他与塞尚作品共同的遗憾。然而加印高分辨率的色稿需要增加印刷成本，许多印制精美的报纸具有商业广告背景，这是艺术传播无法总能获得的经济支持，还有许多艺术类教材也容易遭遇这样的困境，有一些编撰者在书籍后方会加入相关网址的指示，告诉读者可以上网观赏书中提到的艺术杰作，毕竟在网络与屏幕普及的地区，RGB 模式的屏幕图片其传播便捷程度高于 CMYK 的印刷图片，这是终端超链接的实施模式之一。然而事实上人们在处理信息时常存在认知瓶颈，如果将终端超链接的指示路径与当事信息分割过远容易造成受众看了下一段忘记上一段的现象，最后的结果是观众将书籍合上之后，也未能弥补终端超链接本应解决的感知缺陷。终端超链接的指示路径与当事信息靠近的艺术传播案例可以降低受众获取的难度，二维码和手机可访问的具有高适应性的网站应用是具有较高效能的超链接。之所以特别提出"手机"这一媒介，是因为相比电脑显示器，手机被随身携带的可能性高出很多。但超链接所需要的流量费用，在当前环境下仍是一个问题，尤其是需要访问图片、音乐以及影像等数据量较大的艺术信息时。这一般能通过书店、学校、图书馆或某些公共场所提供的免费 WIFI 服务部分的予以解决①。在不远的未来，增强现实技术与谷歌眼镜一类的具有图形识别、人工智能与高速联网功能的可穿戴设备，将取代智能手机成为艺术传播者最常使用的终端超链接媒介——当受众读到印在纸张上的一段关于塞尚某件作品的文字时，智能穿戴设备可以自动或依据提示，进行文字识别、语义分析与联网搜索，并将结构化的搜索结果呈现于受众眼镜屏幕的可视范围内。尽管我尚未看到艺术信息传播领域相关的增强现实应用，但临床医学、汽车修理等医用与工业领域已有相对成熟的应用，而许多儿童游戏硬件也具备了相当有效的增强现实功能。

2. 终端间的真实转换

终端间的真实转换是指在艺术传播过程中，利用不同的终端所擅长传播的信息及其可触及受众的范围，采用经过编配的策略，引发受众需求，使其主动接近具有最佳艺术信息传达可能的终端。

将某种特定的艺术信息向相对低动机、低能力与低概念储备的受众进行艺术传播时，长期策略与换装策略是较为有效的艺术传播实务方式。长期策略即采取有计划有步骤的传播策划逐步进行，这一过程中对终端的选择以及转换促成极为重要。在传播初期往往采用目标受众最有可能接触的媒介终端，这在媒介形态如此多样的当前是具有决定意义的一步，向习惯使用智能手机上的社交媒体的目标受众采用电脑邮件的信息传播方式相对无效②，而有相当多年龄层较高的受众并不善于使用智能手机，却很喜欢

---

① 关于使用公共 WIFI 可能导致个人数据泄露的危险，不在本书讨论范围之内，但这也是一个需要艺术传播者意识到的问题，如果某场展览中提供了免费 WIFI 以期受众使用获得传播者预期的艺术体验，却因为受众对信息安全的担忧而失效，显然不是传播者希望发生的情况。具体如何解决，需要相应的技术支持与整个网络安全环境的发展。

② 尽管此类受众也使用电子邮件，但如非其通讯录地址发来的邮件有可能被邮件过滤系统归入广告甚至直接屏蔽。

在电脑上查看老朋友们发来的邮件并随手再次转发。选择恰当的启动媒介后依受众的使用习惯对信息进行设计是长期策略中提高认知效率的步骤，碎片式终端媒介如设计了巨细靡遗的艺术信息传播内容，可能因受众缺乏足量阅读时间而无效。快餐式的媒介终端使用高速认知的信息策划，将需要传播的艺术信息的重要情感体验提取出来，择以引人注意的感知数据信息从而引发受众的好感与兴趣。在此阶段的成功的艺术传播终结于准确的下一步信息链接，可能是需要花费更多时间的阅读与观看，那么提供收藏与稍后阅读功能是有效导入受众的方法之一，也可能是展演或活动的具体场所与参加方式。实例显示，优惠、预定与购票、前往路线规划与地图功能的结合、交通票与住宿预订等具有强烈行为暗示的终端提供，将更加高效地吸引受众前往另一终端——展演的实际场所。终端之间的转换是具有艺术传播策略意义的，将一堆信息扔在受众面前，以期发生自主且有效的艺术传播不够实际。提升全民艺术素养，需要规划有效的传播策略。

第四章

艺术传播中的媒介材质

第一节　材料与材质概述

艺术传播媒介的材质属性对其艺术传播的能力与效率影响甚大，在分析了媒介的传达与传输演化后，本章将对艺术传播中的媒介材质做详细分析。首先将人类的材料历史做简单梳理，并说明在本书中使用"材质"作为探讨对象而非"材料"的原因。

材料指的是可用于"制造物品、器件、构件、机器或其他产品的那些物质。"① 人类最早开始使用的材料均取自天然，比如竹木、硬度不高的矿石、动物骨贝等。这些物质进入材料行列的重要条件是它们在当时人类可控制范围内，无需加工或简单加工就能用，这是人类使用材料的初始阶段。一百万年以前的旧石器时代，人们用石头做工具，一万年以前的新石器时代，人类开始加工石头，做成更加具有造型与实用功能以及更加精致的器物与工具。同期也是陶器问世的时代，这是一种极佳的材料，可用易控的黏土成型，火烧之后却能够坚固耐久。在纤维材料方面，人类在新石器时代开始使用动物皮毛遮身，8000年前在开始出现蚕丝衣物，棉花起始于4500年前的印度，"这些材料在被人类使用的同时，也为人类的文明奠定了重要的物质基础。"②

人类对材料控制的第二阶段是发现与使用金属和各种合金。与初始阶段直接使用天然材料不同，这一阶段的人类开始具备从天然资料中提取与分离有用物质的能力。新石器时代的人类已经知道天然的金和铜但没有能力大量使用。在开采石料的过程中人类总结出关于矿石的知识，又在烧制陶器过程中还原出铜和锡并掌握了制铜技术，青铜器物应运而生甚至以其

---

① 杜彦良著，张光磊著. 现代材料概论 [M]. 重庆大学出版社；第1版，2009. 2-3
② 杜彦良著，张光磊著. 现代材料概论 [M]. 重庆大学出版社；第1版，2009. 2-3

名命名一个时代。商周时期（公元前17世纪初–公元前256年）的中国进入了青铜技术的鼎盛状态，处于当时的世界领先水平。铁的应用出现在5000年前，铁比铜易得且好用，公元前10世纪时铁制工具的普及程度已经超过了青铜工具，人类进入铁器时代。

材料应用的第三阶段即人工合成阶段。许多自然界并不存在的材料被人工制造出来，以应对更多更高的要求。工业精细陶瓷、高分子材料、塑料、新型聚合物，超晶格异质结等材料层出不穷。18世纪蒸汽机和19世纪电动机的加入，协助人类在新材料的品种与规模方面更进一步。

本书不使用"材料"作为要素来讨论而使用"材质"一词，是因为对艺术而言，具体的材料种类并不及这种材料所表达出来的材质属性更具影响，工业生产当中使用金属还是聚合物差异极大，但在艺术看来，使用金属还是在外观上仿制的与金属毫无二致的聚合物，尽管存在差异但差异并不致命。

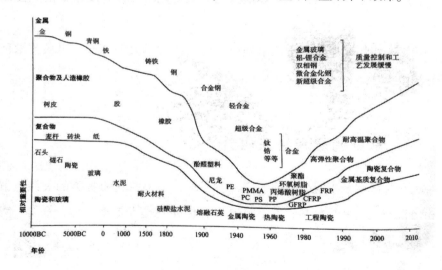

图 4-1　材料演化的模式和速度①

① 图片来源：[英] 迈克·阿什比，卡拉·约翰逊著，李霞译. 材料与设计：产品设计中材料选择的艺术和科学 [M]. 中国建筑工业出版社；第1版，2010. 138

第二节　材质与艺术传达

作为艺术信息传达的重要媒介，物质的材质属性不可忽视。几乎所有的物质都曾被当做原料或工具纳入艺术领域，捡拾物艺术与概念艺术将此做法发展到了极致。但常规情况下，陶瓷是艺术的好媒介，小便池却不总是，空气在传播声音方面，从古到今都是好媒介，但请观众假想面前立着几根空气柱的艺术雕塑作品，出现第二次便没有了意义。因此，并不是所有材质都可以成为艺术传播的恰当媒介。与工业或医学等领域的需求不同，人类在艺术领域对材质的需要将主要考虑以下几点：1. 易得性；2. 易控性；3. 感受性。其中感受性即给人的感觉是艺术媒介材质中最需关注的因素。

接下来将对几种常见于艺术创作与传播的材质做一简介，再从艺术传播视角出发探讨艺术的媒介材质特点。

一、常见的艺术材质媒介

关于传统的艺术媒介材质研究已有很多，本书对材质种类的关注点偏向相对近现代的新型材料，以下将对聚合物尤其是人工聚合物、金属、陶瓷与玻璃等材料做简要介绍。

1. 聚合物

木料、皮毛、纸张等艺术最常使用的材料属于天然聚合物，然而如今广泛运用的聚合物中大量不是取自天然，尽管有不少反对以现代聚合材料仿制天然材料的艺术家和设计师，但不可否认人造聚合物是化学家对世界的重大贡献。对于天然聚合物的在艺术领域的研究已有很多，本书不再赘述，而现代材料工业的发展，使得天然聚合物的使用越来越多地被人工聚合物代替，在艺术领域也如是一样。

人造聚合物在艺术界的名声曾经低得可怜，"尽管在二十世纪三十年代，已有人造树胶和新兴玻璃纸 PVC，聚苯乙烯树脂玻璃和尼龙等聚合物在形状和颜色的可变性方面不断激发起年轻设计师的灵感"，然而到了"二十世纪五十年代这些材料廉价并充裕，材料本身及处理过程的低成本导致艺术设计进入一个缺乏想象力的低廉而随处可见的塑料产品时代，这几乎让塑料臭名昭著。"① 这种印象至今仍在许多人心中根深蒂固，塑料就意味着低档，人造材料相比天然材料就是意味着反艺术，这一点我将在后面的材质易得性与易控性部分尝试进行一些解释。

对聚合物的态度在过去的几十年里有了一些变化，即使是在奢侈品领域也时常能见到这些材料的身影。在艺术领域，雕塑不再总是使用青铜或大理石，无论在博物馆还是在风景区，玻璃钢质的雕塑比比皆是，无论是刷成枚红色并打磨的闪闪发亮，还是仿制古旧的青铜感觉，这些材质在传达艺术信息方面，都尽到了它们的责任。龙河边卢舍纳大佛像的对岸，一座目光深邃的青铜僧人雕像只有在屈指敲击时才能让人发现，其实它与十米开外一只绿色青蛙垃圾桶是同一材质。尽管昂贵的丝质云锦仍是高档次昆曲演出服装的要素，但具有各种材质感受且便宜耐磨的人造纤维服装材料，同样在舞台上散发着光彩。

人造聚合物几乎都是从石油中提取合成制成的，由最简单的几类原子构成：碳、氢、氧、氯和少量的氮和氟。它们种类繁多，之间的关系也很复杂。聚合物之一——热塑性塑料，是一种加热变软，冷却还原的材料。利用这种特定，可以将它们制成十分复杂的结构。大部分热塑性塑料能够

---

① [英] 迈克·阿什比，卡拉·约翰逊著，李霞译. 材料与设计：产品设计中材料选择的艺术和科学 [M]. 中国建筑工业出版社；第 1 版，2010. 142

被染色和填充，还能够互相混合以获得优良的视觉效果与触觉性能。①

与热塑性材料不同，热固性材料在加热后会形成强度高并耐久的聚合物，热固性材料的操作方式多样，可以通过压膜、树脂转换、注塑、拉挤和铸造等方法成型，因此可以用来制成各种形状的东西，如果再次加热到高温，它们不会像热塑性材料那样变软，而是会被熔毁。热固性材料比热塑性材料在伸缩性上更为稳定，能够耐高温。大部分热固性材料质地坚韧，当然也有柔软的种类如橡胶，作为橡皮的主要材料，弹性体橡胶在被大范围应用于绘画领域。② 热固性材料塑造的物件可以打磨光亮，或者加上装饰表面，能做凸出来的文字或图案，小批量生产可以使用低成本的模具，在大量生产时便需要采用能够快速加热并冷却与提取的高价模具。

热固性与热塑性材料具有外形，色彩与表面肌理的高度可变性，可以做出透光、半透光、粗糙等各种质感，甚至可以具有弹性的感觉。而且塑造它们的方法比对付金属或某些硬度颇高的矿物要容易且便宜得多。当然它们存在诸多严重缺点，但通过加入添加剂可以一定程度的解决，比如增塑剂可以增加韧性，而阻燃性能够使材料不那么容易烧起来③。

人工聚合物在艺术领域的使用具有重要意义：如果没有赛璐璐片则动画艺术无从发展，而电影胶片技术的发展在数字电影大行其道之前可谓电影艺术的命门。只不过这些材料与艺术信息最终呈现的感觉关系不大，作为存储设备，它们承担的是默默无闻的幕后工作。有趣的是，电影胶片因时间久远而产生的划痕成为了一种特效效果，经常出现在表现意识流影片

---

① ［英］迈克·阿什比，卡拉·约翰逊著，李霞译. 材料与设计：产品设计中材料选择的艺术和科学 ［M］. 中国建筑工业出版社；第 1 版，2010. 139

② ［英］迈克·阿什比，卡拉·约翰逊著，李霞译. 材料与设计：产品设计中材料选择的艺术和科学 ［M］. 中国建筑工业出版社；第 1 版，2010. 140

③ ［英］迈克·阿什比，卡拉·约翰逊著，李霞译. 材料与设计：产品设计中材料选择的艺术和科学 ［M］. 中国建筑工业出版社；第 1 版，2010. 142

的回忆片段或恐怖片的前世悲剧中。时间的痕迹成了时间的代表，类似的例子还有铜锈与纸张的泛黄与污渍，那些新兴的人造聚合物经历成百上千年后的时间痕迹会是何种模样，我们现在还无从猜测。

2. 金属

金属不仅占据了元素周期表的大部分面积，也因其可镕可铸（因而能够进行立体造型的复制）、伸缩性强、反光性好，混合品的强度与硬度高等属性，成为艺术领域的宠儿，比如大量的希腊石像就是经由罗马的青铜复制品进入今人的视野。如今全世界范围内占金属消耗总量90%以上的是钢，不锈钢常以雕塑形式进入艺术领域。相比青铜或黄铜，不锈钢的耐久度和价格都具有优势，冰冷的亮银色使不锈钢与机械风格特别搭配，在许多表达对机器时代的崇拜或憎恨的艺术作品中，都有不锈钢的存在。

相比木头与塑料等其他材质，金属坚硬而沉重，绝大部分不惧日常生活中可能出现的温度变化，能与金属熔点媲美的只有陶瓷了，有些合金甚至可以在两千摄氏度的环境下存在。除了金，其余金属都会与氧或硫反应而出现"锈"，这种复合物比金属稳定，因此一些保存不善的金属制艺术文物只遗憾地留下了一摊锈沫。轻微程度的生锈对艺术领域来说有时不是坏事，绿锈甚至成为青铜艺术品视觉价值的增值物。金属和合金仍然在不断发展，设计行业对新型合金的采用更多。现在机床的使用，让我们可以通过辊压锻造，冲压拉拔和挤压等方法对金属进行成型。还可以用机床实现精确切割，并用各种方法连接铸件。在可控性上的灵活，只有聚合物能与金属相比，许多具有精细造型结构的艺术品常采用这两种材料。聚合物正在挑战金属的地位，小型聚合物构件平凡出现在日常用品中，汽车、飞机与造船行业也开始大量使用以聚合物为基础的复合物。"正如著名设计公司 Arup 的 Guy Nordenson 所言，材料的开发和使用从来都是周期性的，我们以后利用金属的机会可能越来越少了。"① 在艺术领域，金属仍将以其独有的材质感觉与文化回忆继续占有重要地位。

3. 陶瓷

陶瓷是一种极为古老的材料，却也是最为新兴的材料之一。陶瓷具有极高的耐久性，它不怕水、不怕火、不怕细菌和风沙，如果没有热膨胀系数小与硬脆性的缺点，会有更多陶瓷制物留存至今。传统的陶瓷以黏土、硅石和长石为原料，在烧制以前柔软易成型，但烧制之后却可变得坚硬牢固。加上釉料的使用可以营造玻璃、玉石或金属一般的质感以及多种色彩效果，艺术领域对陶瓷的依赖从古到今未曾改变。现代工业陶瓷则是由氧化铝、碳化硅，氮化硅，碳化硼等纯粹或接近纯粹的化合物通过化学反应复合而成。

4. 玻璃

玻璃也是最古老的人造材料之一，由埃及人发现并由罗马人完善。在问世后的很长时间里，它只作为装饰与财富的代表，比如有钱人的念珠或珠宝盒装饰，陶瓷釉料中也会使用玻璃。15 世纪开始，玻璃开始成为建筑的一部分而被用在窗户上，两百年后开始普及。如今玻璃已经如此普通而廉价，喝完的饮料瓶随手丢掉不在话下。但琉璃这种手工的玻璃制品，仍然是人们喜爱的工艺品，名家所出做工精良的琉璃工艺品广受推崇，其价格完全不让真正的珠宝。

玻璃给人的材质感觉曾经比较单一，一般是透明的，但加入金属氧化物便可以做出各种颜色和感觉：加镍变紫、加钴变蓝，加铬变绿，加铀呈黄绿色，加铁成蓝绿色。在玻璃表面添加 5%~15% 的氟化物或磷酸盐等无色非金属成分，可以将玻璃变成半透光或不透光的乳白色，玻璃器皿可以

① ［英］迈克·阿什比，卡拉·约翰逊著，李霞译. 材料与设计：产品设计中材料选择的艺术和科学 ［M］. 中国建筑工业出版社；第 1 版，2010. 146

被制作得色彩缤纷，一些杰作的色彩效果引人入迷并完全不让最佳的绘画艺术。在玻璃上镀银膜则可以做出百分之百反射光线的镜子，这在建筑艺术设计中时常使用，为城市提供亮丽的视觉效果①，镀上金膜的玻璃可以90%的反射 IR 射线，不过由于 IR 射线的频段在人眼可见光频段之外，在艺术领域用得不多②。

玻璃的加工工艺复杂，"压制毛坯、吹塑成型、离心铸造、冲压或者旋压，然后在受控的速率下冷却，以消失残余应力，表面空气快速冷却法能够增强其强度，内张外压的预应力玻璃，可以提高玻璃的抗冲击强度达到四倍，电灯泡的成型是用机械传送带的方法，每小时可以生产一万个，玻璃可以通过釉料（融化）连接，钳位固定和粘接等方法实现连接。"③

陶瓷和玻璃制品具有悠久历史，比如希腊的陶器和罗马的玻璃制品，它们可以被染成各种颜色，并具有很强的抵抗刮擦、磨损、褪色和侵蚀的能力，给人以一种永存不灭的感觉，唯一美中不足的是它们过于易碎。一直以来，陶瓷和玻璃都是大型手工艺工业的原料，比如威尼斯的玻璃制品、麦森瓷器以及韦奇伍德装饰陶瓷，等等，它们的价值有时比银子还高。陶瓷制品在当代被赋予了新的意义，那是一种高新技术，如高耐热的厨具，高压或高温电子管，航天飞机瓷砖，可以用来应付一些极端情况。④

---

① 同时也造成光污染。

② ［英］迈克·阿什比，卡拉·约翰逊著，李霞译. 材料与设计：产品设计中材料选择的艺术和科学 ［M］. 中国建筑工业出版社；第 1 版，2010. 147

③ ［英］迈克·阿什比，卡拉·约翰逊著，李霞译. 材料与设计：产品设计中材料选择的艺术和科学 ［M］. 中国建筑工业出版社；第 1 版，2010. 148

④ ［英］迈克·阿什比，卡拉·约翰逊著，李霞译. 材料与设计：产品设计中材料选择的艺术和科学 ［M］. 中国建筑工业出版社；第 1 版，2010. 59

二、艺术对材质的要求

1. 易得性

以实际使用为目标的物质材料需要易得与便宜，尽管天然钻石在耐磨属性这一项上十分适合铺地，但使用天然钻石铺地显然毫无可操作性。以大量传播为预期的艺术信息所需使用的媒介材质亦如是，使用纸张的书籍比使用羊皮的书籍在传播知识与文化方面更加广泛是被公认的。然而有些时候会有如此现象，那就是材料的不易得反而会成为艺术信息传达力量的重要因素，昂贵的青铜器长期以来被用于殉葬（当然，由于在当时的技术条件下，青铜制品过于昂贵，陶制器物也逐渐被用于随葬，器型与表面处理效果都模仿金属，或者上釉使之看起来更像金属或玉石等不易得的材质。）在荏苒时光或有头脑的商人的操作下，有些本来易得的材质变得珍稀无比，而技术的发展又会使有些本不易得的材质变得稀松平常且不太值钱。

2. 易控性

哪怕是捡拾物，也必须加入人类的痕迹才成为"捡拾物艺术"，大部分情况下，对用于艺术领域所用的材质需要具有便于加工的特点。"从元代开始，学者画家也和书法家一样倾向于在纸上创作，这不仅仅是因为纸比绢更便宜，而是纸比绢更能反映笔触的魅力。"① 竹片用来发布命令和传报军情尚可，却不太可能大批量发行全本《红楼梦》（微雕于竹板上的《红楼梦》除外，那已不属于小说类型的艺术信息，至少部分不属于）。但与易得性类似，有时某种材料特别难以控制的特点，反而会成为以它为材质的艺术品的高贵因素。

从艺术传播角度来看，材质的易得与易控属性需与艺术信息的传达需

---

① ［英］苏利文著，徐坚译. 艺术中国［M］. 湖南教育出版社，2006. 179

要与传输需要做均衡考虑。在 2014 年南京青奥会特许艺术品"茉莉香扇"上，茉莉花的工笔画面与书法均来自名家，绘画原作色彩清雅细节丰富，在制成折扇的过程中需要将画面印刷出来，这将一定程度降低原作的精度，比如茉莉花叶精妙的淡绿色在印刷品上因油墨与纸张的差异相比原作显得暗淡不少。如果采用仿真画印制则能提高传达效果，然而如果真的那样做会导致成本控制的失败，策划者只能在现有条件下尽量通过技术环节提高扇面的视觉效果。作为需要受众付费获取的艺术信息尤其需要注意这一点，毕竟在艺术研究者看来，所有的一切均需做到最好，而在艺术传播的现实中均衡考虑则是必需的。

3. 感受性

这是承载艺术信息的材质媒介所需要具备的最重要的一点，对于艺术品的形式，尤其是一些具有实物状态的艺术品比如建筑与雕塑，材质的差异可能导致出现两种成品。特殊的材料甚至能够形成对一个时代的艺术感觉，尤其是这种特定材质与当时的艺术风格联系在一起时。

材质对艺术信息的影响，被一些学者称为材质的"审美属性"，本书将之视为人类感官在面对不同媒介材质时所产生的不同感知结果，以视觉、听觉、嗅觉与味觉，以及触觉与温度为分类。

下表是媒介的材质差异给受众造成的各种感受可能：

表 4-1　材质可能传达给人的感觉

感觉：	触觉	视觉	听觉	嗅觉与味觉
属性：	软、硬；冷、暖；有弹性、无弹性；光滑、粗糙；适手、刺手	亮、暗；鲜艳、温和；干净、有污痕；透明、半透明、不透明；高度反射、暗哑	尖利、低沉；清脆、沉闷；声音响、无声；有共鸣、单音	浓、淡、无味；苦、甜、酸、香、臭、讨喜、不讨喜

需要提出的是，对材质的感觉存在个性差异，不同的受众在对待同样的材质时，可能反映很不一样，这不仅与受众头脑中对各种材质的感受记忆有关，也与他对材质的感受方式有关，有些材质一眼所见与握在手中的感觉会很不一样，比如聚苯乙烯玻璃从视觉上看与普通玻璃毫无二致，然而它的温度与重量却与普通玻璃具有明显差异，敲击时发出的声音也不一样。也与艺术信息呈现时的状态有关，比如那些被放置在宫殿屋顶沐浴阳光的陶瓷雕像与置于博物馆控制灯光强度的橱柜里，给人的感觉并不一致。而如果能够提供受众触摸这些雕像的机会，冰凉的釉质表层与某些部分的粗糙质感，可能提供给受众与视觉感受更不相同的情感体验。除此之外对材质的感受还与个人喜好有关，有人喜欢辉煌闪目的宝石那灿灿光芒，也有人希望找到一块完全不透明的仿佛油脂一般的温润石头作为护身符。

材质之间的模仿是艺术领域的独特现象，这种模仿与拿玉髓假充翡翠的商业行为，或用石头雕出荔枝的乞巧目的不同，艺术史上频见以一种材质仿制另一种材质的爱好。这仍与材质给人的感受有关，用惯了皮质水袋的民族，哪怕掌握了冶金技术也会尝试使用金属仿制皮毛的感觉。战国中期的陶器常常模仿铜器，汉代铅釉陶器也模仿青铜器，山东潍坊的"白陶鬶"看起来就是像由兽皮做成再用藤条绑在一起的。装饰繁缛的四方形铜器可能是一种北方木刻艺术的金属工艺变体[①]。这也许源自人类的认知行为特点，所谓惯性使然，对某一种材质的好感会延续到新出现的材质中去。然而这种趋向并不会一直持续，新材质在被使用一段时间后，会具有自己独特的艺术地位，并被之后的材质模仿，文化观念的改变需要时间。

---

① ［英］苏利文著，徐坚译. 艺术中国［M］. 湖南教育出版社，2006. 26

第三节　材质与艺术传输

一、时间传输

承载艺术信息的媒介在牢固与耐久度上的属性，是艺术传播者需要考虑的重要因素，尤其是那些被期望存在更久时间的艺术杰作，艺术史学家们往往对此深有感触。"考古学家在巴林和阿拉伯半岛发现了少量传播到西方的印度物品，却很少在古代印度城市发现近东制作的产品。这就表明，印度文明输出的是宝石和石头印章之类的持久耐用的产品，而输入的可能是纺织品等无法耐久的物品，因而无法出现在考古记录里。"①

动植物的皮毛和纤维一类的有机物材料属于可再生资源，春去秋来中人们可以一次又一次地收获和使用它们。它们一般也具有较高的易得性——人们总会采用他们生活环境周围比较容易获得的媒材作为制造常用用具的原料。另外，它们柔软，便于切割易于打理，还不那么容易断裂粉碎。虽然像鞣制皮革、编制草席等工作并不省时省工，但至少以人手之力和相对简单的工具已足以完成，女性也可参与甚至主导制作，以这类材料制成的工艺品和用具数量不少。

然而虽不总是如此，但一般来说，容易处理的材料往往不便于持久保存，皮质草编的用具不仅在使用时容易毁坏还会受潮腐烂，除非环境特别干燥低温否则很难长时间保存。年代久远而能完好保存的有机材质物品，显然远不如金属或石材所制成的物品多，因此这类材质并不属于持久的传

---

① ［美］弗雷德·S·克雷纳著，克里斯汀·J·马米亚著，李建群译.加德纳艺术通史［M］.湖南美术出版社，第1版，2013. 198

输媒介。

但如前所述，这些材料因为常被使用，往往会形成以它们的模样为特点的审美习惯。虽然容易坏，但以它们为材料制成的工艺品所特有的造型样式，却有可能在另一种具有持久性能的材质上留存下来，比如在北美洲易洛魁人的古墓与中国东北汉书文化中，以陶器模仿的桦树皮碗，形制与纹饰都与桦树皮器相似，还有一例便是以金属模仿的皮质酒囊造型等。

易于控制但耐久更好的材质包括一些动物骨质，象牙是一种既易于控制又耐久的材料，可以使用各种技法进行艺术表达，可以浅浮雕，也可以雕刻出极为精细复杂的透雕形状。"旧石器时代以来大象牙或海象牙就被用于雕刻，被各个时代用于装饰品，现存有盒子、胸针、棋子、垂饰、小雕像和祭坛装饰灯。"① 一些硬度不太高的矿物也属于这种媒介。但象牙与犀牛角一类媒介的获得往往需要对相关物种的生命造成伤害，在大象与犀牛成为濒危动物的当今已不能使用。在寻找具有永恒属性的材质历程上，人们开始由骨骼转向如花岗岩一类干燥而坚硬的石头。龙门石窟所在的伊水两岸山崖是一种坚硬而紧密的石灰岩层，对抗风化的能力较强，不容易大面积脱裂，因此适于艺术造像。

希腊古典时期，许多享有极高声誉的艺术家都有绘制纪念性木板的习惯，用于展出在公共场所传达与世俗和宗教相关的艺术信息。木板易腐烂的材质特性，使得大多数大师的木板作品都遗失了。在中国，雕刻艺术与建筑也常采用木质材料，相比石质与金属质的艺术品，木质的作品留下的机会更少。中国早期文化显然缺乏可以与埃及与两河流域相比较的纪念性雕塑，而后者"如果是土质或木质的话，它们早已化作灰烬了。"② 当然以

---

① ［英］尼古斯·斯坦戈斯，赫伯特·里德著，范景中译. 艺术与艺术家词典［M］. 生活·读书·新知三联书店，2010

② ［英］苏利文著，徐坚译. 艺术中国［M］. 湖南教育出版社，2006. 18

木为材质的艺术品也存有耐久度高的类型，如漆器——"朝鲜平壤附近的乐浪汉墓中甚至发现了产自四川的漆碗、杯和盒，上面刻有公元前85年到公元71年的纪年。"①

当然，气候等保存环境与材质对艺术信息的命运同样具有影响。"艺术史学家认为印度古代有着极为深厚的绘画传统，但由于早期画家大多使用易于损坏的材料作画，例如棕榈叶和木头，又由于印度的热带气候，导致印度早期的几乎所有绘画都没有留存。"② 耆那教细密画（jain miniature painting）直到1350年仍使用棕榈叶，到1400年后改为纸张。如果保存不利，后果可想而知。

另一种底质脆弱的艺术品是帛画，马王堆汉墓中两幅于内棺包裹的尸体之上的T形帛画是如此重要，因为它们不仅古老，而且证实了中国画的挂轴形式并非由印度随佛教传入，因为它们的年代比其他所有中国立轴绘画都要至少早上一千年。这些随葬品不可思议被淹在地下水中长达2000年，除了从未被盗掘的好运气，还有一层厚厚的白膏泥和木炭层包裹在棺椁之外，避免了随葬品的腐烂，并不是所有的古墓葬都有如此好运。大量的唐代的丝帛绘画于1907年被发现在一个封闭的石室中③，封闭且环境适宜的存储地点是这类媒介材质得以留存的重要因素。

在中国北方人们常使用陶俑作为墓葬中的陪葬品，也可能用过木俑，但没有木俑留存下来。孔子对随葬时使用木俑极为厌恶，这是出于对人们可能因为使用木俑而会重新在葬礼上使用活祭的担忧，他认为使用草人更合适。然而如果真的大量使用草质媒介制作陪葬俑，关于周代晚期服饰的

---

① ［英］苏利文著，徐坚译. 艺术中国［M］. 湖南教育出版社，2006. 71

② ［美］弗雷德·S·克雷纳著，克里斯汀·J·马米亚著，李建群译. 加德纳艺术通史［M］. 湖南美术出版社，第1版，2013. 205

③ ［英］苏利文著，徐坚译. 艺术中国［M］. 湖南教育出版社，2006. 116

重要信息很可能就无法通过经过刻制、绘有彩饰并且着装的木俑提供给今人了①。

在时间传输能力上具有强烈对比的另外一对媒介材质是湿壁画与干壁画。这两种绘画方式都是在墙壁上进行绘制，而具体的制作过程却不同，它们基于的基层媒介材质不同。湿壁画绘制起来很麻烦，要在未凝固的灰泥墙作画，墙面上需要预先刷多道灰泥，绘制者要在最后一层尚未干透时将颜料画上去，使颜色与墙壁合为一体②。干壁画与之类似，不同之处在于，干壁画是绘制在干燥墙壁上的。湿壁画的绘制者需要精准把握线条与色彩并快速绘制，容不得花费许多时间慢条斯理地思考与修改，因为泥墙一旦干掉而画却没有画完这一幅画作便告失败。画错了也是灾难，需要将灰泥铲掉重新刷泥再行绘制。干壁画则无需如此复杂，相比湿壁画容易不少。然而湿壁画由于色料渗入墙壁很深，如有合适的环境条件，可获长久保存，干壁画却容易龟裂剥落，米开朗琪罗的西斯廷礼拜堂天顶画如采用干壁画作为媒介，或许将遭遇如吴道子壁画一样的命运。同样具有恢弘气势与高超画技的吴道子，却因为其壁画作品作于干燥墙壁上而导致他的伟大画作真迹无一留存下来③。公元 11 世纪苏东坡见过两幅吴道子真迹，而米芾可能见过三到四幅，他们留下的描述与后世转了多道手的摹本、拓本与草稿一起，留给后人对吴道子杰作的想象。对于后人而言的遗憾，对绘制者当代的艺术传达或许并无大碍，干壁画制作容易，不像湿壁画那么麻烦，况且还能画出亮丽的色彩与细腻的明暗调子，尽管可选择的颜色有所限制，但仍然受到欢迎而十分流行。④

---

① ［英］苏利文著，徐坚译. 艺术中国 ［M］. 湖南教育出版社，2006. 48

② ［英］尼古斯·斯坦戈斯，赫伯特·里德著，范景中译. 艺术与艺术家词典 ［M］. 生活·读书·新知三联书店，2010

③ 当然，这只是原因之一。

④ ［英］苏利文著，徐坚译. 艺术中国 ［M］. 湖南教育出版社，2006. 115

　　另外，绘画上的色料运用也存在耐久度的问题，据说尉迟乙僧擅长将浓重的颜色层层堆积在绢帛之上，以创作具有立体感的绘画，这种使用很厚的颜料层层涂抹的方法使画作很难历经长时间仍旧完好保存，尉迟乙僧的画作早已不存，我们只能从元代评论家的艺术史著作中获得相关印象。而类似的方法在麦积山石窟壁画中也有使用，亦是损毁严重。希腊大理石雕像给后人的印象是洁白如玉，然而事实上当时的希腊人在雕像的眼睛、嘴唇、头发与衣物上均涂有色彩，使用的是与混合了蜡的颜料并加热使之呈半固体状，涂在抛光的石头上，显然这些颜色后来都掉了，以至于留给许多人觉得"古典雕像是纯白的错误观点"①。一般情况下，矿物颜料相比植物颜料要耐久。北京周口店的山顶洞人用赤铁矿洒在骸骨周围，或许具有某种宗教与情感意义，若非矿物颜料，这一史实可能无以存留如此之久。以青金石研磨的色料涂绘的圣母玛利亚②的袍子，跨越百年仍色泽艳丽引人入胜，远非数月后便显褪色的化学颜料可比，但以青金石制作的颜料价格昂贵，某些时期几乎与黄金等价，因此即使是名望出众的画家若没有教会或皇家的资助，也承担不起大量青金颜料的费用。

　　霍去病只于史书中留有一名，而他墓前那些体量如真实动物大小的神兽石像却屹立至今。这些雕像处理得并不精细甚至有些粗糙，它们与随葬在秦始皇陵中的栩栩如生的陶俑在精致程度上毫无可比之处。后者的部件皆为单独制作，腿部实心以支撑空心的身体，拼合上手与头部后再在整个陶俑刷上细泥做出细腻的皮肤质感③。参观过兵马俑博物馆的观众常会发出对陶俑真实细腻的精湛工艺的赞叹。然而霍去病墓前如果站着如秦皇兵马俑一般制作精细却易碎裂的陶俑，大约早就毁损严重甚至消失不见，显

---

①　［美］弗雷德·S·克雷纳著，克里斯汀·J·马米亚著，李建群译. 加德纳艺术通史［M］. 湖南美术出版社，第1版，2013. 艺术史 143

②　在西方蓝色象征着圣母玛利亚

③　［英］苏利文著，徐坚译. 艺术中国［M］. 湖南教育出版社，2006. 65

然石质的粗糙雕像具有更高的时间传输指数，但因材料的操控难度较高而降低了视觉传达指数，虽然坚硬石材也频出令人叹为观止的精良工艺品，但也很难想象精工细作的玉雕会置于世人视线之内千百年仍能默默守于主人墓前。相比之下，秦皇兵马俑的视觉传达指数更高，而促成它们精致逼真易于控制却相对脆弱的材质，却降低了它们的时间传输指数，如若不是经年被掩埋于厚土之下，出土后又被作为国宝精心保护，也很难想象它们仍能保持原样，被一代代的博物馆参观者景仰，然而尽管是在温度和湿度都被置于控制之内的博物馆内，兵马俑们仍然在以让人可惜的速度损毁着，尤其是表面的色彩涂层。

金与玉皆为贵重且耐久的材质，刘胜夫妇的金缕玉衣便由此两种材质制成，但金属的可镕性使得盗墓者带走了金丝而留下了玉片，艺术史上不乏此类现象。一些由金属为材质的艺术品因为各种原因而被熔毁，有时仅仅是因为战事所需军费不足，就可能令后世扼腕地导致一批铜像由优美精湛的艺术品化作叮当作响的铜钱。

还有一些艺术信息生就无法耐久，过程艺术则为一例。这类艺术作品可能采用各种材质（玻璃、毛毡、油脂、发酵粉、煤、纸等各种材料），然而其预期传达的艺术信息并非成品，而是整个堆积、涂抹、悬挂或复印等过程。大地艺术当中也有许多个案受制于必须在固定时间内被毁掉的命运。这些艺术信息的最终传输媒介是包括图片与视频在内的影像，但这些媒介在当前的技术条件下是如法在传达层面较为完备的对原作进行复原的。

以上所论皆为与视觉相关的艺术信息，而与声音相关的艺术信息，在现代录音技术与设备出现之前没有任何长时间传输的可能性。乐谱记录法是唯一有可能将音乐推送到多年之后的媒介，然而这种媒介所承载的感知数据是如此之低，如果乐谱符号所示含义失传而又无法再度破译，乐谱便毫无用处，即使人们识读乐谱意义的能力一以贯之，对于如何将一个个的记录符号还原成为具有细微差异的音乐，亦是见仁见智。

"就算手中有一切有关的乐谱，我们也无法了解巴赫和亨德尔在作曲时，他们的脑海中形成的究竟是一种什么样的曲调？如果再上溯两三百年，那么在音乐研究中所遇到的困难会更多，学术界也会有更多意见，比如，曲作者希望如何表现自己的作品，是用声乐还是加入器乐，越向前追溯，音乐研究的困难就越多。即便是对于一些非常浅显的问题如节奏或某一个单音的长短也只能在乐谱上进行猜测，如果想研究那些没有乐谱的古代音乐就更困难了，那时的人们记录音乐时所用的是一种类似现代速记符号的纽姆乐符。"①

年代越久远的乐谱越发面临这种困境，更何况当年的乐器可能也已失传。现代录音技术与设备的发展改变了声音跨时间传输的窘境，但磁带与光盘的寿命都不长久，或许网络的分布式存储更为耐久，但在音频格式的进化中，一批以非主流格式存在的音频，也面临再也无法解读的困境。

二、空间传输

艺术信息并不都需要进行空间上的传输，比如那些具有祈神、安灵或魔咒意义的艺术作品，事实上它们在创作之时也并未被当做艺术，或不全为艺术而作。即使精美生动的令后人赞叹不已，永泰公主墓中的壁画也是为安慰"珠胎毁月"而亡的贵族少女李仙蕙所画，这类被后世公认为艺术杰作的事物，其创作者完全不对其具有空间传输的预期。

当然，更多的艺术生而为传播存在，可供消费的商业艺术品自是如此，而那些为人类与神灵交会的艺术信息，如圣索菲亚大教堂或龙门石窟的卢舍那佛像一般体量巨大无法挪动的巨型艺术品，也有通过吸引信众前往膜拜的空间传输需要。

---

① 刘睿铭. 音乐的历程 [M]. 江西高校出版社，2009.5

影响艺术信息空间传输的材质属性，有如下几点：

1. 材质是否具有可移动性

不可移动的材质如依山而建的建筑、雕刻；依墙壁而绘的绘画（壁画并非完全不可移动，但移动它们的两难度与代价，从修建三门峡水库而启动的永乐宫壁画转移项目中可见一斑），其空间传输难度较高。当然可以使用破坏性的方式将其与基质分离。不可否认国外博物馆中一个又一个佛头在柔和灯光中所呈现美丽，但再视龙门或云冈石窟中一个又一个断颈，也不免令人心伤。2012 年 7 件 80 多年前流失海外的龙门石窟佛头重为国家索回①，但有更多的文物尚无回归之期。

中国作为世界上文明延续最为长久的国度之一，早于 9 世纪的建筑物却几乎都没有保存下来。这与中国建筑常使用的材质有关，也与中国建筑的构造易于移动有关。"中国的守旧主义看来好像将保存古老的纪念性建筑物作为头等关心的事情之一，但建筑方法的灵活性使得保存个体的建筑物没有多大必要。建筑物可以被轻易拆除，前往另一个地点或被其他建筑物取代，并且，不像青铜器、绘画之类，中国人并没有将古老建筑物看做是有内在艺术价值的，而且很显然它们不能够被收藏，战争、火灾和地震可以将其严重毁坏。此外，许多佛教的寺庙在佛教受迫害期间遭到破坏，保存建筑传统比保存个体的建筑物本身更为重要。"②

2. 材质的大小、重量与构成

艺术实物的大小对它是否便捷非常重要，尤其是在现代交通技术发展起来之前。佛教徒们携带小型雕像作为宣扬佛法的有效工具，"宋代文献曾记载粟特人康僧会于公元 247 年从中南半岛抵达吴国，他设置佛像，在

---

① 中国新闻网. 流失海外 80 载终于归国 龙门石窟佛头合璧 ［J/OL］. http：//www. chinanews. com/news/2005/2005-10-19/8/640248. shtml，2005

② ［美］弗雷德·S·克雷纳著，克里斯汀·J·马米亚著，李建群译. 加德纳艺术通史 ［M］. 湖南美术出版社，第 1 版，2013. 236

各地举行巡礼仪式。碰巧曹不兴看到了康僧会所绘西方风格的佛像，便摹写下来，后来成为极受欢迎的'曹样'。"① "在公元 6 世纪早期，印度出现了一种轻巧且更具风格化的佛像。这些变化的非正式风格传到了整个东亚地区，正如公元 7 世纪早期日本的一尊青铜佛像所展示的。中国也制作出了更加优雅、小巧的佛像。"② "曼提克罗斯的阿波罗被创造的时期正值希腊的贸易和殖民步伐加速和范围扩大之时。希腊艺术家前所未有地直面东方，尤其是小型的易携带物品，比如叙利亚的象牙雕刻。"③

玉雕、瓷器与漆器制品的体积与重量大多适宜携带，广州与福州甚至形成此类市场，以满足每年前来的欧洲商人，质量上相比北京与苏州的制品略逊，然而为了只能逗留几个月的客户，赶工而成也在料想之内④。易于携带以纸或绢帛为材质的书画被用于绘制"送别画"一类量较大的应酬之作⑤。"周朝的那些一面打磨得高度光亮，另一面装饰着大量图案的铜镜也很流行。那些镜子散布的范围很广，甚至在日本古墓的宝物中叶发现过这种镜子。"⑥ 而文学作品如非语言差异则可获得更广的流传。

在现代交通技术出现之前，巨大体量的艺术品空间传输之困难，可从《大禹治水图玉山》的故事中略知一二。这块高达两米的作品的原料从遥远的和阗运送至京城，行程耗去将近四年之久，再运扬州施工，再运回

① ［英］苏利文著，徐坚译. 艺术中国 ［M］. 湖南教育出版社，2006. 101

② ［美］弗雷德·S·克雷纳著，克里斯汀·J·马米亚著，李建群译. 加德纳艺术通史 ［M］. 湖南美术出版社，第 1 版，2013. 233

③ ［美］弗雷德·S·克雷纳著，克里斯汀·J·马米亚著，李建群译. 加德纳艺术通史 ［M］. 湖南美术出版社，第 1 版，2013. 艺术史 102

④ ［英］苏利文著，徐坚译. 艺术中国 ［M］. 湖南教育出版社，2006. 232

⑤ 石守谦著. 风格与世变：中国绘画十论 ［M］. 北京大学出版社，2008. 225

⑥ ［美］弗雷德·S·克雷纳著，克里斯汀·J·马米亚著，李建群译. 加德纳艺术通史 ［M］. 湖南美术出版社，第 1 版，2013. 228

京，前后耗时十年，所费银两万余。这样的艺术传输行为，非国祚与精力皆旺盛的乾隆皇帝，恐怕无人能承受。此外，一体成型的石材或木质坚硬的材质最为牢固，拼接而成的部分相对容易松散，那些结构特别复杂，缺乏合理支撑力的构件也容易脱落丢失。在当今艺术传输行为中这类艺术实物所需运送代价更大（它们得以流传各处的往往是图片与视频的复制信息），而对于古代遗产，让今人费尽思索她那双美丽手臂究竟是何姿势的米洛斯的维纳斯便为一例，更不论无数缺失了另配的手持武器、贴片装饰、冠帽以及镶嵌物的雕塑作品。然而另一个例子是中国的建筑，其灵活的构件结构使它具有被转移的可能，木质的相对轻巧，构件的标准化以及榫卯结构的使用，使得建筑工人能够将一座中国古代建筑拆除并转造于他地，当然代价是不菲的。将佛教从印度带到中国的行走在丝绸之路上的商人们，所携带也都是一些便携与贵重的商品，如丝绸、象牙、黄金以及其他各种相对好带且价值高昂到值得冒险通过丝绸之路的物品。

3. 材质的复制难度

复制与需要相关，有相当一部分艺术信息预期是无需复制的，或在其创作、所有者看来无需复制。神庙、教堂、佛寺、宫殿等体量大构建多的建筑类艺术最难复制，而许多大型雕塑只能做成小复制品进行空间传输。虽然体量上的巨大差异，使得小复制品可能存在艺术传达方面的缺陷，但有总比没有强。古代的行游僧人或传道士无法向潜在信众展示其手机中的照片，依靠这类小雕像或小圣物来作为远方神圣救世主存在的证明，比单靠言语要有效得多。"佛教建筑出现于中国之前，佛教雕像被装入佛教传教僧侣、旅行者和朝圣者行囊之内带入中国。毫无疑问，他们随时准备将所携带的偶像展示给所见之人，告知这是印度和中亚最著名的偶像的复制品，极受当地人尊崇。"① 最易于复制的是文字信息，相比手抄工序，雕版

---

① ［英］苏利文著，徐坚译. 艺术中国［M］. 湖南教育出版社，2006. 91

印刷与纸张的使用大增其复制效率，而活字印刷与现代激光照排系统，使得文字的复制效率再一次呈几何速率提升，网络传播更进一步加剧文字复制的便捷性以至于在当今某些场合对文字复制有了限制的需要。有许多早期的艺术作品如绘画、雕塑、表演与工艺品未被保留下来，但见过它们的文人在自己的著作中将其描述与记录下来，由此为后世保留了这些艺术杰作存在的印记。这些关于已经遗失的艺术信息原作的文本因印刷术获得更加广泛的传播，"这样受过教育的中国画家及其顾客就可以将自己融入丰富的艺术传统中去。"①

① ［美］弗雷德·S·克雷纳著，克里斯汀·J·马米亚著，李建群译. 加德纳艺术通史［M］. 湖南美术出版社，第 1 版，2013

第五章

艺术信息与传播媒介

前文分析了媒介在艺术传播过程中在传达与传输功能上存在的各种特质，本章将对艺术信息与其传播媒介之间的关系做进一步讨论。由于传播是涉及信息、媒介与受众多方面因素的行为，针对特定的受众与艺术信息，却采用了不匹配的媒介而导致低效甚至失效的艺术传播实务并不少见，了解受众在知觉艺术信息时的神经与心理状态以及媒介在其中所起的作用，对于分析艺术传播效能问题将更有帮助，因此本章在探讨过程中将引入部分认知神经科学与心理学的相关原理，并在分析特定受众对特定艺术信息所采用的认知驱动是偏向何种差异后，提出传播过程中的媒介匹配问题。另外本章将涉及较多关于艺术传播策略的内容。

第一节　艺术信息与媒介匹配

一、认知的概念驱动与数据驱动

现代认知神经学对人类的信息加工方式研究存在一种通行的假设，认为人类在对信息进行加工（或讯息处理）时，存在"概念驱动加工"与"数据驱动加工"两种模式。"当人脑对信息的加工处理直接依赖于刺激的特性或外部输入的感觉信息时，这种加工属于数据驱动加工（资料驱动处理）（data-driven processing），或称自下而上的加工（bottom-up processing）；而当人脑对信息的加工处理依赖于人的已有知识结构时，这种加工则属于概念驱动加工（或概念驱动处理）（concept-driven processing），或称自上而下的加工（top-down processing）。"①

---

① ［美］罗伯特·L. 索尔所，M. 金伯利·麦克林，奥托·H. 麦克林著 邵志芳译. 认知心理学（第 7 版）［M］. 上海人民出版社，2008. 6-8

但这并不意味着人们只看或者只想，一般情况下人类在对外界环境进行加工时会同时依赖由这两种渠道获得的信息，即由感官直接获取的信息，如刺激来源的强度及其时间或空间分布，以及在接受信息刺激的个体记忆系统中已经存在的信息储备，即有组织的知识经验。几乎所有的认知活动都同时存在这两种加工方式并相互产生作用，但研究表明，当人们在面对不同的认知任务时，会使用具有倾向性的加工方式，有时偏向数据驱动，有时偏向概念驱动，另外年龄似乎也与两种认知驱动模式存在较为明显的相关关系。

人类对艺术信息的加工与对普通信息的加工存在差异，这一差异使得艺术传播研究尤其需要关注艺术信息作用于受众感官与认知系统的行进过程，因为这将直接影响艺术传播需要采取的媒介策略。在欣赏不熟悉的艺术信息时，人们更加依赖数据驱动加工，而在观赏较为熟悉的艺术信息时，人们则趋向于更加依赖概念驱动加工①。除此之外，加工信息的时间前后也存在影响，在刚接触信息刺激的认知早期阶段，数据驱动加工更为重要，而在一定时间的处理之后即信息加工的晚期，概念驱动加工会变得更加重要。因此对于刚刚接触某一陌生艺术信息的受众来说，他们往往需要媒介提供足够的感知数据来进行数据驱动加工，而当面对较为熟悉，或与已有经验相匹配的艺术信息时，受众对感知数据的依赖程度降低，他们能够调取已有的情感记忆储备达成艺术体验。

二、艺术信息的认知驱动差异

人们对于艺术信息的认知处理过程存在差异，对于某些艺术信息可能

---

① 心理学中有如下实验，即呈现一个句子，其中有不少词汇存在少量字母顺序错误，但因为句子所表述的内容十分寻常，被试在理解句子时几乎不受错误的影响，因为在面对如此熟悉内容的语句时，出于认知高效的本能，人们更加依赖概念驱动加工，而不是逐字逐字阅读的数据驱动加工。

需要媒介提供大量的感知数据，以达成基于数据驱动处理的认知，而对于另一些艺术信息，则可以通过少量感知数据进行基于概念驱动的处理，就像约翰·伯格（John Berger）说的那样："我们观看事物的方式受我们所知、所信的左右"①。不同的艺术信息需要受众采用不同的认知驱动方式，不同的受众在面对同一艺术信息时可能采用完全不同的认知驱动方式，越是陌生的艺术信息，受众越需要媒介提供足够的感知数据，以便使用数据驱动进行认知。当然，大部分情况下人们在欣赏艺术信息时，数据驱动认知与概念驱动认知都会用到，只是在具体的艺术传播案例中存在着对其中某个方向的偏重。

1. 基于数据驱动的艺术信息

所谓以数据驱动为主的艺术信息的认知过程，指的是受众在欣赏艺术信息时，主要以其传播媒介所提供的感知数据为参照，从中获得相应的知觉、感受与体验的过程。

许多情境下人们都需要基于数据驱动的信息，数据驱动往往先于并引发概念驱动。早期人类的许多"艺术活动"往往具有将概念驱动的信息转换为数据驱动的信息的特征，比如将祈祷的愿景绘制出来，或将对神魔的理解表演出来，"人们把看不到但被认为能够影响人生命的邪魔，化为有形的形象进行驱赶。"② 巫师的装扮是"要让部落成员看到神灵下降后的有形化的东西。"③ 这是一种典型的将需要使用概念驱动进行认知的信息，转化为可由数据驱动认知的信息。对普通民众而言，基于数据驱动的艺术信息具有更高的影响能力，"要让神灵和部落成员都能愉快接受巫师的意图，就要在装扮方面使神灵和部落成员都感到快乐，巫师装扮像不像美不美，

---

① 约翰·伯格. 观看之道 [M]. 伦敦，1972 年. 8

② 王廷信. 寻访戏剧之源：中国戏剧发生研究 [M]. 山西教育出版社，2011. 314

③ 王廷信. 寻访戏剧之源：中国戏剧发生研究 [M]. 山西教育出版社，2011. 314

就关系到人与神之间沟通的效果。"① 知识储备更高的文人也存在类似的需要,据说晚年的宗炳无法行游江山,他感慨并怀念"嵩华之秀,元牝之灵,皆可得之于一图矣。夫以应目会心,为理者类之成巧,则目亦同应,心亦俱会,应会感神,神超理得,虽复虚求幽严,何以加焉",于是他将心中所存之景绘制在居室墙壁上,坐看之时便能仿佛身处"嵩华之秀",以达到心感"元牝之灵"的境界,将已熟记于心的山水概念,转化为可视之物。

2. 基于数据驱动的艺术信息对特定媒介依赖度高

大卫·马丁在谈到蒙德里安的作品时,认为他在画作主题的取材上十分独特。"蒙德里安的作品是纯粹的形式,有着完全诉诸感官的表面,与其他作品不同,他不表现任何事物。"② 观众们在看他的画作时与看其他一些写实画作时产生的心理反应差异很大,这是因为"这幅画可以是十分令人激动,纯粹的形式——线条、色彩、质地、光、形状——能够捕捉我们的想象力,并使之持续下去。"③ 即使蒙德里安的画作不表现具体事物仅表现纯粹形式,但它提供的十分有趣的感性层面不仅能够促使观者产生反应,甚至是十分强烈的情感体验。这一论断的前提条件是蒙德里安的画作在传播过程中使用了恰当的媒介,任何亲临蒙德里安那张半米大《红黄蓝构图》原作的人,都能够从那纯手工绘制的笔挺的边界,均匀的色彩以及颜料细腻的肌理中获得一种纯粹的感官乐趣,具有相关艺术史知识与鉴赏造诣的人将被引发基于概念驱动的信息认知,进一步体验到这幅与众不同的绘画所独具的艺术深度。然而许多人只从清

① 王廷信. 寻访戏剧之源:中国戏剧发生研究 [M]. 山西教育出版社,2011. 47
② [美] F·大卫·马丁著,包慧怡,黄少婷译. 艺术和人文:艺术导论(第6版）[M]. 上海:上海社会科学院出版社,2007. 13
③ [美] F·大卫·马丁著,包慧怡,黄少婷译. 艺术和人文:艺术导论(第6版）[M]. 上海:上海社会科学院出版社,2007. 13

晰度低，尺幅小的复制媒介上观赏过蒙德里安的作品，这类媒介所提供的感知数据相比蒙德里安的原作大打折扣，以至于蒙德里安由此获得了一个戏谑的外号——"Excel 小超人"。确实，蒙德里安的一些作品在杂志或屏幕上看起来仅仅是几根黑杠拉出几个格子，并且填上了底色，略有电脑基础的人都可以用最普通的表格处理工具模仿出来。这是艺术传播中在传播偏向数据驱动的艺术信息时，却没有使用恰当媒介匹配的失败例子之一。下方的二维码链接一篇关于蒙德里安作品绘制技巧与肌理效果细节清晰图解的网页地址，其中的图片如附于此处进行黑白印制，将极大减损感知数据，如使用具有联网功能的手机或平板电脑等智能数字终端扫描后页的二维码可直达网页，观看感受与黑白图片大不相同这也是本书关于艺术信息传播终端的超链接与转换部分观点的实际应用。

图 5-1　网页地址二维码①

3. 基于概念驱动的艺术信息认知

苏珊·朗格认为"任何一件艺术品都是这样一种形象，不管它是一场舞蹈还是雕塑品，或是绘画、乐曲和一首诗，本质上都是内在生活的外部

---

① 图片来源：图解蒙德里安的格子是怎样一步步画成的 [J/OL]. http://chuansongme.
com/n/833945，2014

显现，都是主观现实的客观写照。"① 所有的艺术信息都是一种显现，一种感知数据，但"这种形象之所以能够表示内心生活中所发展的事情，是因为这一形象与内心生活中所发生的事情具有相同关系模式和成分。这种形象不同于物质的结构，一种舞蹈的物质材料结构与情感生活的结构是不相同的，只有创造的形象才具有情感生活所具有的成分和结构样式。"② 也就是说，苏珊·朗格认为只有当"形象"与受众内心某种具有"相同关系模式和成分"的结构相对应时，艺术才能更加深入的触动受众的灵魂，这正是一种对基于概念驱动的艺术信息的分析观点。

4. 基于概念驱动的艺术信息对特定媒介依赖度低

基于概念驱动的艺术信息对媒介是否能够提供足够的感知数据要求相对偏低，举例而言，大多数时候寺庙中的艺术装饰需要打动的是无知无识的百姓，因此其绘画与雕塑在设计与创作时往往皆偏向基于数据驱动的信息认知，如果不美、不神圣、不威严、不恐怖，便可能起不到感化作用。然而，在宗教概念深入人心的年代与地域，雕刻粗糙的神佛造型也能促发虔诚信众真诚的膜拜之心，它们所引发的情感体验并不见得一定比精雕细作的佛像低，因为基于概念驱动的艺术信息认知过程主要受受众已有的知识和预设影响，有时与艺术信息本身关联很弱。

拿破仑在他的自传体小说《克利松和欧也妮》中，有如此一段描写："17 岁的艾美利有美丽的身体、美丽的眼睛、美丽的头发和美丽的面容。"从描写的角度来看，这段文字等于什么也没有说，但受众可以默认艾美利是美的，毕竟基于概念形成关于美丽女性的想象，对常人而言并不困难。接下来拿破仑继续写道："艾美利像一首法国音乐，听来愉快，因为人人听得懂它的和弦，也欣赏那和声。欧也妮则如夜莺之歌，或者，像白西路

① ［美］苏珊·朗格著，滕守尧，李海荣译. 艺术问题［M］. 南京出版社，2006. 10
② ［美］苏珊·朗格著，滕守尧，李海荣译. 艺术问题［M］. 南京出版社，2006. 10

的曲子，只有敏感的灵魂懂得欣赏，其旋律大多数人觉得平庸，却使能够强烈感受它的人心动神飞。"拿破仑的这段描写，一定来自于他对文中所提及的几种音乐的亲身感受，这些音乐与曲调都是他所熟悉并深有感触的。然而如果阅读这段文字的受众既不熟悉法国音乐（或者熟悉的是另一种法国音乐），也没有听过夜莺之歌与白西路的曲子，则很可能无法将音乐的感受与文字描写中的这两位女性形象结合起来，那么他们是否能产生与创作者的预期相匹配的情感体验就很难确定了。这样的描写在跨越两百多年①之后，面对当代中国许多听惯了流行音乐的年轻人可能难以有效传播，然而这并不是因为小说中的两名女性的个性与气质具有无法为当今受众理解的时代印记，虽然并不见得完全一致，但显然《红玫瑰与白玫瑰》中的两位女性角色，或者是《福音战士》中的凌波丽和明日香，都具有相类似的对比。有效的方式在于将作比喻的法国音乐和夜莺之歌换成受众熟悉的，具有相类似调性的音乐（或其他更具普遍性的比拟物）。

受过长时间教育的精英们往往更倾向于欣赏基于概念驱动的艺术信息，他们的智商与阅历要求（虽然不是全部时候）他们回避那些过于直白的描绘与感官刺激，"徽宗对宫廷画家的控制非常严格，他常常提出用于创作的画题，往往是从古诗中摘取的诗句，而以哪些最精致和富于暗示性的画作为上品。比如'竹锁桥边卖酒家'为题最终获胜的画家并未画出酒馆，而是在竹林上画出酒幡而以。因此，徽宗对这些画家的要求并不是画院的现实主义风格。他对浅显直白的回避和对理念的玩味，在某些程度上和文人画有些相似。"② 更加基于概念驱动的艺术信息认知方式出现在明代艺术家的作品中，他们希望表述的内容无法完全使用常见的山水画图像语言予以说明，于是"为了帮助这种表达，即说明在图像语言之外的思想，

---

① 这部小说写于 1800 年。

② ［英］苏利文著，徐坚译. 艺术中国［M］. 湖南教育出版社，2006. 152

画家的题记变得越来越长，也越来越具有诗化和哲学化倾向。"① 在无法提供足够的造型感知数据时，以文字进行概念描述便成了提携之法，然而前提条件是受众识得这些文字并且能够理解其中所述，这种前提条件往往并不普遍存在，不具备相当概念储备的受众在读石涛的《画语录》时，佶屈聱牙之感可能远远甚于醍醐灌顶之感。

观念艺术（conceptual art）是基于概念驱动的艺术信息的极端例子，"4 分 33 秒"的感知数据是沉默与随机的杂音，从未面世便埋在了博物馆后方的作品的感知数据为零，对于此类极端依赖概念驱动的艺术信息，不具备相应概念的受众将无法欣赏，更不可能产生恰当的情感体验。而欣赏这类艺术作品是否需要前往音乐厅或博物馆并不十分重要，理解其背后的创作理念才更重要。因此其传播媒介可以是一段文字介绍，一段简短视频，或者几页数字图像。然而这些感知数据较低的媒介在传播蒙德里安的作品时产生的消极影响就要大得多，是艺术传播需要避免的。以《震惊！一张"白纸"拍卖出亿元价格》为题的新闻除去标题效应的需要，正是我此处观点的微妙例子，对颜料混合的厚度与肌理所产生的令人着迷细节未有切身体会，又对雷曼（Robert Ryman）、极简主义与观念艺术、画作大小与创作年代以及同期同样大小的画作的存世情况皆不了解的人在看到下图（敬请知悉：在本书中的配图因使用经济的黑白打印而导致感知数据被进一步严重降低）所示的作品拍出约 1.2 亿人民币时，难免会对纯艺术口生"敬畏"心生"疑惑"。这幅作品同时兼具需要基于数据驱动的认知——原作上有质感的白色颜料以及些微蓝与绿色痕迹，而如图 5-2 的数字图片媒介严重降低了这一感知数据的信息量，同时也需要基于概念的驱动——对那场极简主义艺术风格的时代背景与艺术理念、对作者与创作理念，以及艺术市场的认知。"白纸拍出亿元"这样的标题配合下图，同时抹杀了感

---

① ［英］苏利文著，徐坚译. 艺术中国 ［M］. 湖南教育出版社，2006. 189

知数据与概念储备，这样的艺术传播能达成的效果可想而知。①

图 5-2　雷曼的作品②

因此可见，基于数据驱动的艺术信息对特定媒介的依赖程度高，基于概念驱动的艺术信息对特定媒介的依赖程度低。詹姆斯认为在其他条件相同的情况下，半透明式的写作比透明式写作更为有效，这大多因为在其他条件相同的情况下，受众自身的概念对情感体验的影响更大。在一段以高分辨率采样的低速摄影的星空与极光影像中，媒介提供的信息是使人感动的要素，语言描述不能替代影像，数据驱动对媒介的依赖性高。而概念驱动的艺术认知则相反，如汪跃进在谈到清代人看骷髅图像时所言：

"清代罗聘的《鬼趣图》中的骷髅，明明是从欧洲解剖图借鉴来的，但图上留下的清代文人儒生的一百五十多条题跋，没有一条涉及这骷髅与西洋人体解剖有什么关系。清代学者由于自身的文化习惯，戴了传统文化的有色镜，看到的却是鲍家诗所描写的秋坟与怨鬼。所以对艺术史家来说，重要的不是那骷髅客观本质上是什么，而是它在清代人眼中脑中是什

---

① 震惊！一张"白纸"拍卖出亿元价格［J/OL］. http://love. 4hw. com. cn/qiwen/29610. html，2014-10-11

② 图片来源：http://love. 4hw. com. cn/qiwen/29610. html

么。图像还是那个图像，但观看者已将图像放到自己构建的认知视野中。这个图像也就是清代观看者自己虚构出来的，凝聚了十八世纪的种种历史记忆、文化资源，由此决定其观照方式、特定眼光和想象。这么一来，那骷髅已经不再是绝对化的客体了。"①

骷髅是照片、是绘画、是写实写意、是语言描述都无所谓，对使用概念驱动认知艺术信息的受众而言，一样能够引发怨神怨鬼的情感体验。

然而艺术信息的另一个重要特质是对受众原有的心理结构产生扰动，因此如何借助恰当的媒介将足以撼动受众的感知数据进行有效传播，并最终引发预期的情感体验、态度改变与观念提升，是下一节要具体探讨的问题。

三、艺术信息认知与媒介匹配

如前所述，人类在处理信息时，存在基于数据驱动与基于概念驱动的不同层次。偏向诉诸数据驱动的艺术信息对特定媒介的依赖程度高，而偏向诉诸概念驱动的艺术信息对特定媒介的依赖程度较低。

人类的知觉系统分为遥感知觉、身体知觉与化学知觉，诉诸身体知觉与化学知觉的艺术信息，如果在受众头脑中不存在预设概念，是很难通过缺乏感知数据的媒介进行有效传播的。比如使用文字描写某种目标受众从未闻过的味道或是从未触摸过的动物表皮，除非使用高明的比喻，将这种受众陌生的感知数据，与其头脑中已经存在的感知经验与记忆连接起来，否则除了那些在饮食文化中有从蠕虫中摄取蛋白质习惯的民族，一般人恐怕无法真切感受哈利波特吃过的"鼻涕虫口味魔法糖"。当然有一些特别注重触觉的文化对诉诸触觉的艺术信息的传播将可能更多地诉诸概念驱

---

① 黄晓峰. 汪悦进谈当代艺术史研究的新动向 [J/OL]. http://www.dfdaily.com/html/1170/2010/7/11/497743.shtml，2010-07-11

动。人类学研究显示，生存方式差异与感官习惯差异在整个人类层面是存在并合理的，文化人类学进一步研究由此产生的巨大文化差异。

如今，大多数文化中的人群更加依赖遥感知觉如视觉与听觉，前文讨论的艺术传播媒介种类也主要集中于传达这两种知觉的类型上。然而真实的传播案例是复杂的，正如许多爱书之人皆能体会的细节——印刷书籍存在着特有的油墨香味与纸质纹理，并因此能够引发对不同受众而言的独特心理体验。一把动人的紫砂壶，其造型上的视觉美感是其情感体验传达因素的一部分，而将这把壶拿在手中把玩时，所能感受到的表面触感。重量与温度，所传达的就是另一种情感体验了。

陈鸣认为"对乐谱来说'形式变革'的影响大于'质料变革'。"① 意即记谱的方式变化对受众的影响远大于这些乐谱的媒介形式——即究竟是写在皮上还是纸上。而我倾向于认为，媒介对于特定艺术信息的影响，重点在于这一信息是偏向于数据驱动，还是偏向于概念驱动。乐谱记号这一信息显然是诉诸认知的，具有一定程度识谱能力的人才能明白一份乐谱传达的是什么，而完全没有受过音乐教育对记谱知识彻底不了解的人，可能对面前到底是一份五线谱还是一份简谱这样的巨大差异都不敏感，但换个角度来说，这并不意味这类人群必定没有音乐欣赏能力，甚至他们可能具有的音乐与节奏感受力还相当不错。需要传达音节与演奏方法的乐谱对特定媒介的依赖程度很低，因此如陈鸣所言，这些乐谱是写在皮上还是纸上并无大碍。而作曲家哪怕将之写在餐巾纸上也无从影响一首动人旋律的诞生。然而如从数据驱动的角度来看，一份以乐谱为设计要素的视觉海报，纸张的选用与印刷质量便不再是无所谓的因素。同样是乐谱，前者需要受众基于概念驱动的认知，使用何种媒介不影响其传播效果，而后者则提供感知数据，基于受众的数据驱动认知，因此媒介的选择便成为艺术传播需要重点考虑的因素。

---

① 陈鸣. 艺术传播原理 ［M］. 上海交通大学出版社，第 1 版，2009. 178

进一步谈，如今图像识别技术的发展使得计算机能够识别纸上印或写着的乐谱，配合音乐自动演奏软件和足够量的音色库，印刷乐谱可以通过摄像头被直接"翻译"并"演奏"成可以听的音乐（当然，尽管其准确度不成问题，但就当前的技术而言机器演奏的动人力量无法企及真实演奏家的表演）。在这种类型的艺术传播中，乐谱诉诸的便不是人类对谱号识记知识的概念，而是需提供给摄像头和图像识别算法的感知数据。这样要使不懂乐谱的人也可以"看/听得懂"乐谱，则乐谱对特定媒介的依赖性便增强了，写在软绵绵烂糟糟的餐巾纸上的潦草乐谱，显然不及印刷在无杂质的洁白纸张上的清晰乐谱更能被机器准确快速的识别。

《文化人类学》的作者哈维兰举了一个有趣的例子，他将受众对艺术信息的认知方式，映射为"审美""叙事"和"阐述"："如果我们对一件著名的西方艺术作品——达·芬奇的绘画《最后的晚餐》做一番考察的话，关于审美、叙事和阐释的研究方式之间有何区别这个问题，我们就清楚了。一个非基督徒看到这幅壁画，看到的将会是十三个普通男人坐在一张桌子旁，显然在享用一顿普通的晚餐。尽管其中有一个人显得有一点笨拙，他打翻了盐，还紧紧攥着一个钱袋，但除此之外没有任何东西说明这个场景有什么不同寻常之处。"哈维兰描述的这些信息是这幅画所提供的感知数据，并且是具备普通生活常识的人都易于理解的感知数据。而"从审美角度来讲，我们的非基督教观察者或许会佩服构图与空间之间相互搭配的方式，佩服描绘这些人神态的方式，以及艺术家表现的一种运动感的方式。"[①] 这一段的描述，则突出了一些需要具有一定视觉艺术欣赏概念的受众才能从画作提供的感知数据中解析出来的情感体验；而"作为一种叙事，这幅画可以被视为一种对习俗、用餐礼仪、衣着和建筑的记录。但要知道这幅画的真正意义，观察者

---

① ［美］威廉·A·哈维兰著，瞿铁鹏译. 文化人类学，（第10版）［M］. 上海社会科学院出版社，2006，14-4

必需了解，在西方文化中，打翻盐瓶是灾难临近的象征，而钱则象征着所有罪恶之源。但甚至这也是不够的，一个人要完全理解这件艺术品，他还必须知道一些关于基督教信仰的东西。所以，要达到阐释这一层，就要求我们对创作这件作品的人的信仰和符号有所了解。"① 这最后一个层面的艺术感悟，显然需要受众具有更多基督教信仰的概念。如果受众秉持基督信仰，画作的复制品，即使复制精度不高，一样可以使其达成一种惊惧于悲剧即将发生，哀伤于基督所遭受的苦难，以及基督为洗净人类的罪恶而牺牲自己的崇高情感体验。然而针对那些缺乏相应概念，或欣赏目标在于达·芬奇高超的表现能力的受众，一小幅复制图片与立于圣玛利亚德尔格契修道院画壁前所产生的情感体验，便可能存在很大的差异。

论及此处，我想提及关于我国普及阶段的艺术教育存在的一种影响深远的现象——对教育方希望传播的艺术信息，受众（学生）并无很多前涉经验，甚至完全缺乏概念，而他们第一次遭遇这些艺术信息的媒介，却是教科书中的叙述文字与印刷质量不高的小幅图片。这一传播策略的失误，有可能导致受众对本应动人的杰出艺术信息产生偏见甚至误解，这种误解需要在未来花费更大的力气扭转。当然从另一个角度来看，使用具备更加丰富的感知数据承载能力的媒介意味着更高的传播代价，这在我国的许多地方是不现实的。如何在实际的操作成本与艺术传播效果之间取得平衡，虽不属于是本书重点讨论的内容，但却是艺术传播研究不可忽略的问题。

四、艺术传播视角的信息与媒介匹配问题

以卡明斯（e. e. cumings）的短诗《1（a）》（图 5-4）为例，这是一首具有文字视觉动向设计的短诗，在使用印刷的文字媒介进行传播时，容

---

① ［美］威廉·A·哈维兰著，瞿铁鹏译. 文化人类学（第 10 版）［M］. 上海社会科学院出版社，2006，14-4

易引起母语为非英语的受众的不解。

图5-4 具有视觉走向设计的《l（a）》①

这首诗包含了两个部分：单词 loneliness 与短语 a leaf falls。诗人将一种情绪的描述——孤独（loneliness）和一个具有视觉效果的自然事件——一片树叶飘落（a leaf falls）组合在一起构成了这首小诗。但它的阅读方式与一般诗句不同，诗人将单词拆分，加以刻意的回行设计以引导读者的目光走向，读者的视线在文字间行过，形成如图5-4树叶缓慢飘落的曲线。诗人希望将具体的画面——一片枯萎坠落并走向死亡的树叶（它曾是许许多多树叶中的一片，现在它必须永远告别它们），与情绪词汇"孤独"相结合来帮助读者从垂死者的视角了解孤独的内涵。识读诗句中的词汇对英文水平要求并不高，预期触发的情感体验也并不怪僻，然而它就是在第一眼内难倒了许多人。

———————————

① 图片来源：作者制作

从艺术欣赏本身来看，对此诗的理解与喜恶可以存在多种态度，而如从艺术传播与媒介策略的角度审视这类传播案例，则需考虑：

1. 如果使用文字媒介，对英语的熟悉程度是否会导致受众读诗的效果差异？如果将诗文翻译成如下中文是否更易识别？但对原作所需传达的情感体验有无减损？

孤

（一

片

枯

叶

飘

零）

独

2. 受众要花多长时间发现诗作中描写了落叶飘零（一件事）与对生命零落的忧伤（一种情感）？这一时间阈限对传播过程中选择投放的媒介与环境有何要求？

3. 继上一个问题，不同的受众以及其身处的不同环境，是否能让他对这首诗进行有效解读？如何最大可能的控制欣赏环境？通过何种媒介、如何呈现能够获取受众的关注并持续足够的时间？

4. 回行对看文字的视觉信息与读文字（出声或默读）的听觉信息有何影响？

5. 受众是否会将落叶飘落与孤独、死亡联系起来？是否会被触动情感？风华正茂者、步入晚年者与饱受疾患者的反应是否一致？[①]　传播过

———————————

① 甚至应该考虑这类艺术信息是否适合呈现在具有自杀倾向者的面前，需知对这类病患应避免呈现鲜花等礼物，易于凋谢的特性可能使其情绪进一步恶化。

程中，不同的受众受到扰动的可能性有多大？

6. 这首诗刻意而古怪的回行是作者希望引发一种目光轨迹所致，受众是否必然会被引发这种目光轨迹？如果使用眼动检测是否能够得出具有意义的数据？另外，诗人希望出现的眼动轨迹事实上并不符合人类真实的眼动轨迹，眼动研究显示人们在看时的注目点行进轨迹并非是渐进的而是跳跃的。即使受众真的采用了作者预期的目光轨迹扫视了诗作，他能否意识到自己的眼动轨迹并将之与"飘零"联系起来？事实上很少有人会在意自己的眼动轨迹，因为视觉知觉感官在识别运动时是通过观测目标物的位移对比，而非自己的眼球动作，这种自我感受在躯体知觉的层面更易被察觉，即人们更可能注意到的是自己的身体动作以及因此引发的失衡感。

7. 这样一种需要受众感受到动态的艺术信息，在传达层面（而非传输层面）来看使用文字是否是最好的媒介？如果采用主观视角的影像媒介，是否更易于使受众理解与感受该诗所需要传达的情感体验？关于主观视角，还有何种方式与媒介可以采用？有许多游戏采用主观视角，有一些视觉效果极具口碑的游戏甚至采用视角转换，即在某些时刻受众会从屏幕上看到被攻击的敌人的主观视角，游戏者一边操控输入设备如鼠标或手柄，一边感受被自己操控的动作攻击的视觉感受，这种曾在心理学实验中被测试确实有效的认知错误，在艺术信息传播中可能引发何种情感体验？但从另一个角度来看，如果采用包含更加复杂的感知数据的媒介，是否提高了艺术信息的传输难度？

8. 继上一个问题，文字媒介与影像媒介所提供的感知数据在丰富与强度方面存在差异，这种差异是否符合目标受众的预期与习惯？何种人欣赏远观的深思？何种人更易为直白的诉诸感官而感动？

9. 当传达情感体验成为主要素时，作者的名字是否需要进行有效传播？当传达固定信息即这首诗时，怎样使作者的相关信息在不干扰主要信息的传播过程中也获得有效传播？

这些问题在面向不同的艺术信息与目标受众的传播案例中，最佳答案并不相同，下文将从艺术信息需要媒介完成传达与传输诉求的两个层面，对艺术传播中的媒介问题进行分析。

第二节　艺术信息的传达诉求与媒介

媒介在艺术传播过程中诉诸人类知觉的方式有两种，一种是直接刺激，一种是通过知觉进行内部转换。

一、直接刺激

直接刺激指的是媒介将信息直接诉诸人的感官，并引发偏向基于数据驱动的认知，比如光对视觉、波与振动对听觉、皮肤感受器对触觉、分子对嗅觉与味觉等。从最古老的岩石绘画到如今客厅中的 4K 电视，从当时当地才能听到的人声器乐到如今音质与文件量达成平衡，在实地或网络的音像终端随处可得的数字音频，从村口庙会的高搭台到如今各大在线视频网站，技术发展不断推进艺术信息对受众的传达与传输效能。甚至在未来，这种直接刺激还可能更进一步。"密歇根大学和纽约大学的研究者们开发出了一种利用悬浮在液体中的团状纳米颗粒进行信息存储的技术，这种'液态硬盘'可以用于检测水中的污染物，或是在人体内进行医学信息处理。存储团还可以代替硬质芯片用于软体机器人（soft robot）的感应和控制。"① 还有研究者发明了将光纤植入大脑，通过光指令激活神经的方

① Olivia Solon. guokr. com 编译，WIRED, Liquid hard drive could store 1TB data in a tablespoon ［J/OL］. http://www. wired. co. uk/news/archive/2014－07－28/liquid－hard－drives，2014

法："随着光的明暗变化，研究人员可以得知神经连接是如何工作的，这些技术用来描绘详尽的大脑神经连接图，供医学和脑科学研究使用。艾德·波登（Ed Boyden）已使用此技术描绘出了脑中认知和情绪反应时的连接图。"[1] 这些科技前沿的研究者们正在用他们的方式塑造着未来的各种可能，在当前普及的媒介对人感官的直接刺激之外，未来我们或许可以通过饮用一杯无色液体达成艺术体验，或者通过连上类似光纤一类的媒介，直接感受未来的某位"波洛克"在绘制泼墨作品时的唤起感受。然而在这些科幻情景成真之前，人类在体验艺术时更加精妙与复杂的形式还是在于媒介刺激对受众产生的知觉转换，这也是艺术信息引发受众情感体验更常用的方式。

二、知觉转换

通过知觉转换形成的艺术信息认知，往往偏向基于概念驱动的方式，这其中存在两种类型，一是感知数据引起关联记忆所产生的普通知觉转化，另一种则是引发相对异常知觉的艺术体验。这两种知觉转换不存在明显的界限，同一艺术信息对不同的受众所产生的结果也不一样。

达成成功的知觉转换首先要向受众提供足够的感知数据，然后才能产生概念驱动的转换，因此，造成知觉转换的艺术信息在传播过程中对特定媒介存在不同的依赖程度。

1. 知觉的联想

许多时候，由于创作需要或媒介条件限制，诉诸某一种类知觉的艺术信息需要通过另一种知觉进行激发，尤其是非遥感知觉的如触觉、嗅觉与味觉等知觉，往往需要提供基于另一种知觉的恰当的感知数据，并借助受众已有的经验形成有效的艺术传播。举例而言，帕特里克·苏斯金德的小

---

[1] kaikai. 用光纤控制你的大脑 [J/OL]. http://www.guokr.com/article/33553/, 2011

说《香水》，便是借助视觉知觉诱发受众将嗅觉知觉联想出来的有效例子。这部小说的主题便是气味，主人公出生于恶臭不堪的鱼市场，他对于气味有着超乎常人的敏感与辨识力，当上木匠学徒的他发现自己能够轻易辨识出各种木材之间极为细微的气味差异，后来他开始迷恋少女身上独有的芳香，最后杀害了 13 位姑娘制成了"最伟大的香水"，并引发了更加荒谬的情节。这个故事也被拍摄成了影片，名叫《香水：一个谋杀犯的故事》，主演包括本·威士肖和达斯丁·霍夫曼。

无论是小说还是电影，都是诉诸视觉（电影引入了听觉）的艺术传达媒介，对嗅觉信息毫无传播能力，然而《香水》的小说与电影却成功激发了许多（当然不是全部）受众的嗅觉感受——当主人公刚一出生就被鱼贩子母亲扔在一堆鱼肠子垃圾里时，当他在被处死的最后关头将"最伟大的香水"洒向空中而引发混乱时，受众在视觉的刺激下，仿佛闻到了恶臭或奇香。格里高利在他的《视觉心理学》中有如下论述："对物体的视觉包含了许多信息来源。这些信息来源超出了我们注视一个物体时眼睛所接受的信息。它通常包括由过去经验所产生的对物体的认识。这种经验不限于视觉，可能还包括其他感觉。例如触觉、味觉、嗅觉，或者还有温度觉和痛觉。"[1]《香水》是艺术信息促发常人产生知觉转换较为典型的一例。

当然，更多时候艺术创作者会刻意将各种知觉进行组合，引发特殊的体验[2]。视觉可以引发听觉，传达节奏感。在一些舞蹈中，即使完全的静默也是一种音乐，因为舞者展现了视觉性的节奏，通过造型使受众感受到本应从音乐中感受到的起起伏伏，反之亦然[3]。

---

[1] 王令中著. 视觉艺术心理 [M]. 人民美术出版社，2005. 26

[2] 云门舞集《松烟》北京首映 展现墨香嫣然 [J/OL]. http://gb. cri. cn/42071/2014/10/24/5931s4739877. htm

[3] 国际声音装置艺术展掠影：感受"可见的声音"与"听得到的物体" [J/OL]. http://www. toodaylab. com/66787

2. 重力与平衡感

书法存在与舞蹈的共通之处便是重力与平衡感的知觉转换的一例。汪跃进描述了这样一种视觉产生的幻觉效应，"因观看而诱发的集体知觉经验，即人们在面对佛像时，会诱发想象中的飞天体验。"① 像西斯廷天顶画这类视觉作品，将视觉与重力感的结合发挥到极致，不仅画作中的视觉感知数据存在激发失衡与飞翔的体验，原作所处的位置也会引发受众强烈的失重感，观赏过类似艺术作品的人士，不难体会到这种眩晕与激动。许多体量庞大的艺术品也存在这种作用——静静俯瞰着龙河的卢舍那大佛像的庄严与力量非亲自身处其脚下感受，是无法从普通尺寸的印刷品（VR 设备除外）中获得的。高耸的哥特式教堂用垂直上升的极致设计引发受众的神圣感受，也是一种使用视觉刺激引发动感的知觉转换。然而这种需要受众仰视的艺术媒介，一旦被复制到缺失动作感知数据的媒介上，比如将卢舍那佛像的照片印制一张小小的可以拿在手中惬意观赏的明信片上，那种仰脖扫视上升的动作的缺失，将降低这类艺术信息的动人力量。然而埃菲尔铁塔与乐山大佛原物进行全球巡展的可能性在当前几乎为零，见过它们的人数却不在少数，这皆托福于降低了震撼的情感体验却提升了信息传输能力的现代复制媒介。在传达与传输指数上皆能达到这类艺术信息传播预期的媒介，当前来看可由头戴式显示屏或便携投影仪一类的数字终端显示设备承担，但它们的使用感受、价格、能耗比等还有需要改进之处。

3. 空间转换

苏利文认为，与其说《清明上河图》是一幅画，不如说张择端在拍电影。完整观察过这幅作品的人士会有体会，作者的视角是运动的，他仿佛

① ［英］德波拉·切利，王春辰著，杨冰莹译. 艺术、历史、视觉、文化［M］. 江苏美术出版社，第 1 版，2010. 11

是通过一台行进于河岸上的移动摄影机看待这个场景。中国绘画的多点透视法也是类似的观看方式，习惯于欣赏凝固瞬间的西方绘画的眼睛，可能会质问中国画家何以未能发展出西方绘画中那种精准的透视法，事实上绢或纸上的精致画面却同时包含着时间流逝与空间运动。沈括在《梦溪笔谈》里明确对此作了解释，他认为正是这种视觉方法，才使观众得以仿佛身处真情实景一般的深索幽境，毕竟位于山谷之中的人们无法如上帝视角一般观看着世间万物。画家并不希望观众在他的画上一览无余，他需要观众在静止的画面中度过一些时间，走过一些空间，这也正是卷轴的意义所在，"通过一点一点地展开画面，画家将时间的因素融入了空间之中，形成了四维统一。"① 而当前博物馆中悬挂或横铺于玻璃柜中的巨幅山水，其展示方式与其艺术信息原初的传达方式是存在冲突的。当然这也是无法之举，毕竟，让每一个参观者都亲手卷动《清明上河图》无异于灾难。数字化可以一定程度解决这个问题，由高精度的扫描或拍摄将画作的原始信息采集下来，再经由后期合成或动画软件制作出缓缓卷动呈现的效果，甚至可以存在交互，提供使用者控制画卷展开速度的可能。面对屏幕上逐渐展开的巨幅全景式山水影像，受众会在不知不觉间，进入到画家"师山水"而成的"大道"中去，音乐与此具有类似之处。但可惜的是，由于受限于屏幕的尺寸，以上的画卷数字化在一定程度上将减损原作的感知数据，而当清明上河图被以三维循环动画的方式复原在世博会中国馆的巨幅屏幕上时，让无数的观众叹为观止便不奇怪了。

4. 超寻常体验

超寻常体验提供受众在其日常生活中很难感受到的刺激与情绪，是一种最基本也最震撼的视角转换。这种转换的程度不一，有些源自表象，如静谧湖面上悬浮着一棵盘根错节的老树，有些探入内心，如令人恐惧的怪

---

① ［英］苏利文著，徐坚译. 艺术中国［M］. 湖南教育出版社，2006. 146

物却拥有比常人更深的温柔与爱。事实上，艺术本身就是人类为了传播超寻常体验而发展出的一种形式。

一种体验属于寻常范畴还是超出寻常范畴没有确定的界定标准。大环境如不同的地域地貌、不同国家和地区的技术进步程度、不同的文化习俗，都可能造成生活其中的人们的体验差异。平原地区的居民会将"飞流直下三千尺"视作极为激动人心的超寻常体验，生在山区从未离开的人则可能将"秋水共长天一色"视作令其迷醉的超寻常体验。

除了大环境造成的群体差异，还存在由于生理因素与经历造成的个体差异。有些人较易记住自己的梦境，能在梦中时常体验飞翔感受的这类人，在面对 GTA 系列①游戏中主观视角的飞檐走壁时，不如那些从未梦见类似情境的人们激动，后者感觉自己很少或从不做梦，虽然他们可能只是在醒后就忘记了梦中经历。有些人对色彩的微小差异具有天生的敏感性，他们甚至能够分辨纯度与明度差异极不明显的两种颜色。而有些人可能将这种敏感性放在了对声音的分辨上，他们不一定能够看出群青与蓝紫的差异，但对于微弱的声音来自何方却有着很高准确率的判断，这些差异有些源自天生，有些出于后期教育和或训练。

有时候，体验中仅仅是"超寻常"这个单一因素，就能够引起某些受众强烈的情感体验，18 世纪时的高山画派所体现的那种"骇人"便是一例，毕竟那时的人们很少能亲自前往高山登顶眺望，而如今交通的便利与旅游设备的发展，甚至每年登上世界最高峰的人数也以百计，更不论通过各种数字终端传播的航拍视频。一株路边常见的野草很难引起"骇人"的情感体验，因为它是如此司空见惯毫无特色，然而当使用高清画质的低速摄影，将其破土、展苗、舒张、开花、结籽、枯萎、腐烂的一生记录并展现在受众面前时，这种由媒介完成的时间压缩，成为一种超寻常的方式，

---

① 侠盗猎车手（Grand Theft Auto），一款知名的大型开放世界冒险动作游戏。

会使许多人体验到奇特的视觉感受，虽然可能有许多人将之当做一种猎奇影像（就像人们当年对待动画片《恐龙葛蒂》一般），但如果某位受众刚刚得知自己或至亲因疾病而导致生命时间骤减，或许这一简单的由技术主导完成的影像就会造成其极大的情绪唤起，使之体验强烈的情感冲击，甚至黯然落泪或泣不成声。

媒介还可以使一些人们平常几乎无法察觉的体验成为超寻常体验。处于有光源环境中的人，闭上眼睛时会看见一些由眼内灰尘与血管导致的光斑与色彩流动，一般而言人们很少注意到这些视觉现象，更不用说因其感受情感体验。但有一些天生敏感，或经历特殊遭遇，或处于特别处境，或有特定目的的人，有可能在体会到这种视神经反应与大脑完型处理的视像时，发挥超过常人的情绪影响能力。早期洞窟壁画、器皿与织物图案上出现的跨地域的几何纹样，其中的一些就与闭上眼睛后体验到的幻觉（有时需借助一定量的致幻剂）有关，再加上对超自然力量与生命的思考、崇拜与祈求的因素，这一简单的生理现象便成了视觉形式艺术的源泉。发展到如今，借助更加多种多样、传达能力各异的媒介，比如光效应艺术①与幻觉艺术（psychedelic art）②，一遍又一遍的，或轻或重、或喜或悲的触动着人类的情感与想象。

另外，尽管超寻常体验常需要提供足够的感知数据，以促发受众基于数据驱动的认知，但并不一定必须如此，某些时候，通过概念驱动的媒介一样可以传达超寻常体验——一些艺术作品的命名或解释，往往增加甚至导致了这件原本并不奇特的作品的超寻常体验。在约翰·凯奇的《4 分 33

---

① 光效应艺术（optical）：20 世纪 60 年代广为流行的抽象画风格。该艺术关注纯粹的视知觉，画面一般由许多小点、线条或鲜艳的色彩构成，能够引发视错觉效应。

② 幻觉艺术（psychedelic art）：20 世纪 60 年代中期的与地下亚文化有关的艺术风格。一般通过色彩斑斓的造型元素再现摄入毒品后产生的幻觉体验，绘制者有时会使用药物并在其作用下创作作品。幻觉艺术包括绘画灯光展示与多媒体作品。

秒》中，音乐的缺席与随机噪音的凸现这一并不出奇的因素——沉默与噪音对常人而言再平凡不过，但包含着噪音的寂静用在音乐会上，或者是受众期许其为一场音乐会的表演上，便成为典型的超寻常体验。有许多未曾亲身观演这一作品却与作者具有类似认知习惯的人士，在作品的文字诠释中一样可能产生深深的哲思。而亲临演出却对此概念一无所知的人士对我发表其针对表演的评价是："就那样——票还挺贵。"

超寻常体验往往首先引发的是受众的"猎奇"体验，情绪、情感、思考、升华，并不一定因为超寻常就一定出现，但事实上，超寻常体验本身提供给人们的就是一种超越自我所限的感受可能，这一可能性在媒介演化的协助下，会将人类的视界与思维推向新的领域。

第三节　艺术信息的传输诉求与媒介

一、跨越空间

艺术信息与受众的相遇是欣赏的起始，若无法相遇则所谓表现力与审美、思想性与深邃都无从谈起。因此艺术信息跨越空间进行传输是艺术传播领域的重点研究课题，只有跨越空间进入更广范围的传播，艺术才能发挥更大的力量。

本书将艺术信息跨空间传输所涉及的问题分为两个：1. 路程，也就是传输距离是远还是近。2. 传输物位移效率。这当中涉及艺术作品及其复制品是否便携，是否坚固，在位移过程中是否可能对艺术创作者的传播预期发生影响严重的转义。受众也在需要考虑的范围内，比如目标受众的位移效率，他们的体质、行动力、居所或主要活动范围的交通、他们可能花费在位移上的经济与时间预算等。

另外还涉及文化环境差异即是否属于同一文化圈，也对艺术信息的跨空间传输有影响，但文化环境的差异对传输的影响没有对传达的影响大。路程的远近与文化环境的差异并不成正比，尽管在现代交通技术与网络技术发展之前，路途遥远的地方很可能也是异类们的聚集之所，而如今事情有了变化，便捷的交通与现代媒介技术使得文化同质化越来越明显。

路程的远近将直接影响艺术传输的难度，尽管现代交通技术已将地球缩小了许多，然而远距离的艺术信息传输（这里不包括数字信息的网络虚拟传输），尤其是较大规模的艺术信息传输，其所需精力、费用与时间都较高，可能遭遇的风险也较大。在交通技术并不发达的古代，这类传输往往采用跳板法，艺术信息在相对较近的文化枢纽间传输，到达后进行发散式传输。在此过程中，艺术往往会发生有趣的交融汇合，生成新的艺术风格与形式。东南亚居民在看到由印度传播而来的文化后，"很快就开始把包括艺术在内的印度文化产品修改成符合他们自己需要的东西，并由此产生了惊人的成果。"[①] 希腊罗马地区的古典现实主义，与贵霜王朝南部首都马杜拉一带的印度艺术本土风格遭遇后，形成了将基于概念驱动的抽象概念转化为基于数据驱动的具体造型的犍陀罗风格。犍陀罗艺术开启了佛教与融和各家所长的新艺术形式。犍陀罗艺术一路向北，跨过印度山脉传至中亚，在这一枢纽继续发散，经由南北两路穿越绿洲，到达中国的塔里木盆地，并终于成为中国早期佛教造像的楷模。瓷器艺术方面也存在此种现象，宋元时期中国南海地区的海外贸易十分兴盛，这些贸易将明代早期如青瓷、景德镇白瓷，磁州瓷，青白瓷和德化瓷，以及各种各样新近发现的瓷器，分销至菲律宾等地甚至远至东非。"这些外销瓷对于东南亚一带当地的陶瓷工业具有深刻的影响，不仅日本成功仿造的青花被称为'伊万里

---

① ［美］弗雷德·S·克雷纳著，克里斯汀·J·马米亚著，李建群译. 加德纳艺术通史［M］. 湖南美术出版社，第1版，2013. 216

（Imari）窑'，在安南也有仿造，但由于缺乏钴料而不太成功。泰国萨瓦卡拉的瓷窑也生产一种极具本土特色的青花瓷，在明代末年之前，中国也专门生产供出口欧洲的瓷器，其中最突出的是 1602 年建于雅加达的荷兰工厂，这种贸易对中国和欧洲的交往影响深远。"①

受众的转移也是艺术信息空间传输的一大要素，很多时候艺术传播的行进痕迹，与那些教士、僧侣、商人、海员、出巡的官员等人士的足迹是重合的。公元 247 年，粟特人康僧会从中南半岛抵达吴国，他将自己带着的佛像于各地巡礼供人瞻仰，而后来极受欢迎的"曹样"，就起始于曹不兴对康僧会所绘之具有西方风格的佛像的参考。这些传受兼有的人们携带着便携的艺术品或艺术复制品，至于那些大块头、带不走或特别贵重难得无法带走的艺术杰作，他们若有艺术造诣便可能加以模仿复制，或将其故事传说分述各处，甚至著书立传加以传播。

可惜的是，前文提及的曹不兴画作几乎不存，而承继其风格的张僧繇之作也尽佚失，连后世摹本也未能幸免。而后人能够对他们使用自由阴影法赋予图像立体感的绘画风格的揣度来自于阿占塔壁画。公元 845 年的社会动荡中，公元 7~8 世纪的青铜佛像在灭佛运动中多数遭到损毁，对当时铜佛像风格的探究如今需前往日本奈良佛寺等地方方能寻得。由此可见，艺术信息的媒介空间传输对其时间传输能力具有助长作用，而跨越时间正是下一小节要探讨的问题。

二、跨越时间

本小节将艺术信息的跨时间传输分为传承与分布式存储两个问题，首先讨论承载艺术信息的媒介的跨时间传承问题，随后对跨时间传承的要素即艺术媒介的分布式存储进行讨论。

---

① ［英］苏利文著，徐坚译. 艺术中国［M］. 湖南教育出版社，2006. 209

1. 传承——艺术的跨时间传输

保尔·瓦莱里在《破碎的历史》中认为"看到前人的工作成果和影响被后人所继承，这是人类包括其他物种最大的胜利，人类只有在那些可持续的工作基础上才能慢慢崛起。"美国心理学家布鲁诺·贝特尔海姆在谈到童话时如此论述："在反复传颂过程中逐渐精致化，并开始传递公开或隐藏的意义——向各种人格的人们传递，既让未受教育的儿童理解，又让复杂的成人明白。"艺术不同于数学公式与语法规则，它以非确定的形式将人类对世界或自身的互动结果表达出来，并对受众产生某种心理状态、观念或甚至行动的触动与改变。由于艺术信息对人类的影响方式大多以唤起情绪为目的，所形成的长时记忆不同于知识概念性陈述记忆，而是一种程序性记忆与情节性记忆。欣赏艺术是一种无需学习或相对花费学习精力较少的信息固化影响，因此，从整个人类文明的视角来看，艺术传播的意义并非仅在空间层面将艺术品（尤其是那些杰作）展现在百姓、孩子、掌权者或买家面前，而是将艺术对人类的影响通过一代又一代人所形成的"集体无意识"，构成具有连贯性的人类文明记忆与行为性格，这种属于文化传承的艺术信息跨时间传输，在某种程度上是人类的生存需要，甚至可能是人类具有超越其他物种的延续可能的重要因素。

谢赫在其名作《古画品论》中提及的第六法"传移摹写"意指画家需要通过训练以获得高超的绘画技巧，而这种训练基于遵从传统的需要，谢赫的时代并不赞成现代艺术创作中最首要的"创新"意识，在他和当时的很多人看来，所有的艺术创作者都是传统的一个环节。西方艺术创作也存在类似的情况，"中世纪'侵吞'他人作品的现象与当今类似，部分原因是由于西方世界的大多数人接受了共同的文化传承。这种传承塑造了艺术家的作品，即使他们在'引用'其他文本或资源时并没有意识到这种'引用'，但这种传承在文本中仍然得到了反映。"① 当然，这并非意味艺术创作需要不断重复前人所有，那种"反传统"的观念，正是一种基于传统进而突破的文化心理需要。另外，艺术创作方式的演进以及人类整体文化观念的改变都需要时间，"总体而言，随着瓷器形态、力量和纯洁性的不断强化，早期浙江青瓷预示了中国陶瓷艺术家们将从早期金属工艺审美观的束缚中解放出来，而形成独立的艺术门类。"② 金灭北宋之后的磁州窑发展出釉下彩绘然后复烧的新工艺，成为明代极为流行的珐琅彩技术的前身。另外，艺术信息只有在时间传输上达到一定程度的理想状态，才能对后世产生足够的影响，中国对古代绘画作品的研究，"大致上说，讨论最多的要算是元初与明末清初这两个时期，这一方面是因为这两个时期所留下的作品数量不少，各大博物馆对此亦有相当丰富的收藏，在绘画研究上比较易于掌握，而且与画家有关系的文献也能够充分地配合，在研究条件上确实较为有利。"③ 这样的例子不胜枚举。在工艺技术方面传承也是进步的首要条件之一，"最原始最基本的工具会在记忆保存中发挥作用，精雕细刻的杏仁形量面器是一个完全的文化载体，记录着打磨能力的获取过程，以及这种能力在一代又一代的石材打磨中获得完善的过程。"④ 慈禧挪用海军费用建造颐和园一事是清朝国祚的灾难，也是她在近代中国史教科书上为人所不齿的行为之一，然而对于后人来说，这笔钱未能用于建造军舰沉于海底，才得以使我们能够坐在蜿蜒的游廊中享受午后阳光并惬意遥望昆明

---

① ［英］阿瑟·阿萨·伯杰著，张晶，易正林译. 媒介研究技巧［M］. 中国人民大学出版社；第 1 版，2009

② ［英］苏利文著，徐坚译. 艺术中国［M］. 湖南教育出版社，2006. 105

③ 石守谦著. 风格与世变：中国绘画十论［M］. 北京大学出版社，2008. 3

④ ［法］雷吉斯·德布雷（Regis Debray）著，刘文玲译. 媒介学引论［M］. 中国传媒大学出版社，2014. 18

湖的石桥，或许也并非不是件幸事。①

2. 分布式存储——艺术传承的要点

在考虑如何保存一件古代艺术珍品时，人们往往首先想到控温控湿的高科技储存环境以及严密的安保措施，然而历史一再证实仅采用这种方式在艺术传承方面有可能导致的巨大灾难。公元 185 年洛阳惨遭焚毁，云台内收藏的大量绘画、书籍、文献与艺术品都付之一炬，云台内墙上绘制的光武中兴三十二位名臣画像也只能默默望着它们那个时代的艺术杰作从此与后人阴阳两隔②。这是中国历史上第一次严重的艺术品损毁记录，却不是最后一次——在宋徽宗赵佶对艺术的酷爱与他的权势之下，皇室艺术收藏达到令人惊叹的程度，然而公元 1125 年至 1127 年北宋被灭的同时，这些古代艺术精品也多数被毁——这种灾难在中外历史上不断重演。

因此，集中收藏又缺乏精准完备的复制信息，对于某个年代来说并不见得是这些艺术信息的灾难，但从长时间传输的角度来看风险过高。降低这种风险的方法或许亦如霍金对人类存续所提出的"把蛋放在不同的篮子里"的建议相类似——即艺术信息的分布式存储——尽可能地向各地分散，尤其是将那些艺术杰作高还原度的复制信息进行分散存储，这不仅仅为了让更多文化中的受众体验艺术的魅力，也对保存人类的艺术文明记忆十分重要。分布式存储是源自计算机科学的术语，而艺术传播中的分布式储存，我将其定义为"具有高还原度的艺术信息复制，并分散地域的传播与储存"，其中高还原度是要点。分布式存储与跨越空间传输有关，也与艺术信息所采用的具有不同传输能力的媒介材质有关。

（1）跨越空间的分布式储存

将艺术信息高度还原的复制于不同空间，是艺术跨时间传输的一个有

---

① ［英］苏利文著，徐坚译. 艺术中国 ［M］. 湖南教育出版社，2006. 213

② ［英］苏利文著，徐坚译. 艺术中国 ［M］. 湖南教育出版社，2006. 60

效方法。

奥林匹亚的宙斯神庙如今已成废墟，尽管它是由最为坚固的石材建成，但它的风格为奥林匹亚圣祠的多利安式神庙忠实模仿，为后人留下识其面貌的可能①。三国六朝的中国建筑已经全部遭到损坏，但人们可以从日本奈良附近的法隆寺塔和药师寺塔建筑中领略其简单而优雅的风格。公元845年，唐武宗启动了一场大范围摧毁佛寺庙宇以及依托其上的佛教文明与艺术的运动（类似的运动在其后的中外史上并不鲜见，甚至未来亦非再无发生的可能）。但他"斐然的成果"没有影响到处于西藏统治下的敦煌，于是后人得以窥见那个时代辉煌艺术的一角②，分布式存储使得人们可以从朝鲜与日本的艺术文物与古建筑中弥补当时的空白，因为朝鲜与日本处于与当时的中国在文化上交往最为紧密的时期。当时的青铜佛像也在灭佛运动中遭销毁与遗弃而无一留存至今（倒是洞窟之中的更易毁坏的泥塑与石刻像保存了下来），如果没有日本奈良寺，人们将无从了解当时的铜像风格③。关于印度立体观念和传统中国笔法在唐代的融合，人们需要前往朝鲜和日本寻找证据，那里的早期材料一直到20世纪都保存良好。然而，尽管我多次提到对传统艺术珍重有加的日本，也需知奈良法隆寺金堂四壁上装饰的四幅巨大的长方形画面在奇迹一般地保存了1200年后，却在1949年惨遭大火，正如前文所虑，这样的艺术浩劫，今后仍有可能发生。

（2）不同材质媒介的分布式储存

任何材质都可能被毁，或许来自时间的侵蚀，或者遭受人为的破坏。植物纤维或动物纤维害怕潮湿和火烧，陶瓷会碎裂，金属会腐蚀，即使是以纯金打造的艺术品，也可能在战乱时期遭到被熔化铸币的命运，聚合材

① ［美］弗雷德·S·克雷纳著，克里斯汀·J·马米亚著，李建群译. 加德纳艺术通史 ［M］. 湖南美术出版社，第1版，2013. 156

② 然而敦煌绘画并非中原风格的完备体现。

③ ［英］苏利文著，徐坚译. 艺术中国 ［M］. 湖南教育出版社，2006. 92

料的光盘会被高温毁掉，磁质记录设备可能被消磁，哪怕岩石都在风化面前无能为力。意大利阿西慈城内的壁画用料坚固不易毁坏，在时间面前似乎更为坚强，然而一场地震却毁了它所有的壁画。未来一切皆有可能，我们无从做出必然有效的保证，但这并不意味着我们在延长艺术信息时间传输的媒介选择上毫无主动性。

有些媒介比其他媒介更为持久，"吴道子宏大的气势和高超的画面处理能力使其成为一个可与米开朗基罗相媲美的伟大画家。但他的壁画绘制在干燥的墙面上，而不是西方的湿壁画，吴道子的画作无一保留下来"①文字是最具传输能力的媒介，文字可以通过口传以记忆的方式流传，可以通过抄写或印刷走到天涯海角与前世今生，最重要的是，文字的复制难度比图像低，要临出文征明的画作精髓，没有天赋与多年训练是不可能的，但只要具备读写能力，抄写一本全唐诗是没有问题的。我们可以从那些见过吴道子真迹的人的描述中了解吴道子画作的活力、庄严和现实主义风格。灵光殿壁画早已化为灰烬，王延寿的文字描述却将它们存在过的辉煌带到后人面前。许多古代的艺术信息都是通过传说与书籍才得以流传至今。唐灭佛运动与战争、暴乱、火灾与疏于保护毁掉了当时大部分艺术品，如果没有张彦远的《历代名画记》这一本记录当时长安与洛阳中寺庙壁画的目录以及重要画家及其画作名录的文字媒介流传至今，我们连那些杰作的名字都无从知晓②。

然而文字却存在降低艺术信息感知数据的风险，哪怕描写得再生动，在诗作与真正的霓裳羽衣舞之间，人们也会偏向选择观赏后一种（虽然文字描写远胜其描写对象的案例并不少见）。在现代复制技术出现之前，对图像的复制除了临摹还有雕版印刷等，但临摹的产量小偏差大，对吴道子

---

① ［英］苏利文著，徐坚译. 艺术中国 ［M］. 湖南教育出版社，2006. 115
② ［英］苏利文著，徐坚译. 艺术中国 ［M］. 湖南教育出版社，2006. 114

画作转写多手的摹本、拓本或草稿甚至比描述文字还不够准确生动。雕版只能复制那种特定类型的艺术信息，摄影术挽救了一批较为近代的艺术作品，比如原属于清廷收藏的《雪溪图》现已下落不明，人们能识其面目是通过早期发表的照片①。现代复制使用数码化的信息采集、批量印刷与虚拟传播，其中涉及许多数据采集的标准、印刷技术、纸张和油墨种类与网络传输标准与技术，限于篇幅不再赘述。

---

① Kohara Hironobu, "Tung Ch'i-Ch ang's and Sung Paintings," in Wai-kam Ho, ed., The Century of Tung Ch'i-Ch ang 1555-1636, I: 86-88.

第六章

艺术传播的智能媒介

第一节　概念与意义

一、何谓智能媒介

在本书构思初期，智能①媒介的称法还颇具科幻感，如今携有"智能"一词为定语的设备与应用已不少见。将智能媒介引入艺术传播，是我基于数年的观察与思考，对艺术传播媒介演化趋势的一种想法。

当前处于媒介智能化的转折点。在这个拐点之前，人们对于智能与媒介这两个词被放置在一起谈论感到奇怪——智能本应为人类独有而媒介只是一种工具，用智能称之有悖常理。确实，多年以来人们习惯了媒介的完全被动，当然，有许多观点认为媒介从不被动，它在我们无知无识的状态下对我们进行了深刻的影响。事实确实如此，但此处的媒介所表现出的意志与行为，实际上仍是其背后操控着的人或组织。本章所要谈的并非是一种以媒介面貌出现的人为，而是指真正可能具有智能行为的媒介。

关于人工智能的应用方向正在出现分化，有采用自然语言与逻辑表达式进行推理的"符号人工智能"；依据海量数据进行并挖掘范式的"机器学习"；以及模仿简单动物行为反应性机器人的"仿生学 AI"。在人工智能的研究者之间，也存在仅寻求智能机器（弱 AI）与相信机器能与人类感觉性相抗衡（强 AI）的研究方向差异。

关于后一种人工智能的发展至今仍未见飞跃，而前一种人工智能即基于弱 AI 的机器协助已经遍布人们的生活，司空见惯到甚至不为人们意识。这一发展并非一蹴而就，具有微软公司文字编辑软件 Office 早期版本使用

①　本书中的智能即人工智能。

经验的人，可能对一根长着大眼睛并曲线妖娆的小别针（助理"Clippy"）仍有印象，它会在用户做出一些操作时弹出相应的步骤提示，也可以完成按输入搜索的任务，大多数时候它的作用是蹲在屏幕一端眨眼。这一"帮助程序"的类人处理①使得许多人对其颇具好感，只在它不识时务的总跳出人们不需要的帮助提示时感到厌烦而将其关掉（甚至关闭的时候，它也以一种缩回屏幕的有些可爱的动作取代许多窗口惯有的瞬间消失）。事实上，这根有点蠢的大眼别针代表着"综合 AI"研究计划的起始，这一计划旨在构成更有亲和力和效率的"类人助理"，将机器视觉、机器学习，自然语言处理组合的技术用于制造能与人类密切合作的工作系统。如今的"Clippy"们显得比它们的爷爷辈聪明许多，这些新一代的类人助理更加有效与智能，比如当用户输入"某地天气情况"时②，除了给出搜索地近日天气预报信息，并同时附上与相关的旅游、交通甚至订票信息。已有一些应用能够读取用户的电子邮件、短信与社交媒体信息，根据关键词提取会议、约请以及各种日程安排，并自动接入用户日历，然后按时给出提醒。据我对此类软件的试用发现，中文环境的服务体验显得仍不够完备，但雏形已至，完善与否只是时间问题。未来的智能媒介甚至可以根据用户的使用习惯猜测需求，并提前完成许多如今仍需要人类自己完成的任务，甚或人类自己无法完成的任务③。

因此，本书中所论及的人工智能从属于"弱 AI"领域，而非科幻小说中描绘的那种足以取代人类而使我们深深反思人性的真正具有人类智能的机器，具有一定范畴意义的人工智能的"类人助理"，除了在社交与医学领域发展迅速，在艺术传播方面也展现了初步进展，并有助于推进艺术传

---

① 除了别针，还有另外几种造型样式可供选择，比如狗和猫等。

② 根据定位，助理会得知此用户输入的地区并非其常住地区。

③ 数据控［J/OL］. http://user. qzone. qq. com/33476761/2, 2013

播效能。在简单介绍媒介的智能演化后，第三部分"艺术传播智能媒介的应用意义"将对其做具体分析。

二、媒介的智能演化

长久以来，媒介（除了那些数量稀少设计精巧的自动机械）对于人类的指令与需求是毫无反应的。如果人们在看完一页书后需要继续阅读非动手翻页别无他法，若要听戏得前往戏院或花钱雇请戏班，欣赏完一幅画则需要四下张望决定去看的另一幅画的方位。需要媒介做什么，控制者得自己动手。后来事情有了变化，一些工具和机器被设计得具备一些自动化功能，在预先设定的方案指导下，它们会忠实地完成所有指令，除非发生故障。再后来，人与媒介的沟通方式进一步发生变化，通过某些输入设备，媒介能够理解人类的一些简单指令，同时人们向媒介发出指令时的动作也越来越自然。人们可以通过操作真实的按钮滑块（比如遥控器）、虚拟的按钮滑块（比如鼠标键盘与触摸屏），以及通过各种感应设备（感应语音、手势、光线变化、瞳孔变化、肌电信息等）告诉媒介自己需要它产生何种反应，比如在手势识别方面，Xbox 的 Kinect 或是谷歌的 Project Tango 等都是深度动作追踪技术设备的知名产品。微软研究院近日发布的演示显示，将红外滤波器组件固定在手机的相机部分，便能够赋予普通手机摄像头识别景物深度的能力，普通手机便因此可能具有手势识别与三维景深扫描等功能[①]。

除了在与人类交互时的越来越机敏，媒介甚至在发展自主思考与学习能力，从毫无智能可言的被动状态，向逐渐具有智能化特性的类人助理方向发展。在以往，如果掩卷《兔子安息》后仍感不能平静，想读一读作者

① 忽略 Kinect 转手机 微软研发深度动作捕捉技术 ［J/OL］. http://digi. tech. qq. com/a/20140818/061171. htm，2014

的其他作品，则需前往书店或图书馆，即使这些艺术信息终端场所离住所再近，受众所需要的艺术信息也不可能自动呈送面前。除了广告，不会有主动送上门的音乐、诗作与戏剧信息，除非人们事先订阅了它们。在智能演化的过程中，媒介逐渐获得通过大数据与算法模型对用户习惯进行预测，进行精准推荐并提供更进一步的行为指导或订购链接的能力。在一些与健康相关的领域，智能媒介发展得较快，比如医疗保健的智能助理能够收集病人的大致症状，起草初步诊断，并安排恰当的医生预约。而 Olive 智能手环甚至号称能够从用户的日常活动和模式中进行学习，并提升协助用户减压的能力①。

北京直立人四处寻找一块合适的脉英石再使劲敲击它，希望弄出想要的形状用来装饰自己或祈祷好运。今天，人类可以将艺术设计的步骤进行预输入，让 3D 打印机自动处理整个过程。不久的将来，人类可以使用语音输入将自己的需要告诉具有人工智能功能的结构化数据搜索引擎，它将选择最佳方案与各种智能设备共同完成指令。而更远的未来，媒介将会进化到何种智能情况，可能在我们当前所能设想的范围之外。

三、艺术传播智能媒介的应用意义

雨果断言建筑将会被书籍毁灭而神职将会被印刷术终结的观点受到诸多批驳，但如换一个角度看，雨果确实看到了书籍与印刷术对人类文明进程起到的巨大影响。如今，人工智能成为又一个类似书籍与印刷术的拐点，恰当的在艺术传播领域采用人机协作，通过设计与应用人工智能对提高艺术传播效能的作用不可小觑。

智能媒介可以在以下几个问题中，对艺术传播效能有所助益。

---

① 另辟蹊径的 Olive 智能手环［J/OL］. http://digi. tech. qq. com/a/20141008/004123. htm，2014

1. 应对信息爆炸

"在现代传播时代，艺术的接受越来越复杂。由于传播技术的高度发达，尤其是互联网的出现，使艺术接受进入到一个与传统接受方式有较大区别的时代。发达的传播技术为受众提供了大量的艺术信息。选择已成为受众必须面临的问题。"① 其他信息传播领域面临的效率问题，在艺术传播领域同样存在。互联网的传播速度不断提高，有效范围不断扩展，信息终端设备的硬件技术也在日益发展，而它们的使用资费却在不断下降。这使得更多人得以获取行驶在信息高速公路上的通行证。与此同时，许多人发觉自己进入到了一个与信息遭遇得如此猛烈甚至不堪重负的世界②，因此，受众从需要寻获艺术信息的时代，进入需要选择并规避一部分并不需要的艺术信息的时代，选择困难取代了信息匮乏。在这样大量的信息面前，提供给受众进行选择参考的方式，已不能仅仅像以往一样依靠学者与编辑们的头脑手口，更何况需要面对的不仅仅是巨大数量的艺术信息，还存在受众之间差异的激增。

2. 识别受众差异

不同的受众，甚至同一受众在不同生理与心理状态下对特定的艺术信息所产生的感受都有可能不尽相同。"一般认为，人与人之间的不稳定性可以反映知识的差异性，因为不同的人在一生中获得一个类概念的不同知识，在表征着各类概念时又要检索不同的知识，知识的差异肯定存在于不同的全体成员中，存在于专家和新手之间，甚至在一定程度上存在于相同

---

① 王廷信. 为何要研究艺术传播学？[J]. 艺术学界，2009，02：231-233.

② 值得一提的是，苦于信息爆炸的人群并未涉及全年龄层，存在相当一部分对此应对自如的群体，但综观对这类人群进行的数据调研结果可以发现，他们是在以降低感受层次的丰富性与实际社交时间为代价，获得接受更多信息的可能，这一状况是否存在导致长久影响的心理与社会问题，不在本书探讨范围之内，但不可否认是重要的。

总体的许多个体当中，而且，在有些场合，这些差异一定会让人从不同的角度看待这些类概念。"① 因此，不同时代出生的受众，成长与生活的地域与环境之分，他们所享有的社会背景与文化观念的差异，所受的教育与影响差异，以及个人经历导致的性格差异与视角取向，对艺术信息的理解与感触都存在差异。"有些人喜爱诺曼·洛克威尔，对蒙德里安视若无睹，被毕加索搞得头昏眼花。'高雅人士'看不起流行艺术，而'俗人'则对高雅艺术嗤之以鼻。"② 导致这种艺术鉴赏差异的重要原因之一（当然并非全部原因），就是受众存在的固有差异。艺术研究可将对艺术本身的思辨置于对受众差异的关注之上，艺术传播研究却需要对这种差异给予足够的重视。

不同的人对艺术信息存在不同的需求。有人需要悲剧净化烦乱的思绪，有人需要意识流的诗歌追忆自己未得的情感，有人需要音乐排遣哀伤或焦虑的情绪，有人需要色彩韵律增加其居所的舒适性。当然，还有一类对艺术的需要产生于对自我具有高监控需要的人群——使用公认具有良性品质（如有品位、高尚、具有个性，有时价格也是考虑重点）的艺术品，提升自己的社会认同与自我形象。

另外，即使是同一位人士，在不同的生理与心理状态下，对艺术也存在不同的欣赏需求，这种需求上的差异有时很大。董其昌在第一次见到《雪溪图》时激动不已，他认为这无疑是王维真迹，然而四年之后再见此画，他的热情却似乎减退了许多。③ 对《小时代》系列趋之若鹜的受众与

① 王亚同著，刘亚丽著. 高级认知研究：认知结构语言理解与类似性 [M]. 科学出版社，第 1 版，2009. 182

② [美] F·大卫·马丁著，包慧怡，黄少婷译. 艺术和人文：艺术导论（第 6 版）[M]. 上海：上海社会科学院出版社，2007. 405

③ Kohara Hironobu, "Tung Ch'i-Ch ang's and Sung Paintings," in Wai-kam Ho, ed., The Century of Tung Ch'i-Ch ang 1555-1636, I: 86-88.

独坐品茗于《我们仨》的受众，显然存在年龄与阅历的差异。前者在经历成长与人情冷暖的多年以后，并不见得一定无法欣赏杨绛的文笔，而后者在其年少轻狂时，也很可能曾需要叛逆、幻想式的自我认同与"为赋新词强说愁"的情感。

有观点认为受众处于"自控"状态，意即他们已不在传播者的控制下。互联网解构了"皮下注射"理论，传播在平等的表象下变得困难与不可控，现在的受众散漫，随性，这一点在艺术传播领域似乎尤为突出。事实上希望受众"容易预计与控制"，并满足于只通过一个或某几个渠道获取一种或某几个信息是不恰当的。确实，受众状态在艺术传播实务中具有不同程度的不可控性，但更多时候，总是存在具有适宜状态的受众，他们有很强的意愿欣赏与消费某一类型的艺术信息，而艺术传播者则需要将他们从人群中识别出来，提供恰当的通道协助他们获取需要的艺术信息。

另外，除了效能问题，艺术传播还存在另一个更为严肃的社会问题，有一些艺术作品，或某些艺术作品中的一部分，我们无法否认其确实具有艺术价值，但是否应将其纳入针对某些受众的传播？比如具有暴力美学倾向的文学或电影，挑战人类道德底线以人性实验为主题的作品，出于艺术家病态心理的形象化作品，像《大逃杀》《人间失格》或毕加索晚年那些小画稿一类深刻、独特但阴郁晦暗、耸人听闻甚至不忍卒读的艺术信息，如果也被当做类似于《乡愁》《红楼梦》《永恒之城》一般向大多数人进行传播是否合适？这些艺术作品尤其需要精准定位传播受众，否则结果将远不只是传播无效，甚或可能引发严重的暴力或自伤事件。由附录《无法者传播案例》可见，在这一方面我们还有许多工作要做。

全民为一本《钢铁是怎样炼成的》振奋不已的时代已成历史。因此，"在存在无数选择可能与众多欣赏口味的情况下，需要一种方法能够快速、便捷、准确的，从海量艺术讯息中分辨和选择出受众更可能需要、喜爱，或更可能使他们产生情感共鸣的那一部分艺术信息，做到针对目标受众的艺术作品与信息的精准推送。"① 这里的方法，如果仍旧采取下面一部分将提及的传统模式有可能导致传播失效。

3. 规避传统推荐的效能局限，避免长尾缺陷

对艺术欣赏存在需求却不具备足够的信息源与鉴别知识的受众并不少见，他们在面对众多选择时，往往以一些参考坐标来协助自己甄选可能喜爱或需要的艺术信息。"传统的艺术推荐模式有：1. 人际传播，如亲友推荐与共享。2. 把关人推荐，如本领域的专家意见，艺术评论、广播或电视播出的艺术专访，奖赛或评选推荐等。3. 群体智慧，如歌曲销售榜单、电影票房，MTV 点击量等。长久以来，这些参考坐标都显得十分有效，许多人爱上绘画或音乐，正是由于读到一篇优美而深刻的艺术鉴赏文章，或于某次音乐赏鉴节目遭遇了值得陪伴一生的音乐风格。然而如上提到的参考坐标，在艺术信息与受众差异皆存在较大范围的变化时，便产生了一些传播效能的缺陷。人际传播可能造成艺术欣赏的范围局限，使受众错过获取他们本应十分喜爱的艺术信息的机会。把关人推荐无法核定受众的欣赏个性差异，更不可能做出有针对性的精细传播。而群体智慧导致的最令人尴尬的情况，就是每当一首"神曲"问世，便能于各处角落听见那耳熟能详到让人头疼的旋律②。综上所述，传统的艺术推荐模式"往往容易将注意力聚焦于长尾头部的艺术作品，却忽略了那些处于尾部却数量巨大的艺术作品。"③ 然而显然除了"神曲"们，处于长尾信息尾部的大量艺术信息是如此动人与深刻，而不应将之埋没。

"触目横斜千万朵，赏心只有两三枝。"综上所述，要以经济且高效的方式向需求多样的受众传播种类繁多的艺术信息，引入人工智能，采用人

---

① 陈端端. 艺术传播的人工智能应用需求研究 [J]. 艺术百家，2014，02：247-248.

② 长沙环卫局为洒水车征新歌 网友推荐小苹果 [J/OL]. http://www.chinanews.com/cul/2014/06-20/6305100.shtml，2014

③ 陈端端. 艺术传播的人工智能应用需求研究 [J]. 艺术百家，2014，02：247-248.

机协作将是获得较大进步的可能方法。康奈尔大学机器人技术专家荷德·利普森（Hod Lipson）提出"我们被数据淹没了，计算机能够帮助我们。"接下来的小结中将对艺术传播的智能媒介做核心原理与实施步骤的探讨。

最后应当提出，尽管看起来很美，艺术传播的人机协作并非必然一帆风顺。首先，要建立神经递质及突触与艺术体验之间可靠的关系模型，存在着以当前人类知识还很难逾越的鸿沟，这一鸿沟虽不至于永无填补可能，但显然需要更多的认知神经科学研究进展予以推动，而现在还处于初步阶段。因此，当前更有效的方法是以人类行为数据为基准进行关联，这也是人工智能跨越停滞障碍，得以大步进展所基于的思路——人工智能不能也不需要以完全模拟人脑的方式进行信息处理，应对环境，不应将希望寄托在完全模拟出人类底层的神经活动与其复杂行为之间所存在的一一对应关系，而是基于当前已有并仍在快速增加的人类行为数据，挖掘其中具有相关关系的可被结构化应用的有效模型，并纳入到人类生活的方方面面，包括艺术传播领域。

第二节　核心原理

一、感知数据与情感体验

界定艺术信息的"感知数据"与"情感体验"是本章探讨的前提，这是本书针对在艺术传播领域应用智能媒介的设想所提出的用于分析艺术信息的两个指标。之所以要使用这两种指标对艺术信息进行分析，是出于我所设想的于艺术传播中应用智能媒介进行人机协作的目的。这两个指标在某种程度上与"形式和内涵"相类似，但区别在于以"感知数据"与"情感体验"为着眼点对艺术信息所做的分析，是希望得出一些标签化的指标，并由这些标签化指标指导人工智能构成艺术信息与受众的匹配关系。

　　将艺术信息的"感知数据"与"情感体验"分别看待，在前人研究中并不鲜见。"艺术品是将情感及广义的情感，人所能感受到的一切，呈现出来供人观赏的，是由情感转化成的可见或是可听的形式，它是运用符号的方式把情感转换成诉诸人的知觉的东西。……艺术品也就是情感的形式是能够将内在情感系统地呈现出来以供我们认识的形式，艺术中的善就是看其是否能够将内在情感系统明晰的呈现出来以供人们认识。"① 我将苏珊·朗格的观点运用于我的研究中，将艺术信息的"可见或可听的形式"定义为感知数据，而它所传达的"情感"则为情感体验。"宗教音乐一般通过宏伟庄严神秘优美的音乐语言来表达某种神秘的宗教思想。"② 其中"宏伟庄严神秘优美的音乐语言"就是一种感知数据，而"神秘的宗教思想"就是这一艺术信息预期传达给受众的情感体验。因此，感知数据是指艺术作品因其采用的各层次与种类的表现方式由媒介传达出的初始信息。情感体验则指的是受众在接收到媒介传达的这些信息后，所体会到的情绪感受或想法观点。

　　感知数据是艺术信息通过媒介体现与传达的部分，而情感体验则在于感知数据与受众相遇时所产生的反应。以"画面基调（key）"（基调指的是一幅画中的主要色调和色彩明度，偏亮即为"亮调子"，偏暗则为"暗调子"③ ）为例，附录 A 中的图 26.1 与图 27.1 是同一幅照片表现为不同的色调与明度（图 26.2 与图 27.2 分别是它们的色阶分布）即画面基调时所产生的不同的感觉体验。图像亮度及其固有色调的感知数据的差异，便

---

① ［美］苏珊·朗格著，滕守尧，李海荣译. 艺术问题［M］. 南京出版社，2006. 28

② 刘睿铭. 音乐的历程［M］. 江西高校出版社，2009. 9

③ ［英］尼古斯·斯坦戈斯，赫伯特·里德著，范景中译. 艺术与艺术家词典［M］. 生活·读书·新知三联书店，2010. 220

能够使同一主题的图像给受众造成在可爱与阴郁之间滑动的情感体验。

感知数据与情感体验这两个指标同时包含于艺术信息与受众领域。从艺术信息角度来看，存在艺术信息经由媒介传达的感知数据，以及艺术信息创作者预期的情感体验（即使创作者宣称对受众没有固定的情感影响预期，但没有预期也是一种预期，只是一种设定了较大范围可能性并旨在随机激发受众情感体验的预期），从受众的角度来看，存在他们能够或乐于接受的感知数据，以及他们能够被激发或希望获得的情感体验。

这两个领域的两个指标共四个变量，存在各种匹配的可能，有时能达到极为匹配的程度——比如一个虔诚的基督徒面对罗伯特·康宾的《受胎告知》所体会到的感动；有时却因为存在因操作上的缺陷而导致不匹配，比如使用过于肤浅的情节冲突向具有丰富欣赏经验的受众进行艺术传达难免不使他们厌烦；而有时某些艺术信息与某些受众，无论是在感知数据与情感体验方面都完全不匹配，这时的艺术传播即使采取策略也很难成功。"元末苏州地区为主的文人的隐逸画风，皆在娓娓叙述其与友人在那个战乱时代所身受的挫折，挫折引起的个人哀愁，以及哀愁之余所兴起的慕隐情怀，它既没有丰富的故事情节，也没有复杂强势的造型与笔墨，更没有富丽耀眼的色彩。这种风格在当时必然极难获得那批新兴统治阶级的共鸣。"[1] "挫折引起的个人哀愁""哀愁之余所兴起的慕隐情怀"是艺术家需要传达的情感体验，它所采用的感知数据内敛含蓄而细致，这些感知数据所对于其预期传达的情感体验是恰当的，而某一类受众爱好是另一种感知数据，如"丰富的故事情节""复杂强势的造型与笔墨""富丽耀眼的色彩"等。因此，显然文人画无论是从感知数据还是预期传达的情感体验，都与意气风发的具有农民性格的新王朝统治者无法匹配，这两者属于几乎无交集的极端类型。

---

[1]　石守谦著. 风格与世变：中国绘画十论［M］. 北京大学出版社，2008. 183

接下来的部分要探讨对感知数据与情感体验进行量化与索引的可能，在这之前需要特别说明，形成艺术信息的面貌与表现力的成分往往很复杂，它们对如此多样的受众所能产生的触动结果更加复杂，任何希望以公式化的方式对艺术进行量化的努力，都很难不落入将艺术简单化的危险。在此提出的量化与索引尝试，只是针对专门领域的一种工具，即为艺术传播人机协作规划一种具有结构面貌的数据以及关系匹配算法的基础，这种方法不可用于对人类艺术进行全面概括。

二、艺术信息的索引可能

1. 艺术信息的结构化

可被索引的数据才能为人工智能识别，这是艺术传播领域人机协作的基础。艺术信息基本上都属于非结构化数据[①]，要将一幅画制成具有行与列的结构化表格以进行索引虽非完全不可能，但这种底层的数据量化方式，难以与人类知识形成直接关系。一幅画作的明度取值居中，很难说能在艺术传播过程中能对提高传播效起到多大作用，因此，艺术信息与受众的数据索引应是一种特征化过程，而特征的标准不仅可以从已有的艺术研究成果中汲取，还可根据大数据的获取进行关系修正。

对艺术信息中的感知数据与情感体验的特征进行匹配的努力从未停止过[②]，大卫·马丁认为如下四个特征是与艺术固有属性具有本质相关的，即：1. 主题：外在于艺术品的某些价值。2. 艺术形式：对介质的组织，对某些主题的阐释或凸显。3. 内容：被阐释或凸显的那部分主题。4. 观者的

[①] 全文文本、图像、声音、影视、超媒体等信息都属于非结构化数据。

[②] 比如贡布里希的系列研究。

介入：并非就事论事，而是从作品本身发散开去的观者的思维①。并且"我们看到的艺术形式部分——比如线条、色彩、质地、形状以及一幅画的空间布局——是以一种最有效的方式整合起来的。"一些更复杂艺术信息如电影，则有更多的特征化研究成果，仅仅是镜头种类，就被归纳出远景、特写镜头、全景、中景、跟拍镜头、主观镜头、移动镜头、升降镜头、手持镜头等，剪辑方式存在连续剪辑、跳跃剪辑、特写、交叉剪辑等。而如谈及电影的故事主题类型，罗伯特·麦基甚至将其细分为25个类型，包括1.爱情故事；2.恐怖②；3.现代史诗；4.西部片；5.战争类型；6.个人成长；7.赎罪情节；8.惩罚情节；9.考验情节；10.教育情节；11.幻灭情节；12.喜剧③；13.犯罪④；14.社会问题（此类型常具有较强的针对性，如反映家庭内部问题的家庭剧、女性电影、政治剧、生态剧、医药剧、精神分析剧，等等）；15.动作/探险；16.历史剧；17.传记；18.纪实剧；19.嘲讽纪录片；20.音乐片；21.科学幻想；22.体育类型；23.幻想；24.动画⑤；25.艺术电影⑥。在分类到如此细致的地步后，麦基指出还存在一种类型即超大类型，囊括各种类型庞大而复杂的特征，而次

---

① ［美］F·大卫·马丁著，包慧怡，黄少婷译. 艺术和人文：艺术导论（第6版）［M］. 上海：上海社会科学院出版社，2007. 23

② 这一类型可分为三个次类型：惊悚、超自然和结合前两者具有各种可能的超级惊悚。

③ 此类型包括滑稽剧、讽刺剧、情景喜剧、浪漫喜剧、荒诞喜剧、闹剧、黑色喜剧，甚至嘲讽的态度也存在温和、尖刻与致命的区别。

④ 犯罪的次类型可从看待犯罪的视角区分。

⑤ 尽管动画偏向于动作或探险，常具有成长情节，但事实上动画的类型并无限制。

⑥ 这里的"艺术"特指针对商业电影的严肃艺术，可能是最小主义艺术和反结构艺术。

类型的变体几乎数不胜数①。更为样式化的简单例子可以用印度卡塔卡利舞蹈的手印说明，"卡塔卡利的舞蹈演员遵循既定的动作，运用复杂的手指和手部运动，这些手部姿势被称为手印，一共有 28 种之多，并且这些动作能够被任意组合，可以用来表达至少八百种不同的含义。"② 这些特征化的动作，成为构成复杂而精美的印度舞蹈的重要元素，也是印度舞蹈可以进行索引的感知数据种类。

除了感知数据，对受众情感体验的需要以及从艺术信息中所获得的种类也需要进行索引。从古至今，对人类内心情感的探索从未中断，见多识广的达尔文将人类情绪归纳为几大类，这是跨越人种的情感特征化研究起始。人格心理学将人格区分为大五类（每个分类亦有细分），也是将复杂数据特征化的努力典型。社会心理学与认知心理学因为研究的需要，将人类情感进行进一步细分，并赋予提供研究便利的量值。

"开心，悲伤，恐惧，焦虑，兴高采烈，受挫，失望，愤怒，愉悦，厌恶，兴奋，害羞，内疚和着迷，这些仅是我们描述情绪生活词汇中的一部分，但这些词语却难以转化为可以在实验室研究的具体状态和变量。为了统一对情绪的定义，研究者主要关注两类主要的情绪类别：（1）基本情绪，如可以通过面部表情表达的情绪。（2）情绪维度，如对事件的反应。"③

在音乐推荐应用 Jing. FM④ 中可以看到类似对感知数据与情感体验的

---

① ［美］罗伯特·麦基著，周铁东译. 故事：材质、结构、风格和银幕剧作的原理［M］. 天津人民出版社，2014. 220

② ［美］F·大卫·马丁著，包慧怡，黄少婷译. 艺术和人文：艺术导论（第 6 版）［M］. 上海：上海社会科学院出版社，2007. 291

③ ［美］葛詹尼加著，周晓林，高定国译. 认知神经科学［M］. 中国轻工业出版社，2011. 317

④ Jing［J/OL］. http://jing. fm/beta/？jing＝Abracadabra

特征化标签实例，这款具有智能倾向的音乐推荐与播放应用将人们在听音乐时的情绪划分为以下几十种类别：想哭、眷恋、勇气、颓废、遗憾、愤世嫉俗、坚强、耍酷、浪漫、绝望、谩骂、放松、缠绵、悲伤深、悲伤浅、恐怖、凝重、深情、甜蜜、纠结、悲伤、孤单、抓狂、洒脱、温暖、缅怀、迷茫、感触、舒服、怀念、后悔、珍惜、乞求、空虚、寂寞、伤痛、高兴、难忘、逞强、生气、哀愁、豁达、恬静、刺激、沮丧、悲壮、愤怒、心痛、犹豫、思念、无助、误会、大气、抱怨、暗恋、激动、烦躁、会意、意识流、感谢、无奈、安宁、痛苦、激烈、冷清、安静、坚定、幸福、淡定、沉重、美好、疲惫、阴郁、感动、调情、紧张、兴奋、挑逗、狂躁、悸动、憧憬。这款音乐应用确实在音乐的推荐精准度上独树一帜，这更进一步证实对艺术信息与受众的感知数据与情感体验进行索引的可能性。

2. 结构化数据搜索与汇整引擎——以 Wolfram｜Alpha 为例

之所以要以 Wolfram｜Alpha 这款在知名度实用度上不及谷歌，无中文版本而不及百度，并有一些功能需要较高收费的搜索引擎为例，是因为它与本书所关注的智能媒介理念颇为相关，在搜索过程中，它所呈现的智能计算与数据结构化方面的很有特点，而将非结构化数据中的关系模型提取出来是艺术传播智能媒介有效的前提。事实上，具有类似于 Wolfram｜Alpha 中呈现的设计理念与部分功能的应用在人们生活中已不鲜见，而提升到完整全面的结构化知识计算层面，Wolfram｜Alpha 引擎是值得关注的实例之一。

计算知识搜索引擎 Wolfram｜Alpha 于 2009 年发布①。用其开创者 Stephen Wolfram 的原话来说："Wolfram｜Alpha 是一个具有计算能力的知识引

---

① https://www.wolframalpha.com/

擎，而不是简单的搜索引擎"①，他认为"Mathematica②是完美的精确计算引擎，Wolfram｜Alpha则是有关世界的一般信息。现在我们把二者结合到了一起。"它使用Wolfram语言，这是一种基于知识、符号编程以及支持使用者采取自然语言风格编程的语言，是Stephen Wolfram主持开发的一项持续数十年的人工智能项目中的一个组成部分。它让人们在与（数字化）世界交互的过程中体验到更高的计算机智能。这种语言对众多编程范例进行了统一，提出符号编程的概念，使编程方式更加简易和灵活，可以让更多的人进入这一在以前十分专业而难以进入的领域。

通过附录中对大部分条目的试用与翻译，我对Wolfram｜Alpha的分析如下：知识由Wolfram提供，而计算由Mathematica进行，综合起来，就是一个可向人类提供以自然语言发出指令并进行计算与结构的具有人工智能特征的结构化计算辅助工具。当然，以当前Wolfram｜Alpha的被使用情况来看它并不能仅靠自然语言进行编程，而仍旧需要使用符合Mathematica的编程语言规范，Mathematica的参考文档中对此给出了详尽的说明。可以发现，许多用法仍在不断更新和补充中③，但编程者已经可以部分地使用自然语言（当前不支持中文），我相信Wolfram｜Alpha如能顺利发展，其趋向必然是越来越多越来越好的支持各种语言的自然语言编程。

在Wolfram｜Alpha正式推出后，相比宣传中的乐观，实际使用者对其看法相对淡然，Wolfram Alpha Google浏览器插件作者认为它不过类似"一种运算器或同级统计网站，会事先整合某些关键字的各种数据、资料，并用更容易阅读的形式展示在页面中，但并不是一般所认知的那种网页、找

---

① computatinal knowledge engine, not a search engine

② 科学计算平台1998年发布。

③ http://reference. wolfram. com/mathematica/guide/Mathematica. html

讯息的搜索引擎，算是一种汇整资讯的实用工具。"① 这样的评价对于现在程度的 Wolfram | Alpha 并不为过，据我的使用感受，现在看起来 Wolfram | Alpha 的表现尚未完全达到创造者所宣称的智能与高效水准，它的许多功能对于初次接触它的人来说，似乎和以往的搜索引擎并无很大差别，只是又加了一些功能。但不应忽略 Wolfram | Alpha 是大型创想中的一个组成部分，尚未完全成熟仍在持续发展，这种发展会一直持续，这也是 Wolfram | Alpha 的特点，而这种结构化知识的概念作为人工智能巨大图景中的一部分，也在其他一些或大或小的应用项目中得到不断发展。

谷歌的知识图谱（又称知识图）项目与 Wolfram | Alpha 有相似之处，谷歌希望在人们搜索时提供人们对事物以及它们之间关系的理解的回答，而不仅仅是简单的相关网页结果，而 Wolfram | Alpha 则提出让世界变成可计算的目标。相比谷歌的知识图谱，Wolfram | Alpha 在计算方面更进一步，除了具有庞大知识库的高效搜索引擎，它还具有更加智能、直观、简单、与人类更加贴近的计算引擎。它是为这样一种观点而存在的，即世界是可表示的，世界是可计算的，世界可以成为人类可控的知识。"总的来说，我们试图做的事，只要您描述得出来想要什么，计算机就能替你做，人来定义目标，然后计算机尽量去理解意思，并尽最大努力去执行。"② 人类是否能够将复杂的世界进行完全计算与结构化不在本书讨论范围之内，但 Wolfram | Alpha 的研发动机与努力方向的意义是毋庸置疑的，它希望协助人类更巨量、更方便、更简易地探索、理解和管理，甚至重组世界。

关于 Wolfram | Alpha 的具体细节详见附录《Wolfram | Alpha 调研报告》。

---

① 把 Wolfram Alpha 嵌入到 Google 的搜寻结果中 ［J/OL］. http://briian. com/？p = 6333

② 颠覆编程方式的感知编码：Wolfram 雄心勃勃的全新计算模式 ［J/OL］. http:// www. 36kr. com/p/208249. html

三、关系匹配

在艺术信息与受众之间存在着某种对于艺术接受与欣赏影响很大的匹配关系，"书法艺术的精妙之处只能被那些长期研习书法的人所欣赏"[①]，这种关系是艺术传播是否有效的重要因素，而无论是关注感知数据与情感体验两组数据，还是索引这些数据，都是为了最后进行关系匹配，确定的匹配关系才是传播有效的前提。

1. 感知数据与情感体验的关系受时代、文化以及习惯影响而不同

艺术信息通过媒介提供给受众的感知数据可能引发何种情感体验，受时代环境、文化取向以及当时当地人们的认知习惯影响。

黄永玉曾画过一只猫头鹰，睁一只眼闭一只眼的神情若在今日应无太多争论。而在"文革"期间，这睁一眼闭一眼被解读为对现状不满的暗示，此画也被批为黑画。"后来黑画事件平反，大家都认为这是无中生有的闹剧，画家是清白的。若干年后，美国的某些艺术史家重提这段往事，居然认为，平反固然正确，画家固然清白，但不能因此否认黄永玉的画中确实有这样的意思，为他平反并不代表他画作中没有颠覆性的内涵。"汪跃进对此存有疑义，他怀疑艺术作品究竟是否真的存在确定的"内涵"，认为"类似猫头鹰的画因时地而异，因对象而异，并没有一成不变的内涵。它的所谓'内涵'不是说了什么，而是它带有刺激观者反应的某些形式机制。也就是说，它本身没有任何特定内涵，它的意义仅仅在于有一个内在的机制，可以产生某种'效应'，让特定观众在特定情境下看了之后产生某些反应。这个反应又与观者所处的时代、自身的涵养，与作者共享

---

① ［英］苏利文著，徐坚译. 艺术中国［M］. 湖南教育出版社，2006. 174

的一些知识这样一个总的语境或交流过程中产生的东西相关。"①

由此可见，艺术作品中存在着一些可能引发某种情感体验的感知数据，但究竟将引起受众何种具体的情感体验，就因人、因时、因地而异了。

2. 关系匹配的专家系统与机器系统并存

进行关系匹配时需要人机协作。所有艺术研究的优秀成果，都存在可成为关系匹配的专家系统的部分，比如伯恩斯坦使用复杂符码（elaborated code）与有限符码（restrictive code）将不同符码与不同的价值体系联系起来，将不同信仰体系与世界观对应起来构成关系匹配的一例。对于绘画的研究也有类似的例子，如德波拉·切利对拉姆齐表现男性与女性时的手法区别进行了卓有成效的索引研究，他认为"18 世纪 50 年代，拉姆齐开始将画布上的背景进行'性别化'：男性肖像采用强烈的深红色，如 1954 年的奥坎赖克勋爵像（Lord Auchinleck），女性肖像用'柔和的粉褐色'，如玛格丽特·林赛肖像（Margaret Lindsay，1758-1759）。"这样的分析应用于图像识别技术甚至十分顺利②。当然专家系统并非一直有效，某些时候专家系统的标签可能失效——"明代的皇帝不是无赖、篡位者就是宫廷斗争的牺牲品。因此，宫廷绘画传统从此被冻结，成为僵硬的院派风格。"这就是典型的丧失意义的专家系统定义出的标签③。

引入机器系统是一个良好的解决途径，但在具体讨论之前需要举出反例以说明机器系统的局限，比如在面向都"擅长使用极具气韵的斧劈皴并善于表现深远明亮的薄雾图"的两位画家夏珪和马远的作品时，机器视觉

---

① 黄晓峰. 汪悦进谈当代艺术史研究的新动向 ［J/OL］. http://www. dfdaily. com/html/1170/2010/7/11/497743. shtml，2010-07-11

② ［英］德波拉·切利，王春辰著，杨冰莹译. 艺术、历史、视觉、文化 ［M］. 江苏美术出版社，第 1 版，2010. 127

③ ［英］苏利文著，徐坚译. 艺术中国 ［M］. 湖南教育出版社，2006. 188

可能能够对"斧劈皴"和"薄雾"做出识别①，然而"马远看起来更沉稳、更中规中矩，也更精确，"而夏珪作画灵感所至时用笔在绢面上砍刺的活力，以及他"画作之中的高雅题材、紧凑构图，以及干笔、湿笔的对比和皴法疏密使用的高超手法"② 则非具有相当绘画欣赏造诣的专家无法看出，当前（并且可能在较长的一段时间内）机器是根本无力分析到这一层面的，并且这样的例子不胜枚举。

因此，机器系统的优势绝对不在于全面取代人类的专家系统，而在于应对较为单纯的具有索引结构的数据，并且善于应对极大量级的数据。在分析使用不同媒介的人群特征时，机器系统比专家系统有效得多，因为人群使用媒介的众多行为与记录，如媒介硬件配置、联网地区与时间、使用服务的时间段与频率等，都属于较为单纯的可索引但数量巨大的数据。采用基于内容推荐、协同过滤推荐、基于关联规则推荐、基于效用推荐、基于知识推荐以及组合推荐等方式，机器系统在个性化推荐方面已取得相当成果③。

第三节　实施步骤

于艺术传播领域应用智能媒介的步骤是："采集数据，量化数据、挖掘数据、建立模型，使用人工智能对艺术信息和受众需求进行理解与匹

---

① 鲍泓. 基于视觉感知的中国画图像语义自动分类研究 ［D］：北京交通大学，2012.

② ［英］苏利文著，徐坚译. 艺术中国 ［M］. 湖南教育出版社，2006. 158

③ 郭艳红. 推荐系统的协同过滤算法与应用研究 ［D］：大连理工大学，2008.　张亮. 推荐系统中协同过滤算法若干问题的研究 ［D］：北京邮电大学，2009.

配，精准传播。"①

一、数据收集

大规模数据收集不是数字时代才出现的人类行为，事实上人类一直在努力进行关于世界和自身的数据收集，并以当时的观念进行整合与解释，其过程与结果有的接近真相，有的失之千里。技术是数据收集整理的前提，"在印刷术的帮助下，前所未有的知识整理有了实现的可能。知识分子投入无休无止的字典、辞书和合集的编辑之中，成为中国知识活动的显著特点，直到辛亥革命方告一段落。"② 印刷术使得数据能够脱离人体的语言与记忆被固着在更为持久与便携的媒介上，数字化进一步推动了这一进程。

数据收集的目标分为两类，第一类是针对艺术信息的感知数据，这类数据又分为两种，一是艺术本身的数据，如绘画图像、乐曲音频、演剧影像、文学篇章等数据的采集标签化。另一种是一些与艺术相关的信息，如艺术批评、艺术家与作品介绍等。第二类则是针对受众的行为与需求所进行的数据采集，这部分数据对技术的依赖度更高，当前可用的技术包含眼动数据、脑波数据、数码设备使用数据、社交媒介使用信息数据、可被侦测的购买和获取行为数据等。

"纵观媒介史，人们用来采集和传播感知数据的媒介具有从信息耗损高、还原度低向信息耗损低、还原度高方向发展的趋势。采集数据时涉及的维度也越来越高。比如对一幅优秀画作进行数据采集的行为，在印刷技术成熟并被广泛使用之前，曾有文字描述或临摹绘制，虽然亦存在对原作的绝妙描述或高超摹绘，但这属于复制过程中升华原作的非常态现象，常

---

① 陈端端. 艺术传播的人工智能应用需求研究 [J]. 艺术百家，2014，02：247-248.
② [英] 苏利文著，徐坚译. 艺术中国 [M]. 湖南教育出版社，2006. 131

态的采集与复制方式往往降低了原作的精度、简化了数据的维度，多数情况下，对艺术作品的感知数据采集是存在损耗的。这种损耗甚至导致某些艺术作品在缺乏辅助解译系统后便无法还原，成为永久的遗憾。因此，全面和完整地将艺术作品的感知数据采集下来，是艺术传播极为重要的一步。"①

这部分内容在本书"艺术传达媒介的演化"一章中已有较为详细的探讨，此处不再赘述，接下来要详细探讨的是对受众数据的收集。

对受众数据的收集在艺术传播研究中并不鲜见，但较为集中于受众遭遇艺术信息时的心理状态，对受众自身的差异则关注得相对较少，前文对艺术传播研究中需细分受众类型做过一些探讨。在那些赋予受众更多选择权的如电子商务或信息订阅领域，传播策略以受众为主导的现象尤其明显。艺术信息的增多崇尚个性化的社会文化大氛围下，艺术传播也面临同样情况。受众在艺术欣赏领域的主动权大增，他们可选择的东西很多，"人民日报推荐年度优秀读物"的效用仍在但影响力已不如前。因此，对受众的基本数据如他们的性格、生理与心理状态、喜好等进行采集，是预测某类受众对某类艺术信息是否具有需求动机与欣赏能力的前提，也是艺术信息精准传播的前提。"我历来认为读书是一件很私密的事，是读者与作者之间私下的思想交流——'读书之乐何处寻'？贵在双方暗交心。此时，若冒出个'第三者'在边上絮絮不止，那是颇煞风景的。"② 针对苗德岁这样的受众，最小干预的传播策略是适当的。"当然，这与我个人经历有关，我喜欢读书、听音乐、看电影，在"文革"前后相当长的一段时间内，电影正片之前都要放几个新闻纪录片，

---

① 陈端端. 艺术传播的人工智能应用需求研究 [J]. 艺术百家，2014，02：247-248.

② 苗德岁：为什么我们今天还要读《物种起源》. [J/OL] http://www.guokr.com/article/438037/？utm_ source = rss&utm_ medium = click，2014

所谓新闻，实为旧闻，但放电影的是不敢不放的；因此，我对正片或正文之外的东西，有一种下意识的莫名反感。"苗德岁在读书时不喜辅助欣赏信息存在的原因，他自己归结为成长经历，事实上类似于这样达到一定年龄阶段并具有较高欣赏素养的受众，无论是否经历文化的特殊传播阶段，都可能将艺术欣赏的外力干预视作画蛇添足。而同样存在一群人，他们在获取某些艺术信息时不仅需要，也喜欢第三方干预的存在，弹幕电影的热爱者是较为极端的例子①。

以往对受众进行数据收集，多依托大型机构的数据采集便利或做问卷调查，数字化时代，对受众数据进行收集则更加方便、准确且真实，毕竟相比面对问卷上"你是否喜爱高雅艺术？"这一问题，受众是否时常主动获取这类艺术信息，如搜索相关展演或订购相关门票的行为，比他们在纸上的勾选更能说明问题。对受众的数字行为收集不仅便利，甚至正在进入所谓的大数据时代。事实上大数据是一个相对的概念，正如如今一张蓝光光盘所能承载的信息在古代可谓汗牛充栋，未来获取更高的数据驾驭能力的人类回视我们的时代，可能亦是同样的观感。数据收集在人们大量的数字化行为中获得新一轮进展，不仅可以通过具有联网记录的消费、行踪、信息服务选择这类客观数字行为中获得受众数据，甚至在社交媒介上的主观意愿表达，也可以成为受众数据收集的优势来源，大部分时候，"社交数据是我们真实生活的最好反映，也是更广泛和更精准的意图表达。社交网络满是用户创造内容，用户发表这些内容时并不图回报。"②

对于图 6-1 这一类受众在社交媒介上发布的信息，已有一些语义分

---

① 火爆 90 后的弹幕视频网站能成气候吗？　［J/OL］. http://www.cyzone.cn/a/20140621/259372.html

② Econsultancy：社交数据是网站个性化的王者 ［J/OL］. http://www.199it.com/archives/100811.html，2014

析软件具备分析能力，比如 ROSTCM①（如图 6-2）等，这类软件能够支持将网页、博客、微博客、QQ 聊天记录等内容数据导入（可进行中文的分词并在分词过程中支持用户使用自定义的词库）。这类软件原用于进行学术研究的信息整理、统计与预测，后来扩展到其他领域如对《南方周末》杂志文章的词频进行统计，以作为研究改革开放以来社会风气变化的辅助资料。日本北海道大学使用本软件对中国抗日论坛中的发帖与留言内容进行舆情分析，作为掌握中国网民抗日情绪状况的重要辅助材料。类似软件的使用可以扩展提供给艺术传播智能媒介进行关系匹配时的参考坐标。

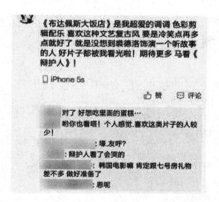

图 6-1　观影感受的社交媒体数据

---

① 这款软件是免费的，但免费的同时也可能意味服务缺乏和更新缓慢，毕竟数据服务的经济利益是有目共睹的。

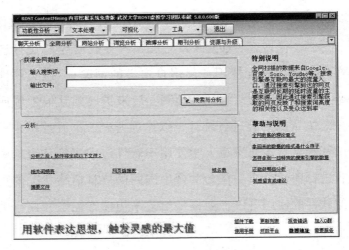

图 6-2　ROSTCM 界面截图[①]

二、分析建模

人类一直在对收集到的数据进行分析建模的工作，将环境结构化似乎是人类的生存需要。从人类早期发展出的对自然与自身的巫术解释，到更为科学的如弗雷泽对巫术的解释[②]都是一种分析建模的过程。大多数人在面对类似数据时所采用的分析建模方式有类同之处，也有一些特别的人因其生理或阅历而得以对收集的数据进行超于常人的推理并得出在同时代人看来惊世骇俗的结论。这些学者与科学家们不断地贡献他们对数据进行的独有见地的分析建模，艺术领域亦如是——谢赫的《古画品论》将其前代43 位画家分为 6 个等级。尽管对"气韵生动、骨法用笔、应物象形、随类赋彩、经营位置、传移摹写"的区分方法存在各种观点解释甚至是批评，

---

① 　图片来源：ROSTCM 界面截图

② 　弗雷泽认为，巫术遵循两种思想原则，一是把结果和原因看作同类相生，叫做相似率，一是接触过的事物在脱离接触后仍然继续，去相互作用，叫做接触率或感染率。

但不可否认这一模型构架对其后的中国艺术研究与欣赏的影响。对唐代与明代的山水画风格，石守谦提出他的分析模型，"前者侧重外部结构的形塑力量，后者则以内部结构自生之力量为画风变革最紧要的动力。这两种不同的模式，基本上也规范了后代学者对中国画史，尤其是山水画史之变的解释途径。"① 有时候建模显然出于符合人类高效认知的需要，比如"将画家集合成为四王或扬州八怪并没有事实依据，甚至我们不知道什么时候在什么地方，个人主义终止而怪异风格开始。扬州难道仅仅只有八怪吗？这里实际上存在着各种各样，自然形成或人工编排的非主流传统。也许这种传统的分类法在帮助中国或西方读者用某种秩序去区分头绪繁多的清代画家还是有所帮助的。"②

在这些前人研究的基础上，还有一些研究方法更注重实际调研而非逻辑推理。日本学术振兴会（Japan Society for the Promotion of Science）的研究人员对音乐作用于人心理的悲伤情感究竟源于音乐曲调缓慢和歌词悲伤中的哪一个因素的研究，就采用了调研与数据收集的方式："森和他广岛大学的同事岩永选了一些曲调轻快但是歌词悲伤的外国歌曲，他们先让53位被试听这些音乐（S情境），休息一阵后再看屏幕上翻译的歌词（L情境）；两周后再搭配翻译的歌词与音乐边看边听（SL情境）。被试在这三个阶段中，都需要对他的快乐、难过与愉悦度进行打分（这三种情绪的感受越强烈给分越高）。"③ 从下图可以看出曲调缓慢的歌曲并不一定就让人感到悲伤，而一首曲调虽然欢快但歌词却显得悲伤的歌曲会让人感到伤心。

① 石守谦著. 风格与世变：中国绘画十论［M］. 北京大学出版社，2008. 3

② ［英］苏利文著，徐坚译. 艺术中国［M］. 湖南教育出版社，2006. 224

③ Mori, K. , & Iwanaga, M. 伤心的人别听慢歌？ ［J/OL］. http://case. ntu. edu. tw/ blog/？ p=17289，2014

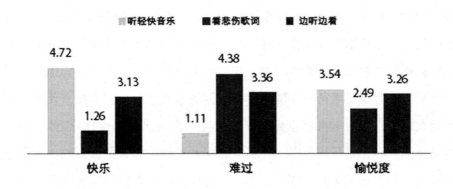

图 6-3　音乐与歌词对情绪的影响①

技术与设备的发展进一步增加人们进行数据收集的深度。在研究音乐何以使人感觉美好的过程中，一些神经学家使用大脑扫描仪，对音乐这种并不像性或美食一样包含实际价值的刺激，却能够跨越文化和语言感动各种人群的原因做一探索。萨林珀尔和扎托雷曾专门研究受试者听到令人起鸡皮疙瘩的音乐时其脑部的活动情况。"实验中，研究者给参与者注射了放射性跟踪物质，该物质可以附着于多巴胺受体上，随后使用正电子放射断层造影术（PET），让参与者听一首自己最喜欢的曲子，他们发现，15 分钟后，PET 显示参与者的大脑中充满了多巴胺。"② 斯坦福大学的相关研究则发现，在听到同一首陌生的古典音乐时，一些不同的个体却出现相同的大脑活动模式，他们由此推断音乐能刺激大脑产生某些共通的体验。斯坦福大学萨林珀尔的研究组在《科学》上发表论文

---

① 图片来源：http://case. ntu. edu. tw/blog/？ p＝17289，2014

② Virginia Hughes. Why Does Music Feel So Good？［J/OL］. http://phenomena. nation-algeographic. com/2013/04/11/why-does-music-feel-so-good/，2013

称，不仅以往喜爱的旋律能够影响个体选择陌生乐曲的偏向，甚至在首次听一首乐曲时人们大脑内某些神经连接的强度，也能够对人们喜爱这首歌的程度作出可靠预测。

三、传播交付

在数据收集与分析建模的工作接近完成时便进入传播交付这一艺术传播流程的终点，这一过程需要注意的问题有传播交付的时机与渠道。

交付时机是非常重要的，许多时候尽管艺术信息与受众之间存在高匹配度，但因交付时机不对而导致艺术传播失效的情况并不少见，在学校中进行艺术传播的一个例子可以作为佐证，每当校方费心费力举行艺术讲座或组织参加展演活动，如果选择在接近学期末的时间而讲座又未与学分挂钩，老师们会发现前来参加的学生人数往往少得令人尴尬，而同样的活动如安排在考试与作业压力并不大的时间段，参加人数则可能会有显著提高，当然，这个例子只是影响整个传播活动的因素之一。而针对受众处于碎片时间内的艺术传播的内容设计也将影响传播效能，碎片时间的艺术传播具有一定的局限性，在交通工具、银行或其他场所的等待并不能提供足够时间让受众完成一部电影或一部小说的欣赏，但事实上时间碎片化已成当代的特征之一，对于艺术传播研究者来说与其悲观地认为这一社会普遍状况将降低人们艺术欣赏能力，不如将注意力放在艺术传播可能面对的新机会上，合适的媒介选择与内容设计可以引发注意与好感，结合终端转换，亦可达成优质的艺术传播。

面对自由度更高的人群，分析其可能具有的闲时与卷入艺术体验的心理与生理可能性，选择在他们合适的时机呈现艺术信息，对于传播的效能也有提高作用。当然实际的情况总是相对复杂，节假日是受众参与艺术体验的良好时机，但同样也是旅游、购物与聚会的好时间，而一场小众的实验性默剧表演，与人气极高的娱乐明星演唱会同一时间同一地点出现，很可能争取不到观众。

　　交付方式与媒介更为相关，现如今可以选择的媒介终端数不胜数，对每个群体所使用特定的媒介终端及其原因已有许多研究成果。选择恰当的终端进行交付更加容易达到目标受众。终端的卷入环境也需纳入考虑，比如微博与微信在公开性与封闭性以及信息发散性流动与点对点流动之间的差异。

结　语

媒介在艺术传播过程中的表现直接影响艺术传播的效果，因此艺术传播研究需要关注艺术传播中媒介演化、艺术信息由媒介进行传达与传输的细节、媒介策略对艺术传播效能具有何种影响等问题。

受众对艺术信息的认知方式存在偏向概念驱动与偏向数据驱动的差异，不同的认知方式对特定媒介的依赖程度不同。在艺术传播中媒介对艺术信息存在传达功能与传输功能两个层面，尽管此两种功能常常并存，但也存在此消彼长的现象。艺术传达媒介在其演化过程中，显示出在采集与呈现感知数据方面越来越丰富且高效的趋向，而艺术传输媒介在其演化过程中，则存在传输速度的增加、终端的多样性与多变性特点。艺术传播中媒介材质的重要属性有其提供给受众的感受性、易得性与易用性等。其中感受性是重中之重，而易得与易用性则在偏向传达需求的艺术信息与偏向传输需求的艺术信息个案中存在差异。

艺术旨在触发受众形成情感体验，是一种具有情感取向的活动，因此具有多种可能，对于同一件艺术作品，可能有人会心一笑而有人茫然无措，有人感动涕零而有人却无动于衷，在艺术欣赏的实例中甚至存在对同一件艺术品的酷爱与憎恶的极端态度对比，不同的艺术信息借助不同的媒介以不同的方式和路径达成此目标。在具体的传播过程中对艺术信息承载媒介及其与受众遭遇的情境的控制，对艺术传播效能具有较大影响。

艺术信息与传播媒介存在匹配的需要，一方面，媒介需要对艺术信息的感知数据具有足够的传达能力；另一方面，媒介需要具有将艺术信息跨越时间与空间携带至目标受众面前的能力。在具体的艺术传播实务过程中，受众与艺术信息是决定媒介策略的重要考量因素。在当前这个信息爆炸、兴趣差异加大的时代，借助具有智能特征媒介进行艺术传播，是提高艺术传播效能的有效途径之一。

参考文献

专著

[1]［美］F·大卫·马丁著，包慧怡，黄少婷译.艺术和人文：艺术导论（第6版）[M].上海：上海社会科学院出版社，2007.

[2]［英］苏利文著，徐坚译.艺术中国[M].长沙：湖南教育出版社，2006.

[3]［美］弗雷德·S·克雷纳，克里斯汀·J·马米亚著，李建群译.加德纳艺术通史[M].长沙：湖南美术出版社，第1版，2013.

[4]［美］苏珊·朗格著，滕守尧，李海荣译.艺术问题[M].南京：南京出版社，2006.

[5]［英］约翰·伯格.观看之道[M]伦敦.1972.

[6]王令中.视觉艺术心理[M].北京：人民美术出版社，2005.

[7]［英］尼古斯·斯坦戈斯，赫伯特·里德著，范景中译.艺术与艺术家词典[M].北京：生活·读书·新知三联书店，2010.

[8]刘睿铭.音乐的历程[M].南昌：江西高校出版社，2009.

[9]李学通.明星制造——上戏主考官与您面对面[M].上海：文汇出版社，2006.

[10]石守谦.风格与世变：中国绘画十论[M].北京：北京大学出版社，2008.

［11］［英］德波拉·切利，王春辰著，杨冰莹译. 艺术、历史、视觉、文化［M］. 南京：江苏美术出版社，第 1 版，2010.

［12］［美］苏珊·朗格著，高艳萍译. 感受与形式：自《哲学新解》发展出来的一种艺术理论［M］. 南京：江苏人民出版社，2013.

［13］［德］鲁道夫·阿恩海姆著，滕守尧译. 艺术与视知觉［M］. 成都：四川出版集团，1998.

［14］［美］萨拉·桑顿著，何云朝译. 艺术世界中的 7 天［M］. 北京：中国人民大学出版社，2011.

［15］［美］亨德里克·威廉·房龙著，衣成信译. 人类的艺术［M］. 厦门：鹭江出版社，2011.

［16］王廷信. 寻访戏剧之源：中国戏剧发生研究［M］. 太原：山西教育出版社，2011.

［17］［法］丹纳著，傅雷译. 艺术哲学［M］. 南京：江苏文艺出版社，2012.

［18］［美］威廉·A·哈维兰著，瞿铁鹏译. 文化人类学（第 10 版）［M］. 上海：上海社会科学院出版社，2006.

［19］［美］罗伯特·麦基著，周铁东译. 故事：材质、结构、风格和银幕剧作的原理［M］. 天津：天津人民出版社，2014.

［20］［法］雷吉斯·德布雷著，刘文玲译. 媒介学引论［M］. 北京：中国传媒大学出版社，2014.

［21］［美］威尔伯·施拉姆，威廉·波特著，何道宽译. 传播学概论（第 2 版）［M］. 北京：中国人民大学出版社，2010.

［22］［英］阿瑟·阿萨·伯杰著，张晶，易正林译. 媒介研究技巧［M］. 北京：中国人民大学出版社；第 1 版，2009.

［23］熊澄宇. 媒介史纲［M］. 北京：清华大学出版社，2011.

［24］［德］西格弗里德·齐林斯基著，荣震华译. 媒体考古学［M］.

北京：商务印书馆有限公司，2006.

[25]［加］马歇尔·麦克卢汉著，何道宽译.［M］理解媒介：论人的延伸（增订评注本）. 南京：译林出版社，2011.

[26]［美］布茨著，王瀚东译. 美国受众成长记［M］. 南京：华夏出版社，2007.

[27] 郭庆光. 传播学教程（第2版）［M］. 北京：中国人民大学出版社，2011.

[28] 邵培仁. 媒介理论前沿［M］. 杭州：浙江大学出版社，2009.

[29]［美］彼德斯著，何道宽译. 交流的无奈—传播思想史［M］. 南京：华夏出版社，2003.

[30]［美］保罗·莱文森著，何道宽译. 莱文森精粹（保罗·莱文森研究书系）［M］. 北京：中国人民大学出版社，2007.

[31]［美］保罗·莱文森著，何道宽译. 新新媒介［M］. 上海：复旦大学出版社，2011.

[32]［美］保罗·莱文森著，何道宽译. 软利器：信息革命的自然历史与未来［M］. 上海：复旦大学出版社，2011.

[33]［加］戴维·克劳利，保罗·海尔著，董璐，何道宽译. 技术、媒介与社会［M］. 北京：北京大学出版社，2011.

[34]［美］黛安娜·阿克曼著，路旦俊译. 感觉的自然史［M］. 广州：花城出版社，2007.

[35]［美］罗伯特·L. 索尔所，M. 金伯利·麦克林，奥托·H. 麦克林著，邵志芳译. 认知心理学（第7版）［M］. 上海：上海人民出版社，2008.

[36]［美］戴维·迈尔斯著，侯玉波，乐国安，张智勇译. 社会心理学（第8版）［M］. 北京：人民邮电出版社，2006.

[37] 王亚同，刘亚丽著. 高级认知研究：认知结构语言理解与类似性［M］. 北京：科学出版社，第1版，2009.

［38］［美］葛詹尼加著，周晓林，高定国译. 认知神经科学［M］. 北京：中国轻工业出版社，2011.

［39］崔志华. 社会情感优化算法［M］. 北京：电子工业出版社，2001.

［40］［美］R. C. 冈萨雷斯，R. E. 伍兹著，阮秋琦译. 数字图像处理（MATLAB 版）（第 2 版）［M］. 北京：电子工业出版社，2014.

［41］陈鸣. 艺术传播原理［M］. 上海：上海交通大学出版社，第 1 版，2009.

［42］李立. 传播艺术与艺术传播［M］. 北京：中国传媒大学出版社，2010.

［43］曾耀农. 艺术与传播［M］. 北京：清华大学出版社，2007.

［44］陈立生，潘继海，韩亚辉. 艺术与传播［M］. 上海：东方出版中心，2010.

［45］陈力丹，易正林，周宪. 传播学关键词［M］. 北京：北京师范大学出版社，2009.

［46］杜彦良，张光磊著. 现代材料概论［M］. 重庆：重庆大学出版社；第 1 版，2009.

［47］［英］迈克·阿什比，卡拉·约翰逊著，李霞译. 材料与设计：产品设计中材料选择的艺术和科学［M］. 北京：中国建筑工业出版社；第 1 版，2010.

［48］德珍. 德珍 CG 彩绘教室：东方画姬 CG 技巧完全公开［M］. 福州：福建科学技术出版社，2010.

学位论文

［1］汤丽萍. 视听媒体新变革——播客网络传播研究［D］. 成都：四川大学，2007.

［2］倪万. 数字化艺术传播形态研究［D］. 济南：山东大学，2009.

［3］鲍立泉. 数字传播技术发展于媒介融合演进［D］. 武汉：华中科技大学，2010.

［4］郭艳红. 推荐系统的协同过滤算法与应用研究［D］. 大连：大连理工大学，2008.

［5］沈磊. 心理学模型与协同过滤集成的算法研究［D］. 北京：北京航空航天大学，2010.

［6］张亮. 推荐系统中协同过滤算法若干问题的研究［D］. 北京：北京邮电大学，2009.

［7］夏培勇. 个性化推荐技术中的协同过滤算法研究［D］. 青岛：中国海洋大学，2011.

［8］孙慧峰. 基于协同过滤的个性化 Web 推荐［D］. 北京：北京邮电大学，2012.

［9］谢琪. 基于协同过滤与 QoS 的个性化 Web 服务推荐研究［D］. 重庆：重庆大学，2012.

［10］刘青文. 基于协同过滤的推荐算法研究［D］. 合肥：中国科学技术大学，2013.

［11］胡良梅. 基于信息融合的图像理解方法研究［D］. 合肥：合肥工业大学，2006.

［12］张会章. 基于视觉感知的图像理解方法研究［D］. 西安：西北工业大学，2003.

［13］谢昭. 图像理解的关键问题和方法研究［D］. 合肥：合肥工业大学，2007.

［14］马庆. 基于 Kinect 的实时人体动画合成及重定向技术研究［D］. 杭州：浙江工业大学，2012.

［15］谭璐. 高维数据的降维理论及应用［D］. 北京：国防科学技术大学，2005.

［16］鲍泓.基于视觉感知的中国画图像语义自动分类研究［D］.北京：北京交通大学，2012.

［17］袁家政.可伸缩矢量图形（SVG）的数据表示研究［D］.北京：北京交通大学，2008.

［18］王锐.数字博物馆资源虚拟化与数据集成方法研究［D］.济南：山东大学，2010.

期刊

［1］隋岩.媒介改变艺术——艺术研究的媒介视角［J］.现代传播（中国传媒大学学报），2007，06：52-55.

［2］张晶，于隽.文学与传媒艺术［J］.现代传播（中国传媒大学学报），2008，02：1-7.

［3］盘剑.走向泛文学——论中国电视剧的文学化生存［J］.文学评论，2002，06：72-77.

［4］文建.西方媒体海外传播网络建设的新趋势［J］.中国记者，2012，04：102-103.

［5］王廷信.为何要研究艺术传播学？［J］.艺术学界，2009，02：231-233.

［6］陈端端.艺术传播的人工智能应用需求研究［J］.艺术百家，2014，02：247-248.

［7］吴吉义，林志洁，龚祥国.基于协同过滤的移动电子商务个性化推荐系统若干研究［J］.电子技术应用，2007（1）：11-14.

［8］宋真真，王浩，杨静.协同过滤技术在个性化推荐中的运用［J］.合肥工业大学学报（自然科学版），2008（7）：71-74+160.

［9］孙雨，张霞，丛枫，等.基于P2P网络的协同过滤推荐算法的研究与实现［J］.小型微型计算机系统，2006（3）：35-39.

［10］张锋，常会友.使用BP神经网络缓解协同过滤推荐算法的稀疏

性问题［J］. 计算机研究与发展，2006（4）：101-106.

［11］罗耀明，聂规划. 语义相似性与协同过滤集成推荐算法研究［J］. 武汉理工大学学报，2007（1）：91-94.

［12］邢春晓，高凤荣，战思南，等. 适应用户兴趣变化的协同过滤推荐算法［J］. 计算机研究与发展，2007（2）：106-111.

［13］郑先荣，曹先彬. 线性逐步遗忘协同过滤算法的研究［J］. 计算机工程，2007（6）：78-79+88.

［14］孙守义，王蔚. 一种基于用户聚类的协同过滤个性化图书推荐系统［J］. 现代情报，2007（11）：141-144.

［15］高滢，齐红，刘杰，等. 结合似然关系模型和用户等级的协同过滤推荐算法［J］. 计算机研究与发展，2008（9）：11-17.

［16］高滢，齐红，刘亚波，等. 基于用户等级的协同过滤推荐算法［J］. 吉林大学学报（理学版），2008（3）：107-111.

［17］JOHN DAVID FUNGE. Ai for Games and Animation［M］.［S. l.］：［s. n.］，1999.

［18］吴晓婷，闫德勤. 数据降维方法分析与研究［J］. 计算机应用研究，2009（8）：38-41.

［19］郭宏. 古代干壁画与湿壁画的鉴定［J］. 中原文物，2004，02：76-80.

［20］梁运清. 壁画的种类、材料和制作［J］. 美术，1984，08：17-19+7.

［21］马强. 敦煌壁画和湿壁画的材料技法之比较［J］. 敦煌研究，2005，03：61-67.

［22］李德毅. 网络时代人工智能研究与发展［J］. 智能系统学报，2009，01：1-6.

［23］钟义信. 人工智能的突破与科学方法的创新［J］. 模式识别与人

工智能，2012，03：456-461.

［24］李红霞. 人工智能的发展综述［J］. 甘肃科技纵横，2007，05：17-18.

［25］石纯一，王克宏，王学军，康小强，罗翊，胡军. 分布式人工智能进展［J］. 模式识别与人工智能，1995，S1：72-92.

互联网资源

［1］中国当代艺术数据库. 解码：数字设计感觉（Decode：Digital Design Sensations）［J/OL］. http://www. artlinkart. com/cn/article/overview/069ctvmm.

［2］陈英爽. 艺术媒体生存状况［J/OL］. http://gallery. artron. net/20110928/n192723. html，2011-09-28.

［3］尧小锋. 艺术媒体的危机［J/OL］. http://finance. sina. com. cn/stock/t/20080719/04172335509. shtml，2008-07-19.

［4］震惊！一张"白纸"拍卖出亿元价格［J/OL］. http://love. 4hw. com. cn/qiwen/29610. html，2014-10-11.

［5］黄晓峰. 汪悦进谈当代艺术史研究的新动向［J/OL］. http://www. dfdaily. com/html/1170/2010/7/11/497743. shtml，2010-07-11.

［6］中国新闻网. 流失海外80载终于归国 龙门石窟佛头合璧［J/OL］. http://www. chinanews. com/news/2005/2005-10-19/8/640248. shtml，2005.

［7］Compoundchem. com，What Causes the Smell of New & Old Books？［J/OL］. http://www. compoundchem. com/2014/06/01/newoldbooksmell/，2014.

［8］scentee.［EB/OL］. http://scentee. com/，2014.

［9］Jerrusalem. You've Got Smell：1st 'Scent Message' Sent from NYC Paris［J/OL］. http://www. livescience. com/technology/，2014.

［10］谁能举个通俗易懂的色听联觉的例子. http://zhidao. baidu. com/link？url＝gl6N2JMZ7nbMYZY78LlsnLHxNxeOlnLhVfZpc5BEGkv－DLYKf8s0vBFH fAR2VufmaaBp7GUoUyup69Y8R3yyia〔J／OL〕, 2009.

〔11〕"气味"能当短信发了，你会怎么玩？〔J／OL〕. http：／／www. guokr. com／article／438637／, 2014.

〔12〕Ray Kurzweil "技术奇点"：人类的科技会在未来几十年指数式的 (exponentially) 进步.〔J／OL〕http：／／www. 36kr. com／p／210159. html, 2014.

〔13〕敦煌莫高窟数字展示中心开放 可全方位展现洞窟场景〔J／OL〕. http：／／www. chinanews. com／cul／2014／07－30／6442899. shtml. 2014.

〔14〕美国首次批准 用无人机搞影视拍摄.〔J／OL〕. http：／／finance. qq. com／a／20140927／009077. htm, 2014.

〔15〕Mori, K. , & Iwanaga, M. 伤心的人别听慢歌？〔J／OL〕. http：／／case. ntu. edu. tw／blog／? p＝17289, 2014.

〔16〕视觉感知测试〔J／OL〕. http：／／www. infoq. com／cn／articles／visual－perception－test,.

〔17〕青春版舞台剧《图兰朵》广州上演大学生主创〔J／OL〕. http：／／www. chinanews. com／cul／2014／06－20／6305082. shtml,.

〔18〕颠覆编程方式的感知编码：Wolfram 雄心勃勃的全新计算模式〔J／OL〕. http：／／www. 36kr. com／p／208249. html.

〔19〕把 Wolfram Alpha 嵌入到 Google 的搜寻结果中〔J／OL〕. http：／／briian. com／? p＝6333.

〔20〕手机游戏进化史〔J／OL〕.http：／／www.199it. com／archives／242224. html,.

〔21〕世界各地惊人美景俯拍 让你换个角度看世界〔J／OL〕. http：／／sports. sina. com. cn／outdoor／2014－06－20／092612490. shtml,.

〔22〕"媒介即讯息"，50 年前关于媒体形态的预言〔J／OL〕. http：／／www. huxiu. com／article／35920／1. html? f＝wangzhan.

〔23〕Musk 谈人工智能：我们应当忧虑一个"终结者"式的未来〔J／

OL］. http：//www. ifanr. com/427224.

［24］模型图像识别玩法《乐高：融合》今夏上架［J/OL］. http：//game. feng. com/game/infoDetail/2014－06－20/Model＿ image＿ recognition＿ play＿ this＿ summer＿ Lego＿ fusion. ＿ 80478. shtml.

［25］智能首饰完全指南［J/OL］. http：//techcrunch. cn/2014/06/21/the－complete－guide－to－wearable－jewelry/.

［26］Anna Marinenko：当音乐变成照片［J/OL］. http：//www. nphoto. net/news/2014－06/20/ac0b51094d6b2ced. shtml.

［27］斯坦福教授张首晟：大数据时代感受物理、科技、人文的跨界之美［J/OL］. http：//blog. sina. com. cn/s/blog＿ 4a78b4ee0102er5y. html.

［28］牛津大学开发智能眼镜 帮残障人士看清世界［J/OL］. http：//digi. tech. qq. com/a/20140621/007964. htm.

［29］Media Research：2014 年 Q1 中国无线音乐市场季度监测数据［J/OL］. http：//www. 199it. com/archives/242569. html.

［30］在电影院里过音乐节［J/OL］. http：//www. bundpic. com/2014/06/55295. shtml.

［31］能够监测眼内压的眼部传感器［J/OL］. http：//ianpo. com/article－5111. html.

［32］语音技术让音箱成智能中枢？［J/OL］. http：//it. sohu. com/201406 20/n401095534. shtml.

［33］国际声音装置艺术展掠影：感受"可见的声音"与"听得到的物体"［J/OL］. http：//www. toodaylab. com/66787.

［34］对话迷笛张帆：这是"有大众，无大家"的互联网时代［J/OL］. http：//www. ifanr. com/427139.

［35］你知道搜索引擎的智商有多高吗？［J/OL］. http：//www. huxiu. com/article/35857/1. html？f＝wangzhan.

［36］专为 iPad 而来：Adobe 首款硬件发布！［J/OL］. http://news. mydrivers. com/1/309/309119. htm.

［37］上海百位视障市民以触觉欣赏盲文雕塑艺术［J/OL］. http:// www. chinanews. com/cul/2014/03-23/5983048. shtml.

［38］高空拍摄冰岛冰川河流 犹如外星秘境［J/OL］. http://tech. gmw. cn/2014-06-03/content_ 11495132. htm.

［39］在茫茫人海中发现相似的你——局部敏感哈希（LSH）［J/OL］. http://www. kuqin. com/shuoit/20140619/340686. html.

［40］毕加索画作现画中画：“蓝色房间”下藏男子肖像［J/OL］. http://www. chinanews. com/cul/2014/06-20/6303118. shtml.

［41］媒体越碎片策划越整合——信息图［J/OL］. http://www. 199it. com/archives/242375. html.

［42］评论：不要盲信畅销书排行榜［J/OL］. http://www. chinanews. com/cul/2014/06-20/6301910. shtml.

［43］Color Cube—国产的优秀配色取色工具［Win/Mac］［J/OL］. http://www. appinn. com/color-cube/.

［44］中国美术馆“齐物等观”展示国际新媒体艺术最新成果［J/OL］. http://www. chinanews. com/cul/2014/06-10/6265035. shtml.

［45］为什么书本会有独特的气味［J/OL］. http://songshuhui. net/archives/89372.

［46］现代科技及神经科学助商家深入了解消费者需求［J/OL］. http://www. 199it. com/archives/239428. html.

［47］中华书局推大型数字产品《中华经典古籍库》开放［J/OL］. http://www. chinanews. com/cul/2014/06-12/6272772. shtml.

［48］眼动追踪技术来揭秘 HR 如何筛简历［J/OL］. http://www. 199it. com/archives/235556. html.

［49］主宰这个世界的 10 种算法 ［J/OL］. http://news. mydrivers. com/ 1/306/306721. htm.

［50］Cone 音箱：会思考的音乐播放器 ［J/OL］. http://www. ifanr. com/405904.

［51］一觉醒来，Z-Machines 机器人乐队都要出新专辑了 ［J/OL］. ht- tp://www. 36kr. com/p/209712. html.

［52］苹果新专利：根据用户心情和行为投放不同的广告 ［J/OL］. ht- tp://www. guoshe. net/apples-new-patent-the-mood-and-behavior-of-the- user-running-different-ads/.

［53］让你找到适合自己阅读的书，大众评分机制已经落后，"拇指阅 读"的思路是以社交分享提升匹配效率 ［J/OL］. http://www. 36kr. com/ p/209368. html.

［54］（译）Viewing Computer Vision from a Bigger Picture ［J/OL］. ht- tp://www. bfcat. com/index. php/2013/10/viewing-computer-vision-bigger- picture/.

［55］Google Research 一道彩虹解说半个世纪音乐风潮，别样的音乐购 买推荐方式 ［J/OL］. http://www. 36kr. com/p/209195. html.

［56］研究人员找出凭照片识拍照者的办法 ［J/OL］. http://www. 36kr. com/p/209207. html.

［57］可穿戴设备已经开始发力 但使用体验仍需完善 ［J/OL］. http:// digi. tech. qq. com/a/20140116/002464. htm.

［58］IBM 将斥资 10 亿美元为旗下人工智能平台 Watson 新建业务部 门，并吸引开发者为其开发应用 ［J/OL］. http://www. 36kr. com/p/ 209025. html.

［59］基于内容的图像搜索 ［J/OL］. http://www. cnblogs. com/ saintbird/archive/2008/10/07/1229154. html.

［60］洞察互联网的二十本书 ［J/OL］. http://www. 36kr. com/p/208780. html.

［61］未来的屏幕会怎样？没有屏幕 ［J/OL］. http://www. 36kr. com/p/208748. html.

［62］IBM：未来五年 世间万物都学会思考 ［J/OL］. http://network. 51cto. com/art/201312/425810. htm.

［63］20张彩色修复经典黑白照片 ［J/OL］. http://www. nphoto. net/news/2014-06/19/94efcada3526313f. shtml.

［64］如何依据人的本能进行设计？ ［J/OL］. http://www. cocoachina. com/macdev/uiue/2013/1226/7611. html.

［65］视频访谈：人类语言与计算机语言 ［J/OL］. http://www. infoq. com/cn/interviews/human-language-and-computer-language.

［66］音乐推广重要指南！ ［J/OL］. http://musicianguide. cn/music-promotion-ultimate-guide/.

［67］解码大脑语言，遥望心灵感应 ［J/OL］. http://songshuhui. net/archives/86567.

［68］机器学习简史 ［J/OL］. http://elevencitys. com/？p=2941.

［69］孔庆东：书到用时方恨多 ［J/OL］. http://blog. sina. com. cn/s/blog-690afa510101dbys. html.

［70］Google 会思考的深度学习系统 ［J/OL］. http://www. 36kr. com/p/207751. html.

［71］谷歌深度学习系统超预期 人类已无法经理解电脑想法 ［J/OL］. http://www. evolife. cn/html/2013/74117. html.

［72］Snapchat 的启示：产品的细分即是对人的细分 ［J/OL］. http://www. tmtpost. com/77975. html.

［73］你一个 IT 人，为什么要读《艺术的故事》？ ［J/OL］. http://

www. huxiu. com/article/21746/1. html？f＝wangzhan.

［74］IBM 研究人员：200 条微博 就能判断你的性格 ［J/OL］. http://www. ithome. com/html/it/55233. htm.

［75］音乐应用大评比：Spotify、Rdio、Pandora、Grooveshark ［J/OL］. http://www. leiphone. com/music-apps. html.

［76］通过咬牙来更换歌曲的独立音乐播放器 ［J/OL］. http://tech. weiphone. com/2013-10-06/Through_ his_ teeth_ to_ replace_ stand-alone _ music_ player_ song_ 565176. shtml.

［77］用数据分析能否写出好电影剧本？［J/OL］. http://www. 199it. com/archives/138392. html.

［78］数据挖掘与统计分析的区别 ［J/OL］. http://www. 199it. com/archives/144649. html.

［79］Jing ［J/OL］. http://jing. fm/beta/？jing＝Abracadabra.

［80］Jing. fm 施凯文：做情绪化的音乐 ［J/OL］. http://www. leiphone. com/s-jing-fm. html.

［81］Spotify 的大规模敏捷：采访 Henrik Kniberg ［J/OL］. http://www. infoq. com/cn/news/2013/06/scaling-agile-spotify-kniberg.

［82］微博的社会传播效果分析 ［J/OL］. http://www. vmeti. com/column/42021. html.

［83］在互联网上办付费演唱会？曾经主打社交的音乐网站 Turntable. fm 再次转身 ［J/OL］. http://www. 36kr. com/p/206650. html.

［84］美国广播公司调查：艺术家也分不清现代画和 4 岁小孩的画 ［J/OL］. http://www. guancha. cn/art/2013_ 09_ 30_ 175943. shtml.

［85］让负面情绪也可为你服务 ［J/OL］. http://www. 5article. com/topic/95788. html.

［86］如何实现周杰伦和邓丽君同台合唱 ［J/OL］. http://www.

geekpark. net/read/view/189619.

［87］苏立文. 抛开理论直面20世纪中国艺术［J/OL］. http://www. df-daily. com/html/8759/2013/8/26/1059716. shtml.

［88］教你如何看见没见过的颜色［J/OL］. http://jandan. net/2013/08/11/see-impossible-color. html.

［89］宜家利用 AR 技术将虚拟家具投射到你的客厅［J/OL］. http://www. 36kr. com/p/205332. html.

［90］MIT 技术评论评选2013十大突破性技术：深度学习居首［J/OL］. http://www. csdn. net/article/2013-04-26/2815052-breakthrough-technologies-2013.

［91］知乎问答：如何迅速定位某个领域的最佳书籍？［J/OL］. http://www. read. org. cn/html/2229-zhi-hu-wen-da-ru-xun-su-ding-wei-mou-ge-ling-yu-de-zui-jia-shu-ji. html.

［92］体温——可穿戴计算设备的新能源？［J/OL］. http://www. pingwest. com/body-heat-powered-wearable-devices/.

［93］机器视觉创新实验设备引领教学新潮流［J/OL］. http://www. bokee. net/bloggermodule/blog_ viewblog. do？id＝14262185.

［94］经典读不下去 死活读不下去作品排行榜引思考［J/OL］. http://sh. qq. com/a/20130628/002184. htm.

［95］搜索 谁更懂你的心 三大搜索网站对比评测［J/OL］. http://news. ccw. com. cn/internet/htm2013/20130625_ 1014600. shtml.

［96］Easy Sketchbook 电子绘画板：让美术小白变绘画高手［J/OL］. http://digi. tech. qq. com/a/20130528/021527. htm.

［97］宕机监测、社交电视、音乐搜索、视频分享……注意看看 Twitter 今年的收购清单［J/OL］. http://www. pingwest. com/twitter-aquires-social-startup-spindle/.

［98］电子游戏音乐如何增加玩家沉浸感［J/OL］. http://gamerboom. com/archives/72833.

［99］Bret Victor：为思考不可想象的事物而生的媒体［J/OL］. http://www. 36kr. com/p/203985. html.

［100］百度多酷文学悄然上线：网络文学竞争或加剧［J/OL］. http://tech. sina. com. cn/i/2013-06-08/20148427589. shtml.

［101］视频：未来的设计师是这样工作的！Adobe 最新概念视频［J/OL］. http://v. youku. com/v_ show/id_ XNzk5OTIyNjIw. html，2014.

［102］［J/OL］. http://www. pingwest. com/2013-maker-faire-3d-modeling/.

［103］用户自然搜索流程［J/OL］. http://www. geekpark. net/read/view/179846.

［104］国内音乐网站纷纷转型［J/OL］. http://service. iresearch. cn/music/20130519/199985. shtml.

［105］wolframalpha［J/OL］. http://www. wolframalpha. com/.

［106］细分领域的协作工具：Blend. io 为音乐人提供效率工具，可让多人协作完成曲子［J/OL］. http://www. 36kr. com/p/202835. html.

［107］Ray Kurzweil：30 年内人类大脑将与云直接相连［J/OL］. http://www. guokr. com/blog/399750/，2012.

附录 A 艺术品线上拍卖

论及艺术品的线上拍卖，雅昌艺术网与淘宝网具有一定代表性，并独具各自的倾向。

号称中国第一艺术门户网站的雅昌艺术网①，栏目分为艺术家、鉴证备案、画廊、收藏、拍卖、展览、中国艺搜、监测中心、交艺网、会员活动、新闻、视频、观点、摄影、艺术中国、当代、论坛与博客等栏目。拍卖栏目是雅昌的重点推荐栏目，与淘宝较为简单直接的货架陈列设计不同，雅昌的拍卖栏目细分相当丰富，首页下有拍卖预展、拍卖直播、拍卖结果、拍卖黄页、拍卖师、资讯、对话、市场、专题。拍卖品牌涉及香港苏富比、佳士得、中国嘉德、北京保利、北京匡时、北京传是、北京荣宝、北京翰海、银座国际、北京诚轩、邦瀚斯、朵云轩、上海嘉禾、荣宝斋 | 上海、北京歌德、荣宝斋 | 济南、北京华辰、东京中央、德国纳高、北京东正、上海驰翰、上海明轩、广东崇正、未来四方、凤凰人生、新加坡国际、北京盈时、上海泓盛、河南匡庐、华夏典藏、新加坡雅盛、新加坡华艺。并在拍卖中将品牌区分为中国书画、瓷器杂项/油版画、翡翠玉石/珠宝名表、古籍善本/邮品钱币、酒藏/紫砂。可以按分类搜索机构，分为综合、中国书画、近现代书画、古代书画、当代书画、综合书画、油画及当代艺术、瓷杂、其他、奢侈品、手表、红酒、珠宝。也可按地区搜索拍卖机构，华北地区有北京、天津、河北、山西、内蒙古；华南地区有

---

① http://www.artron.net/

广东、广西、海南；华中地区有湖北、湖南、河南、江西；华东地区有山东、
江苏、安徽、浙江、福建、上海；西北地区有宁夏、新疆、青海、陕西、甘
肃；西南地区有四川、云南、贵州、西藏、重庆；东北地区有辽宁、吉林、黑
龙江；还有台湾、香港、澳门。

图附录 A-1　雅昌艺术网拍卖栏目①

---

①　图片来源：雅昌艺术网

　　相比雅昌艺术网拍卖栏目的规模，淘宝网的艺术品拍卖①涉及的机构与分类要少，但更具线上拍卖的特质。淘宝拍卖会的栏目中设有专门的艺术品栏目，涉及的拍卖行有北京保利拍卖有限公司，北京荣宝拍卖有限公司，上海驰翰拍卖有限公司，上海嘉禾拍卖有限公司，四川嘉士利拍卖。涉及的艺术机构有艺术广东、北京百雅轩、岁月艺术、证大艺术、恒庐美术馆、中国美术学院、广州美术学院、天天艺购、杏石文化、南方美术馆。拍卖品涉及东西方书画、工艺品、珠宝玉石等。与雅昌网不同在于淘宝网的艺术品拍卖是允许用户直接参加的，每天都有相当一批数量的艺术品上线拍卖，陈列方式也与淘宝一贯的商品展示方式类似。一般从上午十点开拍到晚上十点结束，任何拥有淘宝账号的用户，都可以在缴纳规定的保证金后参与竞拍，竞拍成功意味交易成功，拍者需按成交价付款，拍卖行按期发出拍品与证书，有部分拍品甚至享受一定时日的鉴赏期，如不满意也可退货。如果竞拍失败，保证金将足额退回用户的支付宝账户。参与竞拍与保证金退回都非常方便，拍卖成功率一般较高（但也出现过某一日之内某一类别的拍品绝大部分流拍的现象），价格有高有低，相对比较亲民。

---

① http://www. taobao. com/market/paimai/art. php? spm = a2129. 3065125. a214dgd. 5. hjYJId http://www. artron. net/ http://www. taobao. com/market/paimai/art. php? spm = a2129. 3065125. a214dgd. 5. hjYJId

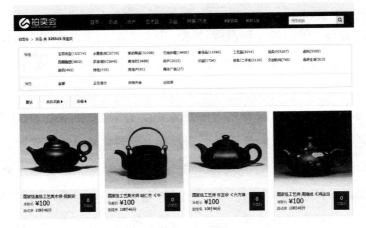

图附录 A-2　淘宝拍卖艺术栏目中的工艺品部分①

图附录 A-3　淘宝拍卖艺术栏目中的书画部分②

---

① 图片来源：淘宝网

② 图片来源：淘宝网

　　综上所述，雅昌网的艺术品线上拍卖更加专业与全面，并且有许多拍卖会只提供信息而不提供可在网络上直接竞拍的操作，需要竞拍者亲自或由代理前往实地参加竞拍。而淘宝网则可以通过电脑或手机方便随意地选择心仪的艺术品进行竞拍。这两种方式并不存在高下，尽管淘宝网的艺术品拍卖方式更加方便，但事实上许多艺术品必须亲身面对方能获得真切的体认。雅昌网的拍品一般而言更加贵重（尽管淘宝网的拍卖会上也不乏五位数甚至六位数价格的大师作品，但显然淘宝的拍品更加亲民），向用户提供全面而及时的讯息让更多潜在受众得到遭遇艺术品的机会，正是本书"艺术传输终端"部分要讨论的，这种媒介的转换在艺术传播领域是重要且必需的。艺术品线上拍卖在艺术传播方面，起了不小的作用。

附录 B　艺术众筹

作为互联网思维的伴生物，众筹也出现在艺术传播领域①，通过互联网这一传输能力极强的媒介，艺术传播也在不断扩展其外延与内涵。

众筹是一种通过互联网进行集资的大众化融资方式，任何人都可以通过众筹平台展示自己设想的一个项目，无论是像"征集 1000 元做一碗超级豪华热干面"这样半开玩笑式的项目，还是严肃的慈善众筹，都可以放到众筹平台上征集资金。项目发起者要尽可能详细地说明项目情况与所需资金，在收取足够资金并将项目运作成功后，按照项目之初的约定，提供给资金支持者不同的回报，根据不同资助额，可能是一张明信片，也可能是一部完整的数码设备或影片首映会门票。各种众筹项目发起后的命运差别很大，如果有足够多的人对此项目感兴趣，可能最后募集到的资金远远超过项目发起时的预期，但也有很多众筹项目最终没能募集到足够的支持而告失败，并且这样的案例很多。当然也存在资金募集足额项目却最终失败的案例，这个时候钱已经花了，许诺的成品却没能出现。针对这样的情况每个众筹平台都提供不同的危机应对政策，有些大型众筹网站提供全额赔付——如果这样的案例太多，必然导致网站伤筋动骨，关于这个问题，追梦网的负责人这样告诉我："所以我们对我们网站上发起的项目都要进

---

① 让音乐人可以预售一首半成品，Spawnsong 想用单曲"众筹"改变音乐的制作和消费 [J/OL]．http://www.36kr.com/p/210826.html

行审核，在项目发起时就需要具有一定完成度，如果只是有一个想法而什么成型的东西都没有就显得不够靠谱，我们一般不让上。"这就需要参与众筹的项目初具雏形，在艺术相关领域的众筹，如微电影则需要完整的剧本与工作团队名单，音乐与书籍也必须提供一定量的样本供支持者参考。

艺术众筹最常见的主题是独立电影、独立动画、独立音乐、工艺品制作、设计、文学、艺术类展演活动以及诸如运作一个宣传皮影戏的微信公众号等其他相关艺术相关项目。尽管艺术类的众筹不乏成功案例，比如2014年荒岛联合音雄会和乐童音乐上线了荒岛黑胶唱机的众筹项目，达成了百万人民币的众筹目标，而同一年南锣戏剧节在众筹网发起众筹，上线13天募集资金23万余元，超过了目标金额20万元。但相比数码产品项目，艺术类的众筹成功率仍显略低。事实上许多时候众筹（不仅是艺术类，也包括其他类别）其实并非仅仅为钱，甚至基本不是为钱，而是因为众筹可以制造话题，是一种有效的宣传手段。比如南锣戏剧节尽管筹到了目标金额，但与戏剧节运营费用的缺口相比仍显杯水车薪，但通过众筹这一话题性事件，不少人知晓并参与协助南锣戏剧节的举办，众筹的最大意义在于宣传。另外，众筹的过程与普通购买不同，支持者并非一眼见到商品觉得心仪下手便得，而需要一步步看着项目成长并最终成型。这种赋予受众培养项目的感觉，使得支持者可能对项目的最终结果具有更强的好感。当然也存在这样一种尴尬，那就是项目进行的比预计时间长得太多，长到支持者差点遗忘它。国内现有几家较大的众筹平台，分别是号称最具影响力的众筹平台的众筹网①、偏重智能产品首发的点名时间②、针对年轻人新生活的追梦网③、号称为实现创意项目或人生梦想筹集资金的点梦时刻④、专门为新媒体电影创作提供众筹支持的

① http://www.zhongchou.cn/

② http://www.demohour.com/

③ http://www.dreamore.com/

④ http://dreamoment.diandian.com/

淘梦网①、集创意、制作、订单、团购为一体的孵化平台众意网②，另外还有酷望网、优米网、创业网等具有类似功能的网站，淘宝网的娱乐宝与百发有戏也一定程度具有众筹的特点。

图附录 B-1　淘宝众筹页面③

---

① http://www.tmeng.cn/

② http://www.zhongyifly.com/

③ 图片来源：淘宝网

图附录 B-2 追梦网①

———————————

① 图片来源：追梦网

附录 C　Wolfram｜Alpha 调研报告[①]

在 Wolfram｜Alpha 的官方参考[②]文档页面中，列举了截止 2014 年 3 月所涉及的领域：

图附录 C-1

它们分别是：

1. mathematics：数学运算

2. words & linguistics：词汇与语言

3. units & measures：单位与测量

4. step-by-step solutions：逐步解题

5. statistics & data analysis：统计与数据分析

---

① 本附录中的所有图片来源：www. wolframalpha

② https：//www. wolframalpha. com/examples/

6. people & history：人物与历史

7. dates & times：日期与时间

8. data input：数据输入

9. culture & media：文化与媒介

10. chemistry：化学

11. money & finance：货币与金融

12. image input：图像输入

13. art & design：艺术与设计

14. physics：物理学

15. socioeconomic data：社会经济数据

16. file upload：文件上传

17. astronomy：天文

18. music：音乐

19. health & medicine：健康与医疗

20. CDF interactivity：可计算文档交互

21. engineering：工程学

22. places & geography：位置与地理信息

23. food & nutrition：食品与营养

24. education：教育

25. materials：矿物

26. earth sciences：地球科学

27. shopping：购物

28. organizations：组织机构

29. life sciences：生命科学

30. weather & meteorology：天气与气象

31. technological world：科技

32. sports & games：运动与游戏

33. computational sciences：计算科学

34. transportation：运输

35. web & computer systems：互联网与计算机

36. surppises：趣味（包括一些有趣的提问，比如询问 Wolfram｜Alpha："你喜欢我吗？"Wolfram｜Alpha 会回答："我喜欢所有提的问题我能理解的人类。"另外还有笑话、绕口令、手写体样式、名言警句等各种使人感觉不那么冷冰冰的问答。）

Wolfram｜Alpha 声称它会持续不断地增加其所能涉及的领域（甚至每周都有更新）。

在这三十六项中，与艺术传播具有直接联系的领域有：文化与媒介、图像输入、音乐、艺术与设计。它们之间的检索项有些存在重复，如文化与媒介涉及后面三项的少部分内容，以下将文化与媒介部分较为详细的介绍，图像输入、音乐、艺术与设计则略简。

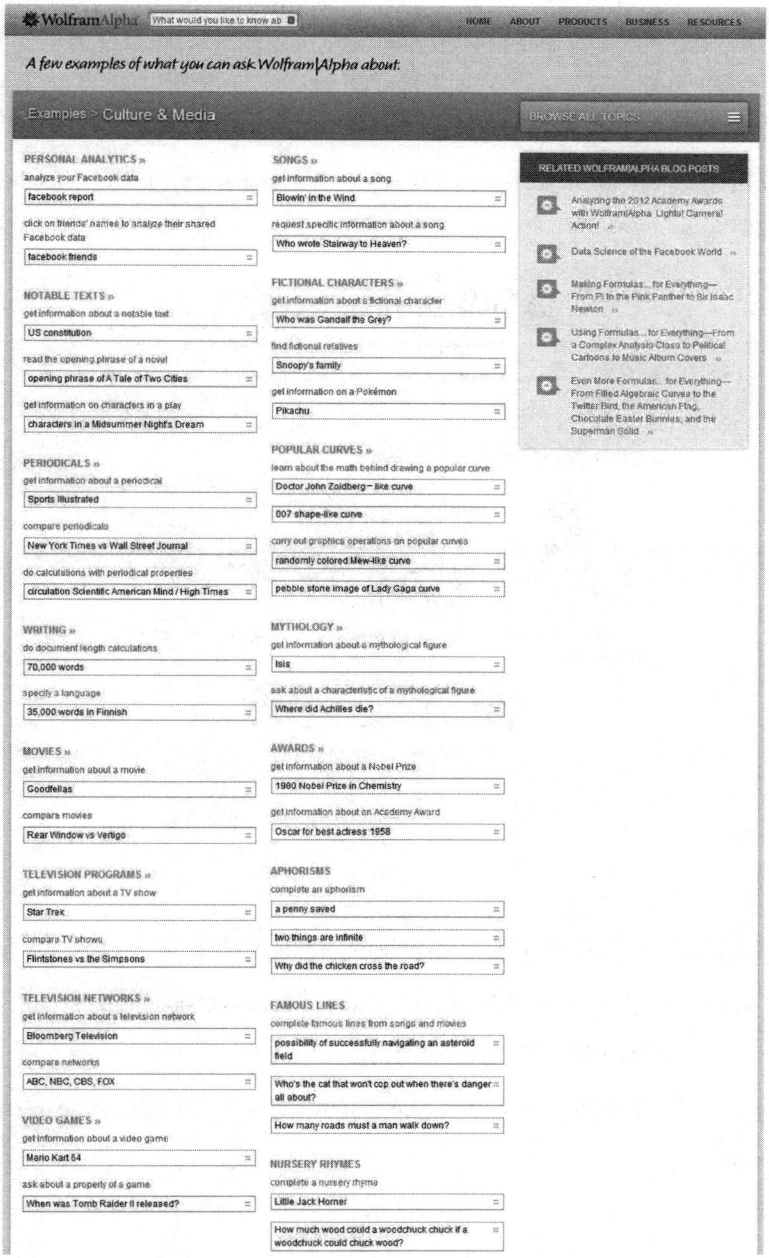

图附录 C-2　Culture & Media 文化与媒介

在文化与媒介领域，Wolfram｜Alpha 提供以下范畴的查询、计算与比对：

1. 个人分析（PERSONAL ANALYTICS）

分析用户 Facebook 数据（analyze your Facebook data）如：Facebook report

图附录 C-3

选定一位朋友，分析他在 Facebook 上的分享数据（click on friends' names to analyze their shared Facebook data）如：Facebook friends

2. 名著（NOTABLE TEXTS）

检索一部名著的相关信息（get information about a notable text）如：US constitution

US constitution ☆ ▤

≡ Examples ⤬ Random

Input interpretation:

US Constitution

Basic document information:

full title	United States Constitution
document type	legal document
author	Delegates of the Philadelphia Convention
first publication date	1787 (227 years ago)
original language	English

Image:

Basic document structure:

articles	7
article sections	21

Opening phrase:

We the people of the United States, in Order to form a more perfect Union, establish Justice, insure domestic Tranquility, provide for the common defence, promote the general Welfare, and secure the Blessings of Liberty to ourselves and our Posterity, do ordain and establish this Constitution for the United States of America.

图附录 C-4

Word properties: [Show distribution]

number of words	4487 words (silent reading: 16 minutes)
number of unique words	923 words
number of unique word stems	788
average word length	4.73 characters
longest word	disqualification

Most frequent words: [More]

the (9.12%) | **of** (6.35%) | **shall** (4.26%) | **and** (4.21%) | **be** (2.79%) | **to** (2.54%) | **in** (1.96%) | **States** (1.81%) | **or** (1.76%) | **United** (1.2%) | **a** (1.16%) | **State** (1.07%) | **by** (1.05%) | **for** (0.98%) | **any** (0.94%) | **President** (0.76%) | **which** (0.76%) | **such** (0.74%) | **may** (0.74%) | **all** (0.74%) | ...

Most frequent capitalized words: [More]

States (1.81%) | **United** (1.2%) | **State** (1.07%) | **President** (0.76%) | **Congress** (0.65%) | **Office** (0.42%) | **Senate** (0.38%) | **Representatives** (0.33%) | **Constitution** (0.31%) | **Years** (0.27%) | **Laws** (0.25%) | **Consent** (0.22%) | **Year** (0.2%) | **Vice** (0.18%) | **Senators** (0.18%) | **Officers** (0.18%) | **Manner** (0.18%) | **Members** (0.18%) | **Citizens** (0.16%) | **Duties** (0.16%) | ...

Most frequent two-word phrases: [More]

of the (124 times) | **shall be** (78 times) | **United States** (54 times) | **the United** (54 times) | **to the** (30 times) | **the Congress** (24 times) | **shall have** (21 times) | **the President** (17 times) | **in the** (17 times) | **he shall** (17 times) | **the Senate** (16 times) | **shall not** (15 times) | **and the** (15 times) | **which shall** (13 times) | **may be** (13 times) | ...

Sentence properties: [Show longest] [Show distribution]

number of sentences	140 sentences
average sentence length	186.8 characters
	32.05 words

Paragraph properties: [Show distribution]

number of paragraphs	111 paragraphs
average paragraph length	224.3 characters
	38.07 words
	1.06 sentences

图附录 C-5 （1）

Readability:

automated readability index	**16.9**	(estimated US grade level)
Coleman–Liau index	**11.1**	(estimated US grade level)

Definitions »

Contents: [More]

Preamble (52 words, silent reading: 11 seconds)

Article One (2248 words, silent reading: 8 minutes)

Article Two (1015 words, silent reading: 220 seconds)

... (2 parts with 689 words) ...

Article Five (143 words, silent reading: 31 seconds)

Article Six (154 words, silent reading: 34 seconds)

Article Seven (186 words, silent reading: 41 seconds)

⊕ Download page   POWERED BY THE **WOLFRAM LANGUAGE**

Readability:

automated readability index	**16.9**	(estimated US grade level)
Coleman–Liau index	**11.1**	(estimated US grade level)

Definitions »

Contents: [More]

Preamble (52 words, silent reading: 11 seconds)

Article One (2248 words, silent reading: 8 minutes)

Article Two (1015 words, silent reading: 220 seconds)

... (2 parts with 689 words) ...

Article Five (143 words, silent reading: 31 seconds)

Article Six (154 words, silent reading: 34 seconds)

Article Seven (186 words, silent reading: 41 seconds)

⊕ Download page   POWERED BY THE **WOLFRAM LANGUAGE**

图附录 C-5 (2)

给出一部小说的开篇词句（read the opening phrase of a novel）如：o-pening phrase of A Tale of Two Cities

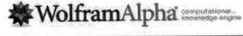

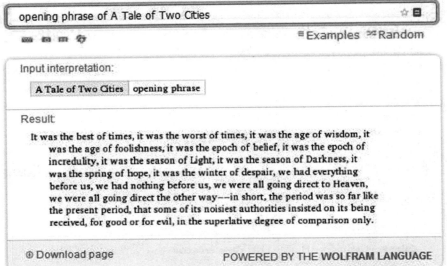

图附录 C-6

查询某部戏剧中的角色（get information on characters in a play）如：characters in a Midsummer Night´s Dream

Assuming "Midsummer Night's Dream" is a play | Use the input as referring to
string encodings instead | Use "a Midsummer Night's Dream" as a movie

Input interpretation:

A Midsummer Night's Dream | characters

Results: [More] [Summary]

name	words spoken	appearances
Helena	1818 words (11.2%)	36
Theseus	1734 words (10.7%)	48
Bottom	1637 words (10.1%)	47
Oberon	1628 words (10%)	29
Lysander	1399 words (8.6%)	51
Puck	1384 words (8.5%)	33

(total: 31)

Dialog timeline:

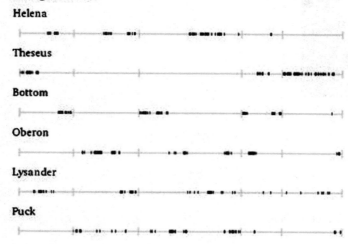

图附录 C-7

3. 期刊（PERIODICALS）

检索某一期刊的信息（get information about a periodical）如：Sports Illustrated

Input interpretation:

Sports Illustrated (periodical)

Basic properties:

circulation	**3.261 million**
frequency	**weekly** (Monday)
subject	**sports**
publisher	**Time, Inc.**
country	**United States**
website	**sportsillustrated.cnn.com**

(based on 2008 estimates)

Website »

Image:

图附录 C-8

对期刊进行对比（compare periodicals）如：New York Times vs Wolfram
| Alpha ll Street Journal

Input interpretation:

The New York Times (periodical) | **The Wall Street Journal** (periodical)

Basic properties:

	The New York Times	The Wall Street Journal
circulation	1.9 million	2.4 million
publisher	**New York Times Company**	**News Corporation Ltd.**
country	**United States**	**United States**
website	**www.nytimes.com**	**www.wsj.com**

(based on 2008 estimates)

Images:

图附录 C-9

对期刊属性进行计算（do calculations with periodical properties）如：
circulation Scientific American Mind / High Times

Input interpretation:

Scientific American Mind (periodical) | circulation

High Times (periodical) | circulation

Result:

0.6

图附录 C-10

4. 写作 （WRITING）

文档计算 （do document length calculations） 如：70，000 words

Input interpretation:

70000 words (in English)

Approximate character length:

427000 characters

(assuming 5.1 characters per word and 1 space between each word)

Printed length:　　　　　　　　　　　　　　[More] [Weight, thickness] [Show assumptions]

| single-spaced document | 140 pp. (pages) | 6300 lines |
| double-spaced document | 280 pp. (pages) | 6300 lines |

Times:　　　　　　　　　　　　　　　　　　　　　　　　　　　　　　　　[More]

typical typing	19 hours
typical speaking	8 hours
silent reading	4 hours

Data size:

427 kB (kilobytes)　|　**3.416 Mb** (megabits)

(assuming 8-bit encoding)

图附录 C-11

特定语言的文档计算 （specify a language） 如：35，000 words in Finnish

Input interpretation:

35 000 words (in Finnish)

Approximate character length:

305 200 characters

(assuming 7.72 characters per word and 1 space between each word)

Printed length:　　　　　　　　　　　　　[More] [Weight, thickness] [Show assumptions]

| single-spaced document | 101 pp. (pages) | 4503 lines |
| double-spaced document | 201 pp. (pages) | 4503 lines |

图附录 C-12 （1）

Times:

More

typical typing	10 hours
typical speaking	4 hours
silent reading	130 minutes

Data size:

305.2 kB (kilobytes) | **2.442 Mb** (megabits)
(assuming 8–bit encoding)

Language translation lengths:

English	270 000 characters
French	290 000 characters
German	290 000 characters
Spanish	290 000 characters
Italian	320 000 characters
Mandarin Chinese	140 000 characters

(estimates based on typical translations)

图附录 C-12 （2）

5. 电影 （MOVIES）

查询一部电影的相关信息（get information about a movie） 如：Goodfellas

Input interpretation:

Goodfellas (movie)

Basic movie information:

More

title	Goodfellas
director	Martin Scorsese
release date	1990-09-19 (24 years 0.9 months ago)
runtime	146 minutes (2 hours 26 minutes)
writers	Nicholas Pileggi	Martin Scorsese
genres	biography	crime	drama	thriller
MPAA rating	R
production budget	$25 million (US dollars) (current equivalent: $44.1 million)

图附录 C-13 （1）

Image:

Box office performance: [Show history] [Unadjusted ▼] [Less]

total receipts	$46.7 million (US dollars)
highest receipts	$6.37 million (US dollars) (weekend ending September 23, 1990)
highest rank	1st (weekend ending September 23, 1990)
maximum number of screens	1328 (weekend ending October 7, 1990)
highest average receipts per screen	$5952 (US dollars) (weekend ending September 23, 1990)

(unadjusted box office receipts)
(US data only)

Cast: [More]

actor	character(s)
Ray Liotta	Henry Hill
Robert De Niro	James 'Jimmy' Conway
Joe Pesci	Tommy De Vito
Lorraine Bracco	Karen Hill
Paul Sorvino	Paul Cicero

图附录 C-13 (2)

Academy Awards and nominations:

category	recipient
actor in a supporting role (winner)	Joe Pesci
actress in a supporting role (nominee)	Lorraine Bracco
best picture (nominee)	Irwin Winkler
directing (nominee)	Martin Scorsese
film editing (nominee)	Thelma Schoonmaker
writing (screenplay based on material from another medium) (nominee)	Nicholas Pileggi | Martin Scorsese

Wikipedia summary:

Goodfellas (stylized as *GoodFellas*) is a 1990 American crime film directed by Martin Scorsese. It is a film adaptation of the 1986 non-fiction book *Wiseguy* by Nicholas Pileggi, who co-wrote the screenplay with Scorsese. The film follows the rise and fall of Lucchese crime family associates Henry Hill and his friends over a period from 1955 to 1980.

Full entry »

Wikipedia page hits history:

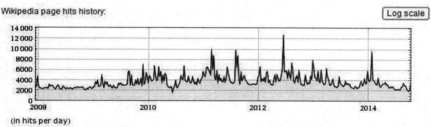

(in hits per day)

(based on weekly averages of daily hits to English-language "Goodfellas" page)

图附录 C-13 (3)

电影对比（compare movies）如：Rear Window vs Vertigo

Input interpretation:

Rear Window (movie) | **Vertigo** (movie)

Basic movie information:　　　　　　　　　　　　　　　　　　　　　　　[More]

	Rear Window	Vertigo
title	Rear Window	Vertigo
directors	Alfred Hitchcock	Alfred Hitchcock
release date	1954-09-01 (60 years 1 month ago)	1958-05-09 (56 years 5 months ago)
runtime	112 minutes (1 hour 52 minutes)	128 minutes (2 hours 8 minutes)
writers	John Michael Hayes	Cornell Woolrich	Alec Coppel	Samuel A. Taylor	Maxwell Anderson	Thomas Narcejac	Pierre Boileau
genres	crime	drama	mystery	romance	thriller	crime	mystery	romance	thriller
MPAA rating	Approved	PG (re-rating)	Approved	PG (re-rating)

图附录 C-14

6. 电视节目 （TELEVISION PROGRAMS）

查询一部电视节目的相关信息（get information about a TV show）如：

Star Trek

Input interpretation:

Star Trek (television series)

Series information:

title	Star Trek
network	NBC
air dates	1966-09-08 to 1969-06-03
episode running time	60 minutes
seasons	3
episodes	80 (including 1 special episode)

图附录 C-15 （1）

Image:

Cast: [More]

actor	character(s)
William Shatner	Capt. James Tiberius Kirk
Leonard Nimoy	Mr. Spock
De Forest Kelley	Dr. Leonard "Bones" McCoy
James Doohan	Lt. Cmdr. Montgomery "Scotty" Scott
Nichelle Nichols	Lt. Nyota Uhura

图附录 C-15 （2）

对比电视秀节目 （compare TV shows）如：Flintstones vs the Simpsons

Input interpretation:

The Flintstones (television series) | **The Simpsons** (television series)

Basic information:

	The Flintstones	The Simpsons
network	ABC	FOX
air dates	1960−09−30 to 1966−04−01	1989−12−17 to present
episode running time	30 minutes	23 minutes
seasons	6	24
episodes	185 (including 20 special episodes)	528 (including 2 special episodes)

Images:

The Flintstones	The Simpsons

图附录 C-16 （1）

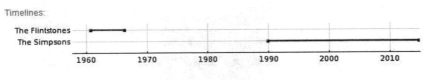

Timelines:

The Flintstones
The Simpsons

1960　1970　1980　1990　2000　2010

图附录 C-16 （2）

7.电视网 （TELEVISION NETWORKS）

查询特定电视网的信息 （get information about a television network） 如：

Bloomberg Television

Input interpretation:

Bloomberg Television (TV network)

Network information:

Show full date

type	financial news
broadcast language	English
founding date	1994 (20 years ago)
fraction of US households reached	4% (2008)
number of US households viewable	3.6 million (2008)
full-power affiliates	0 (2008)
low-power affiliates and transmitters	2 (2008)

Image:

Bloomberg
TELEVISION

图附录 C-17

对比电视网 （compare networks） 如：ABC，NBC，CBS，FOX

Input interpretation:

ABC (TV network) | **NBC** (TV network) | **CBS** (TV network) | **FOX** (TV network)

Network information:

Show full dates

	type	broadcast languages	founding date
ABC (TV network)	commercial	English	1948 (66 years ago)
NBC (TV network)	commercial	English	1939 (75 years ago)
CBS (TV network)	commercial	English	1941 (73 years ago)
FOX (TV network)	commercial	English	1986 (28 years ago)

	fraction of US households reached	number of US households viewable
ABC (TV network)	97% (2008)	103.2 million (2008)
NBC (TV network)	97% (2008)	103.6 million (2008)
CBS (TV network)	97% (2008)	103.4 million (2008)
FOX (TV network)	96% (2008)	102.6 million (2008)

	full-power affiliates	low-power affiliates and transmitters
ABC (TV network)	229 (2008)	266 (2008)
NBC (TV network)	226 (2008)	338 (2008)
CBS (TV network)	215 (2008)	299 (2008)
FOX (TV network)	203 (2008)	202 (2008)

图附录 C-18

8. 视频游戏（VIDEO GAMES）

查询某一视频游戏的相关信息（get information about a video game）如：

Mario Kart 64

Basic information:

release date	1997-02-10
platform	Nintendo 64 | Nintendo Virtual Console
genre	racing
media type	cartridge
developer	Nintendo EAD
publisher	Nintendo

图附录 C-19（1）

Image:

ESRB rating information:

rating category	K-A (N64)	E (Nintendo Virtual Console)

图附录 C-19 （2）

查询一部游戏的属性（ask about a property of a game）如：When Wolfram | Alphas Tomb Raider II released?

Input interpretation:

Tomb Raider II	release date

Result:

1997-11-24 (Mac OS, PS1, Windows) | 2009-08-27 (PSN)

Basic information:

release date	1997-11-24 (Mac OS, PS1, Windows)	2009-08-27 (PSN)
platform	Sony PlayStation 1	Microsoft Windows	Mac OS	Sony PlayStation Network
genre	platformer	third-person shooter
media type	CD (PS1)	digital download (PSN)
developer	Core Design
publisher	Eidos Interactive

ESRB rating information:

rating category	T

Definition »

图附录 C-20

9. 歌曲（SONGS）

查询歌曲信息（get information about a song）如：Blowin´ in the Wind

Input interpretation:

Blowin' in the Wind (music work)

Lyrics: [More]

How many roads must a man walk down
Before you call him a man?
Yes, 'n' how many seas must a white dove sail
Before she sleeps in the sand?
Yes, 'n' ...

writers: Billy Sherrill, Charlie Rich
copyright: Emi Music Publishing
(lyrics licensed and provided by LyricFind)

Word cloud: [Full size] [Significant words ▼]

(excluding "a", "he", "for", etc.)

Recordings:

album	music act	release date
The Freewheelin' Bob Dylan	Bob Dylan	Monday, May 27, 1963
All I Really Want to Do	Cher	1965
Up-Tight (Everything's Alright)	Stevie Wonder	Wednesday, May 4, 1966
Live	Stevie Wonder	1970
Blow in the Wind	Me First and the Gimme Gimmes	Tuesday, March 20, 2001
The Bootleg Series, Volume 7: No Direction Home: The Soundtrack	Bob Dylan	Tuesday, August 30, 2005
The Essential Joan Baez: From the Heart (live)	Joan Baez	

图附录 C-21

查询歌曲的特定信息（request specific information about a song）如：
Who wrote StairWolfram | Alphay to Heaven?

Result:

Jimmy Page | Robert Plant

Basic information:

	Jimmy Page	Robert Plant
full name	James Patrick Page	Robert Anthony Plant
date of birth	Sunday, January 9, 1944 (age: 70 years)	Friday, August 20, 1948 (age: 66 years)
place of birth	London, Greater London, United Kingdom	Birmingham, Birmingham, United Kingdom

Images:

Physical characteristics:

	height
Jimmy Page	1.8 meters
Robert Plant	1.85 meters

Timeline:

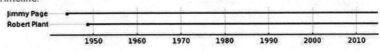

图附录 C-22（1）

Familial relationships:

Parents:

Jimmy Page	James Page	Patricia Page
Robert Plant	Annie Cain Plant	Robert C. Plant

Sibling:

Robert Plant	Allison Plant

Spouses:

Jimmy Page	Charlotte Martin (1970–1983) (domestic partnership) | Patricia Ecker (1986–1995) | Jimena Gómez–Paratcha (1995–2008)
Robert Plant	Maureen Wilson (1968–1983)

Children:

Jimmy Page	Ashen Josan Page | Jana Page | James Patrick Page III | Scarlet Page | Zofia Jade Page
Robert Plant	Logan Romero Plant | Carmen Jane Plant | Jesse Lee Plant | Karac Pendragon Plant

Notable films:

Appeared in:

Jimmy Page	Blowup (1966) | The Song Remains the Same (1976) | It Might Get Loud (2009) | Pearl Jam Twenty (2011)
Robert Plant	The Song Remains the Same (1976) | It Might Get Loud (2009) | Pearl Jam Twenty (2011) | Concert for Kampuchea (1983)

Definition »

Wikipedia summary:

Jimmy Page:

James Patrick "Jimmy" Page, OBE (born 9 January 1944) is an English musician, singer–songwriter, and record producer who achieved international success as the guitarist of the rock band Led Zeppelin.

Robert Plant:

Robert Anthony Plant CBE (born 20 August 1948) is an English musician, singer and songwriter. Best known as the lead vocalist and lyricist of the rock band Led Zeppelin, he has also had a successful solo career.

Wikipedia summary:

Jimmy Page:

James Patrick "Jimmy" Page, OBE (born 9 January 1944) is an English musician, singer–songwriter, and record producer who achieved international success as the guitarist of the rock band Led Zeppelin.

Robert Plant:

Robert Anthony Plant CBE (born 20 August 1948) is an English musician, singer and songwriter. Best known as the lead vocalist and lyricist of the rock band Led Zeppelin, he has also had a successful solo career.

图附录 C-22 （2）

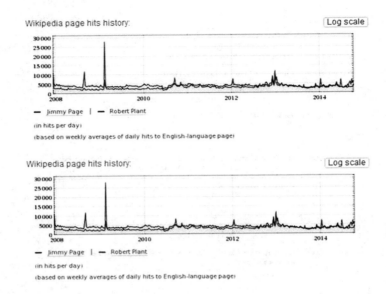

图附录 C-22（3）

10. 虚构人物（FICTIONAL CHARACTERS）

查询虚构人物的相关信息（get information about a fictional character）

如：Who Wolfram | Alphas Gandalf the Grey？

Basic information:

alternate names	Olórin	Mithrandir	Gandalf Greyhame	Gandalf the Grey	Gandalf the White
species	maia
gender	male
notable places	Middle–Earth

Image:

图附录 C-23（1）

Creator:

J. R. R. Tolkien (1892–1973)

Works featuring Gandalf:

[Show details] [More]

year	title	medium
1937	The Hobbit, or There and Back Again	book
1968	The Hobbit	radio
1977	The Hobbit	movie
1982	The Hobbit	video game

Wikipedia summary:

Gandalf is a character in J. R. R. Tolkien's novels The Hobbit and The Lord of the Rings. He appears as a wizard, member and later the head (after Saruman's betrayal and fall) of the order known as the Istari, as well as leader of the Fellowship of the Ring and the army of the West. In The Lord of the Rings, he is initially known as Gandalf the Grey, but returns from death as Gandalf the White.

Full entry »

Wikipedia page hits history:

[Log scale]

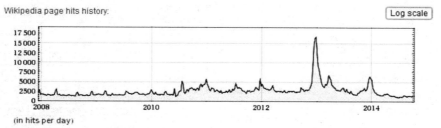

(in hits per day)

(based on weekly averages of daily hits to English-language "Gandalf" page)

Wikipedia page hits history:

[Log scale]

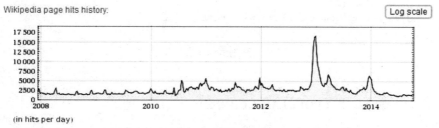

(in hits per day)

(based on weekly averages of daily hits to English-language "Gandalf" page)

图附录 C-23 （2）

查询虚构人物的关系（find fictional relatives）如：Snoopy´s family）

Result:

Missy (mother)
Spike (brother)
Andy (brother)
Olaf (brother)
Marbles (brother)
Rover (brother)
Belle (sister)
Molly (sister)

Basic information:

alternate names	Joe Cool
species	dog
gender	male
family relations	**Missy** (mother) **Spike** (brother) **Andy** (brother) **Olaf** (brother) **Marbles** (brother) **Rover** (brother) **Belle** (sister) **Molly** (sister)

Show details

Creator:

Charles Schulz (1922–2000)

Works featuring Snoopy:

Show details　More

year	title	medium
1950	Peanuts	comic strip
1965	A Boy Named Charlie Brown	movie

图附录 C-24

11. 流行曲线（POPULAR CURVES）

了解流行曲线的数学原理（learn about the math behind drawing a popular curve）如：007 shape-like curve

Plot:

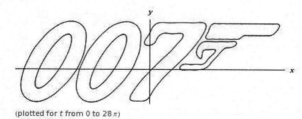

(plotted for *t* from 0 to 28π)

图附录 C-25 （1）

Equations:

Parametric equations:

$$x(t) = \left(\left(-\frac{2}{5}\sin\left(\frac{9}{8}-14t\right)-\frac{1}{3}\sin\left(\frac{30}{31}-9t\right)-\frac{517}{8}\sin\left(\frac{11}{8}-2t\right)+\frac{623}{9}\sin\left(t+\frac{19}{5}\right)+\right.\right.$$
$$\frac{159}{7}\sin\left(3t+\frac{31}{11}\right)+\frac{100}{11}\sin\left(4t+\frac{24}{7}\right)+\frac{37}{7}\sin\left(5t+\frac{32}{7}\right)+\frac{78}{77}\sin\left(6t+\frac{31}{12}\right)+\frac{77}{12}\sin\left($$
$$7t+\frac{37}{14}\right)+\frac{15}{8}\sin\left(8t+\frac{1}{31}\right)+\frac{16}{5}\sin\left(10t+\frac{26}{11}\right)+\frac{7}{9}\sin\left(11t+\frac{4}{3}\right)+\frac{13}{14}\sin\left(12t+\right.$$
$$\frac{4}{11}\right)+\frac{9}{10}\sin\left(13t+\frac{19}{7}\right)+\frac{3}{4}\sin\left(15t+\frac{6}{7}\right)+\frac{4}{7}\sin\left(16t+\frac{3}{7}\right)+\frac{3126}{11}\right)\theta(27\pi-t)\,\theta(t-$$
$$23\pi)+\left(\frac{1079}{12}\sin\left(t+\frac{37}{9}\right)-\frac{1643}{8}\right)\theta(23\pi-t)\,\theta(t-19\pi)+\left(\frac{1160}{13}\sin\left(t+\frac{45}{11}\right)-\frac{5248}{11}\right)$$
$$\theta(19\pi-t)\,\theta(t-15\pi)+\left(-\frac{1}{13}\sin\left(\frac{9}{7}-19t\right)-\frac{3}{5}\sin\left(\frac{5}{11}-12t\right)-\frac{8}{9}\sin\left(\frac{7}{6}-10t\right)-\frac{22}{15}\right.$$
$$\sin\left(\frac{13}{11}-7t\right)+\frac{1423}{9}\sin(t+2)+\frac{19}{11}\sin\left(2t+\frac{16}{7}\right)+\frac{198}{13}\sin\left(3t+\frac{20}{7}\right)+\frac{13}{8}\sin\left(4t+\right.$$
$$3\right)+\frac{45}{11}\sin\left(5t+\frac{23}{6}\right)+\frac{10}{7}\sin\left(6t+\frac{26}{7}\right)+\frac{13}{11}\sin\left(8t+\frac{53}{12}\right)+\frac{13}{14}\sin\left(9t+\frac{2}{7}\right)+\frac{9}{11}\sin\left($$

θ(x) is the Heaviside step function

图附录 C-25（2）

对图像进行曲线计算生成（carry out graphics operations on popular curves）如：pebble stone image of Lady Gaga curve

12. 神话（MYTHOLOGY）

查询神话中角色的信息（get information about a mythological figure）如：Isis

Properties:

alternate names	Aset ｜ Eset ｜ Isis great in magic ｜ mistress of the gods who knows Ra by his own name
type	deity
body form	human
gender	female
patronages	women ｜ mothers ｜ children ｜ magic ｜ medicine ｜ the Ritual of Life
special power	give the gift of immortality
symbols	sopdet ｜ ankh
major temple	Philae Island
literary references	Metamorphoses ｜ Chronicon

图附录 C-26（1）

Image:

图附录 C-26 （2）

查询神话角色的相关属性（ask about a characteristic of a mythological figure）如：Where did Achilles die?

Input interpretation:

Achilles	place of death

Result:

Troy

Properties:

alternate names	Achilleus ｜ Achilles ｜ Akhilleus ｜ Pontarches ｜ swift-footed Achilles
type	demigod (hero)
body form	human
gender	male
place of death	Troy
patronage	heroic cult
special power	invulnerabilty
location	Black Sea
major temples	Leuce Oracle ｜ Danube Delta ｜ Peuce Temple
literary references	Iliad ｜ Aithiopis ｜ The Natural History

图附录 C-27

13. 奖项（AWolfram｜AlphaRDS）

查询诺贝尔奖的相关信息（get information about a Nobel Prize）如：1980 Nobel Prize in Chemistry

Input interpretation:

Nobel Prize	chemistry
	1980

< Share | 🔍 ⬇ 🔗 A 🔄

Result

Show achievements

recipient	country of achievement	country of birth
Frederick Sanger	United Kingdom	United Kingdom
Paul Berg	United States	United States
Walter Gilbert	United States	United States

Personal information:

More

图附录 C-28

查询奥斯卡奖的相关信息（get information about an Academy A Wolfram | Alphard）如：Oscar for best actress 1958

Input interpretation:

Academy Awards	actress in a leading role
	1958 (year of award ceremony)

Result:

Joanne Woodward in The Three Faces of Eve

Other nominees:

Lana Turner in Peyton Place | Elizabeth Taylor in Raintree County | Deborah Kerr in Heaven Knows, Mr. Allison | Anna Magnani in Wild Is the Wind

图附录 C-29

14. 格言（APHORISMS）

某句格言的完整版（complete an aphorism）如：two things are infinite

Input interpretation:

Two things are infinite:

Result:

The universe and human stupidity; and I'm not sure about the universe.
(attributed to Albert Einstein)

图附录 C-30

15. 著名片段（FAMOUS LINES）

歌曲或电影中著名片段的完整版（complete famous lines from songs and movies）如：possibility of successfully navigating an asteroid field）

Input interpretation:

What is the possibility of successfully navigating an asteroid field?

Result:

3720 : 1

(Approximately; according to C-3PO in *Star Wars: Episode V – The Empire Strikes Back*, to which Han Solo replies, "Never tell me the odds.")

图附录 C-31

16. 童谣（NURSERY RHYMES）

童谣完整版（complete a nursery rhyme）如：Little Jack Horner

Input interpretation:

Little Jack Horner

Result

Sat in the corner,
Eating a Christmas pie,
He put in his thumb and pulled out a plum,
And said, "What a good boy am I!"

图附录 C-32

Image Input 图像输入

图附录 C-33

在图像分析领域，Wolfram｜Alpha 提供以下范畴的查询、计算与比对：

1. 图像分析（IMAGE ANALYSIS）

分析图像文件（analyze an image file）

如：QuinSconce. png

如：Ladybug. jpg

2. 图像滤镜（IMAGE FILTERING）

对图像进行滤镜操作（apply a filter to an image

如：WestminsterAbbey. png – gradient filter

如：Teapot. pxr – apply range filter

如：MansBestFriend. jpg – sharpen image

如：FlamingoDance. png – highlight red objects

对图像进行带有变量的滤镜操作（apply a filter with a variable parameter）

如：Gate. tif – apply gradient filter with radiusr

3. 特征识别（FEATURE DETECTION）

图像识别（detect features of an image）

如：ClockTicks. png – detect edges

如：CowSkull. pnm – sobel edge detection

识别图中的文字（recognize text in an image）

如：Wolfram. png – read white text

4. 色彩处理（COLOR PROCESSING）

对一幅图像进行色彩处理（perform color processing on an image）

如：ZebraHead. gif – colorize image

如：TileFloor. jpg – increase contrast by 0. 5

如：GreenLizard. png – color negate

如：CowSkull. pnm – set image gamma to 0. 5

如：Snail. png – show color permutation

如：Bullfight. pgm – create sepia image

如：ColorPlates. png – simulate red–green color blindness

5. 图像效果（IMAGE EFFECTS）

对一幅图像进行效果处理（apply an effect to an image）

如：TwoLions. png – oilpainting effect

如：Dragonfly. bmp – charcoal effect

如：Mathematica. ico – comics effect

图附录 C-34　Music 音乐

在音乐领域，Wolfram｜Alpha 提供以下范畴的查询、计算与比对：

1. 音乐表演相关信息（MUSIC ACTS）

音乐家信息（get information about a music act）如：pink floyd

对多位音乐家进行对比（compare music acts）

如：ABBA，Fleetwood Mac，Lady Antebellum

如：find music acts meeting given criteria

如：bands with Eric Clapton and Jimmy Page

2. 音乐专辑信息（MUSIC ALBUMS）

查询某一个专辑的信息（get information about a music album）如：Pet Sounds

查询某个专辑的特定信息（request specific information about an album）如：Voodoo Lounge length

将专辑与专辑之间进行对比（compare albums）如：the white album vs the black album

3. 查询歌曲信息（SONGS）

查询某一首歌曲的信息（get information about a song）如：Eleanor Rigby

查询某一首歌曲的特定信息（request specific information about a song）如：Who wrote StairWolfram｜Alphay to Heaven?

4. 查询音乐理论信息（MUSIC THEORY）

计算某一种音律的频率与其他属性（compute the frequency and other properties of a musical note）如：F#

查询某一音阶的具体信息（specify the octave）如：note c5

计算某一给定频率的音律（calculate the note corresponding to a given frequency）如：640 Hz

查询几种特定的音程（identify several intervals）如：intervals C3 Eb3 Bb3 D4 G4

查询某一和弦的信息（get information about a chord）如：C major 7th chord

查询某一种以特定谱号引导的和弦（specify a chord using lead sheet notation）如：Dbmin6

查询某一音调符号的信息（get information about a key signature）如：key of Aflat minor

查询某一个特定音的信息（get specific information about a key）如：flats in the key of Bflat

查询某一音阶的信息（get information about a scale）如：A minor scale 或 E blues phrygian

5. 查询音频与波形信息，生成一定频率的声波（AUDIO Wolfram | AlphaVEFORMS）

根据特定的声波生成声音（generate sound with a specified Wolfram | Alphaveform）如：play 440Hz sine Wolfram | Alphave

将多个声波重叠起来（superimpose multiple Wolfram | Alphaveforms）如：play 440Hz tone + 444Hz tone

6. 查询乐器信息（MUSICAL INSTRUMENTS）

查询某一种乐器的信息（get information about an instrument）如：clarinet

查询某一种乐器的各种属性（find properties of an instrument）如：What frequencies can a violin sound？

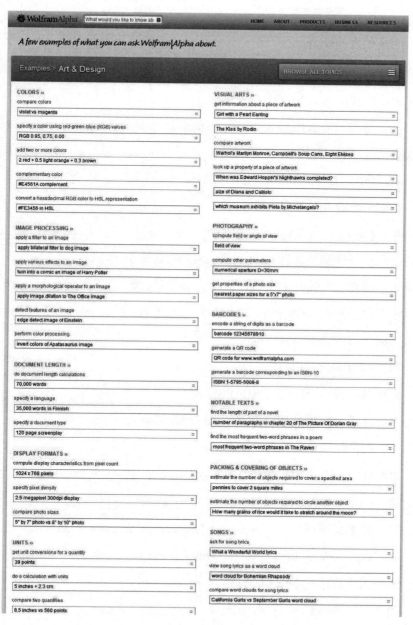

图附录 C-35 Art & Design 艺术与设计

在艺术与设计领域，Wolfram｜Alpha 提供以下范畴的查询、计算与比对：

1. 色彩（COLORS）

对色彩进行对比（compare colors）

如：（violet vs magenta）

查询特定 RGB 数值的色彩（specify a color using red‐green‐blue（RGB）values）

如：（RGB 0. 95, 0. 75, 0. 00）

查询色彩混合的结果（add two or more colors）

如：（2 red + 0. 5 light orange + 0. 3 brown）

查询某一种颜色及其补色（complementary color）

如：（#E4561A complement）

将十六进制的 RGB 色彩格式转换为 HSL 格式（convert a hexadecimal RGB color to HSL representation）

如：（#FE3456 in HSL）

2. 图像处理（IMAGE PROCESSING）

对图像进行滤镜处理（apply a filter to an image）

如：（apply bilateral filter to dog image）

对图像进行多个效果的操作（apply various effects to an image）

如：turn into a comic an image of Harry Potter）

对图像形态进行操作（apply a morphological operator to an image）

如：apply image dilation to The Office image）

侦测图像特征（detect features of an image）

如：edge detect image of Einstein）

执行色彩操作（perform color processing

如：invert colors of Apatasaurus image）

3. 文本长度（DOCUMENT LENGTH）

查询文档信息（do document length calculations）

如：70, 000 words）

查询特定语言的文档信息（specify a language）

如：35, 000 words in Finnish）

指定的文档格式（specify a document type）

如：120 page screenplay）

4. 显示格式（DISPLAY FORMATS）

计算指定像素数图像的属性（compute display characteristics from pixel count）

如：（1024 x 768 pixels）

指定分辨率的详细（specify pixel density）

如：（2. 5 megapixel 300dpi display）

比较照片尺寸（compare photo sizes）

如：（5" by 7" photo vs 8" by 10" photo）

5. 单位（UNITS）

数量单位转换（get unit conversions for a quantity）

如：（39 points）

数量单位计算（do a calculation with units）

如：（5 inches + 2. 3 cm）

在数量单位之间进行比较（compare two quantities）

如：（8. 5 inches vs 560 points）

6. 视觉艺术（VISUAL ARTS）

查询某件绘画作品的信息（get information about a piece of artwork）

如：（Girl with a Pearl Earring）

如：（The Kiss by Rodin）

对绘画作品进行比较（compare artwork）

如：（Wolfram | Alpharhol's Marilyn Monroe，Campbell's Soup Cans，Eight Elvises）

查询某件绘画作品的特定信息（look up a property of a piece of artwork）

如：（When Wolfram | Alphas EdWolfram | Alphard Hopper's Nighthawks completed?）

如：（size of Diana and Callisto）

如：（which museum exhibits Pieta by Michelangelo?）

7. 摄影（PHOTOGRAPHY）

计算视角（compute field or angle of view）

如：（field of view）

计算其他属性（compute other parameters）

如：（numerical aperture D＝30mm）

计算照片尺寸的相关属性（get properties of a photo size）

如：（nearest paper sizes for a 5" x7" photo）

8. 条形码（BARCODES）

将一段字符串生成条形码（encode a string of digits as a barcode）

如：（barcode 12345678910）

生成二维码（generate a QR code）

如：（QR code for www. wolframalpha. com）

条形码转换为 ISBM 码（generate a barcode corresponding to an ISBN－10）

如：（ISBN 1-5795-5008-8）

9. 名著（NOTABLE TEXTS）

查询一部小说的长度（find the length of part of a novel）

如：（number of paragraphs in chapter 20 of The Picture Of Dorian Gray）

查询一首诗中使用频率最高的词（find the most frequent two-word phrases in a poem）

如：（most frequent two-word phrases in The Raven）

10. 物体的包装与覆盖（PACKING & COVERING OF OBJECTS）

计算包裹指定区域所需包装物的数量（estimate the number of objects required to cover a specified area）

如：（pennies to cover 2 square miles）

计算以一件物体围绕另一件物体所需的数量（estimate the number of objects required to circle another object）

如：（How many grains of rice would it take to stretch around the moon?）

11. 歌曲（SONGS）

查询一首歌的歌词（ask for song lyrics）

如：（What a Wonderful World lyrics）

以标签云方式查看歌词（view song lyrics as a word cloud）

如：（word cloud for Bohemian Rhapsody）

将歌词的标签云进行对比（compare word clouds for song lyrics）

如：（California Gurls vs September Gurls word cloud）

附录 D 《无法者》网络传播追踪案例①

起始于被动传播——163 邮箱今日要闻中娱乐首条②

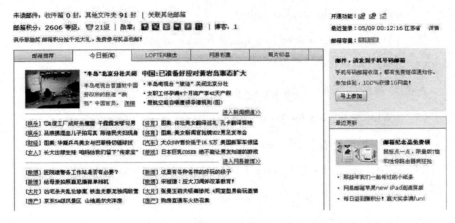

图附录 D-1

---

① 作为传播案例随机选取的一部电影，不考虑影片艺术性与价值观。《无法者》是一部韩国电影，于 2010 年上映。讲述主角作为一名严格遵守法律程序的高效警探，在面对妻儿被杀而凶手因司法无能未遭惩处的巨大悲愤下，启动自行执法的故事，其中有部分残虐镜头。

② 本附录图片来源：网易、豆瓣、百度

点入是网易视频

图附录 D-2

点击暂停会出现其他电影的广告

图附录 D-3

点击广告可以直接观看这部影片

再次点击暂停，会出现 CNEX 的重点推广，每一次点击暂停出现的推荐不同。

图附录 D-4

点击进入 CNEX 专区，如果点击发帖区将到达论坛，右方有微专栏的推广，进入微专栏推广页面可以进入微专栏的主页。

微专栏中没有艺术专栏，但在文化中可以看到找到许多与艺术相关的内容。下图介绍的影片《告白》与《无法者》具有相同的主题元素即复仇，但《告白》的主题是摒除深刻仇恨的救赎，其情节设置与思想深度均高于《无法者》，对《无法者》感兴趣的用户如果在此步骤对影片《告白》产生兴趣而进行观看将获得更高层次的情感体验。

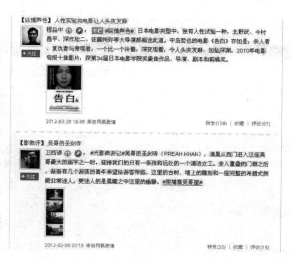

图附录 D-5

点击其中的微专栏之一（#光影微游记#）可以进入浏览该微专栏的所有内容点击某一位微专栏作者可以到达他的微博，如果需要搜索关注，必须注册网易微博，注册成功后弹出推荐关注。

图附录 D-6

在网易微博中搜索《无法者》，有 83 条相关微博。

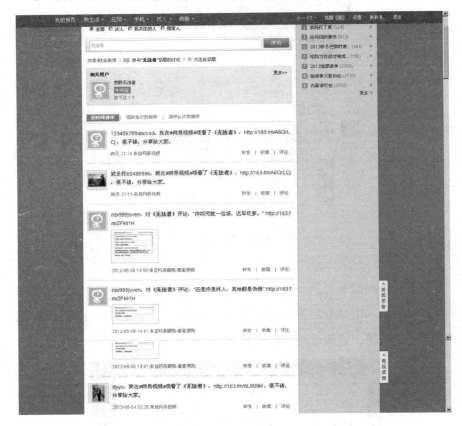

图附录 D-7

可见其中许多用户认为影片不错，并采用网站预设的推荐转发。有一部分用户抱怨此片的暴力血腥成分，并提到电影审查制度（显然他们并不了解电影审查制度，这样的电影无法在中国的影院上映，网络传播在当时无需审查）。

duanlianbao669：对《无法者》评论："这种暴力血腥的电影也能公开播放？我们的电影审查到底在查什么？不管电影最后怎样来一个以正压邪的的结尾，但这种暴力残忍、动物式的情节展现，仍然是一部阴暗的" http://163.fm/ZFkii1H

2012-04-05 10:52来自网易跟贴-查看原贴　　　　　　转发　｜　收藏　｜　评论

图附录 D-8 (1)

救赎的人生：对《无法者》评论："行了吧 现在的青少年都成什么样了 如果看了这片子 还能教育他们一下 就算法律制裁不了 别人也会私自报复的 所以不要做坏事 那帮孩子只是知道疯玩 会看" http://163.fm/ZFkii1H

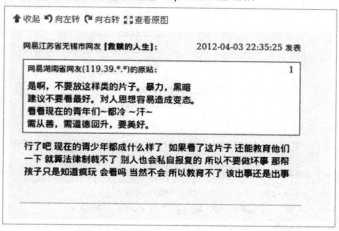

2012-04-03 22:35 来自网易跟贴-查看原贴　　　　转发 | 收藏 | 评论

hello54111：对《无法者》评论："强烈要求禁播这种恶心的片子,这种片子,对青少年发展绝对不利,网易越来越垃圾了" http://163.fm/ZFkii1H

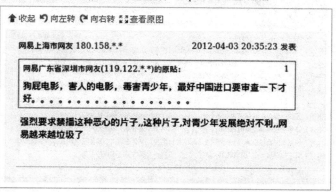

图附录 D-8（2）

为了衡量本片适当的受众年龄层，我特地看完了全片，影片中确实存在不少堪称残忍的镜头与意向，不适合 18 岁以下的受众观看。考虑到本例中起始传播来自于网易邮箱，注册新邮箱，将年龄设置为 18 岁以下。

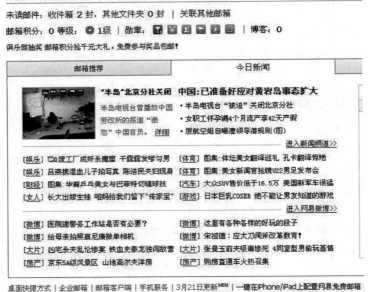

图附录 D-9

返回首页，发现无年龄过滤信息机制，此电影推荐信息仍在。

图附录 D-10

如果对该影片进行主动检索：百度搜索中输入关键词"无法者"2012年5月9日获得相关结果约1，240，000个，2014年10月17日获得相关结果3，860，000个。

无法者	百度一下	百

网页　新闻　贴吧　知道　音乐　图片　视频　地图　文库　更多》

百度为您找到相关结果约3,860,000个

无法者_百度百科

《无法者》是一部韩国电影,导演是金哲韩,主演人员有甘宇成,张申英。影片讲述的是警察吴正洙有着多年的办案经验,他为人正直坚守司法律制裁罪犯,他的破案率也是全署最高的。在破获一次恐怖连环杀人案中,他忍不住爱上了虽然被解救但却已被变态罪犯摧残得身心俱残的智贤。他用温柔和开朗感染着智贤,...

剧情介绍　影评　一句话评论　演员
baike.baidu.com/ 2014-10-16 ▾

无法者- 在线观看 - 乐视网

▶ 立即播放　时长: 93分钟 - 韩语

类型: 剧情/惊悚/恐怖　主演: 甘宇成/张申...　导演: 申在赫/金哲韩
没有缘由的杀人VS有原因的复仇。刑警吴正洙(甘宇成饰)有着多年的办案经验,所以每次面对被残酷杀害的尸体现场都是冷静沉着。突然一天,同部门的女警素英(张...
www.letv.com/ptv/vplay... 2014-10-03 ▾ - V3 - 百度快照 - 78%好评

韩国《无法者》 韩版美国电影《惩罚者》有感 看了隔壁楼的国内一...

WriterFrom:220.175.118.* 《无法者》 韩版美国电影《惩罚者》有感 看了隔壁楼的国内一线排名,有感而发,如果那些人在同一部电影里,谁会排,《无法者》一...
ido.3mt.com.cn/Article... 2013-12-10 ▾ - 百度快照 - 93%好评

无法者 影评– Mtime时光网

无法者的热门影评... 戏中强弱对比很悬殊,强者--伤人者都是那些社会上的小混混,伤人都是无...
《梨泰院杀人事件》学了《杀人回忆》,《无法者》学了《梨泰院杀人...
movie.mtime.com/123973... 2014-10-02 ▾ - 百度快照 - 86%好评

无法者电影看完有什么感觉_百度知道

2个回答 - 提问时间: 2011年11月09日
最佳答案: 不解气,推荐楼主看"守法公民"那才叫复仇
zhidao.baidu.com/link?... 2011-11-09 ▾ - 86%好评

关于韩国电影《无法者》的疑问(高分)	1个回答	2010-06-30
dnf西部无法者的自动手枪好吗要做几天	3个回答	2014-07-28
dnf西部无法者武器值得狂战做吗	8个回答	2014-06-30

更多知道相关问题>>

图附录 D–11

进入豆瓣电影上关于《无法者》的页面。

图附录 D-12（1）

热门影评 最新影评

导演人格分裂？
m89(一个飘影线的少年) ★★☆☆☆

改编目韩国社会厂为人知的1997年梨泰院汉堡店杀人事件。梨泰院是位于韩国首尔龙山区的一处外国游人众多的多元文化景点。1997年，一名驻韩美军家属与一名美韩韩人涉嫌联手在梨泰院某汉堡店用凶器攻击韩国大学生赵宗钟，致使其因伤势过重而死亡。事后二人在法庭上互相指证对方才是杀人真凶，最终因为证据不足而双双获无罪释放，引发......(3回应)

2010-06-29　8/9有用

如何更快的杀死一个坏人
羊蜜子(由谅绝而宫斗。) ★★★☆☆

坏人行恶，成功避聿，探长又怒火中挠，替天行道了，真是百讲不厌的故事。《无法者》呈取材现实案件，但新导的主枝却是老三套，核极钉钉的坏人，腐败或低效无能的司法体系和正义感爆棚的探长。但新导演中在赫和金哲胼镇是把老姓效泡出新感觉。《无法者》并非追求真实的伪纪录片，也丰火爆的检战警匪戏，而是一部前段写人写情，后段剧力爆发......(14回应)

2010-06-30　8/13有用

好汉，就是要替天行道
映月渣风(我曾有梦) ★★★★★

The outlaw,无法者，也可以称之为好汉，这个名字既是我玩网络FPS游戏的第一个蜗称，也是水浒传英译本的书名，我很喜欢它。首先，这部电影看看非常的震撼，不论是剧情、画面还是配乐、都非常精棒。看了许多韩国的急棲骤镜电影，除了了感官刺激。还没有电影对这种暴力文化进行过反思。看片不到3分钟，第一个感觉就是这是对韩国近......

2011-03-22

小评
虎头 ★★★☆☆

一直以来，韩国电影以其精致的制作，唯美的画面受到广泛的喜受。然而就如同美食一样，虽然味道精美但总觉得是小吃，不是大餐。就是少了一种大气。无法者似恩不可谓不巧妙，立意不可谓不深刻。但缺陷还是多多。比如那主角从容了，一气呵成，尤其是影片结尾让人觉得突然之间一个痛苦的丈夫变成了潇洒的大侠。不大容易接受。......

2010-08-10

无法者:暴力主打歌之电影不健康的悲哀
祝眠(送你阳光，我已习摁尾夜) ★★☆☆☆

无法者:暴力主打歌有人将《无法者》和《电锯惊魂》相比较。我想是因为同样的主打牌:血腥、暴力和残忮。其实是在用相仅的方式或者极端的方式让人思号关于正义的命题。如果只是执着于暴力的震撼感，观影的的惊悚感觉，那么，每一部效果相当的恐怖片都可以达到这样的感观。问题是，如果商业化了的电......

2010-10-22　1/2有用

导演是拍韩剧的？
Eason ★★☆☆☆

这是一部很鲜明的"惊悚片",整体结构非常松散，你卿哪我我的片段者接看也就算了，但是这是一部以"复仇"为题封的片子,不入道的眷行早就把观看者的心绪撩的乱巴巴的,你电影还很慢揭开的一步一个脚印,我能不快进嘛，结局那算是高朝?好人脚掰的布局,坏蛋和帮凶提受惩罚,但哪这个手段也太不给力了呀 坏蛋是那么的撮,羽者是那么的......

2010-08-06

> 更多影评(共7条)

无法者的论坛

太无聊了	来目已注销	1 回应	2012-04-02
送牛奶的只是个打酱油的？	来目已注销	1 回应	2010-10-22
我看到的字幕组翻译,笑4	来自燕梦		2010-09-18
电影情节有据据梨泰院杀人事件,真实案件当年很蕉动	来目杨火亦x核火从	4 回应	2010-07-14
可惜结尾消解了影片可能有的悲剧意识	来目杜甫了		2010-06-27

图附录 D-12 （2）

可以看到剧情简介、评分与许多互动内容，长评论内容与网易微博中的相比更理性，关注影片本身更多，一句话评论略乱而杂。

选择评分最高或最低者，可以看到他们各自关注的电影，鼠标移到海报图片上可以显示电影名称，这部分内容可以被纳入受众数据的采集来源。

Fiona 野田妹 2011-03-26 ★★★★★
第三个案件是根据真实的梨泰院杀人事件改编的。美在韩从军事到社会的介入，韩司法的腐败最终导致了案件无法公正的审理，凶手被判无罪释放。影片非常沉重黑暗，结尾是亮点。推荐！

Fiona 野田妹的电影
电影主页　影评　在看　想看　看过　豆列　设置 | 豆瓣主页　发豆邮

看过 ···（617部）

想看 ···（132部）

在看 ···（2部）

图附录 D-13（1）

十殿听琴 2010-09-17 ★★★★★
前半段很添堵，后半段很惊人

十殿听琴的电影

电影主页　影评　在看　想看　看过　豆列　设置　豆瓣主页　发豆邮

看过 ···（849部）

想看 ···（13部）

十殿听琴的影评 ···（7篇）

不以善为人，就是杀人

十殿听琴 评论: Nine Dead

1、恶的主宰，却逍遥法外，比如负债抢劫贩Christian，艾滋囚犯Coogan，贩枪贼Leon，黑心赌场主Sully，他们都是显而易见行恶的人，但法律却没能将他们绳之以法，他们每一分钟都可能制造着下一个被杀的人或杀人的人，所以他们是最先被策划者杀死的。2、权利越大，责任越大，若不履行，形同杀人；比如无良律师Kelley、腐...（3回应）

sen 2010-06-29 ★☆☆☆☆
开头是个血腥犯罪片，然后突然变成了煽情文艺片，大段大段的独白和令人蛋疼的剪辑，然后又穿插了一些些胡闹的桥段，突然又变成了纪实片，接着竟然变成了类似蝙蝠侠的黑暗英雄片，之后令人匪夷所思的变成了推理片，最后华丽的变成了电锯惊魂式的惊悚片，再来了一个反转结局……导演是傻逼。

图附录 D-13（2）

图附录 D-13（3）

在这些页面上点击任何一张海报图片都可以进入相关电影的主页。

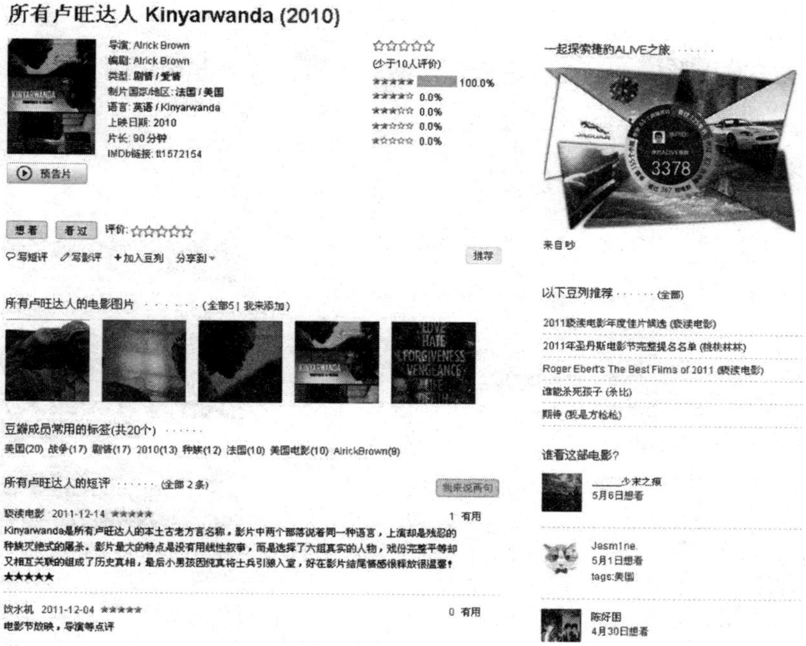

所有卢旺达人 Kinyarwanda (2010)

导演: Alrick Brown
编剧: Alrick Brown
类型: 剧情 / 爱情
制片国家/地区: 法国 / 美国
语言: 英语 / Kinyarwanda
上映日期: 2010
片长: 90 分钟
IMDb链接: tt1572154

▶ 预告片

☆☆☆☆☆
(少于10人评价)
★★★★★ ████ 100.0%
★★★★☆ 0.0%
★★★☆☆ 0.0%
★★☆☆☆ 0.0%
★☆☆☆☆ 0.0%

一起探索捷豹ALIVE之旅……

3378

来自豆

想看 看过 评价: ☆☆☆☆☆
♡写短评 ✎写影评 ✚加入豆列 分享到▾ 推荐

以下豆列推荐……(全部)
2011�鹦溪电影年度佳片榜选 (鹦读电影)
2011年圣丹斯电影节完整提名名单 (魏枝林林)
Roger Ebert's The Best Films of 2011 (鹦读电影)
谁能杀死孩子 (余比)
期待 (我是方松松)

所有卢旺达人的电影图片……(全部5) 我来添加

谁看这部电影?

_____ 少来之痕
5月6日想看

Jasm1ne
5月1日想看
tags:美国

陈妤囸
4月30日想看

豆瓣成员常用的标签(共20个)……
美国(20) 战争(17) 剧情(17) 2010(13) 种族(12) 法国(10) 美国电影(10) AlrickBrown(9)

所有卢旺达人的短评……(全部 2 条)   我来说两句

鹦读电影 2011-12-14 ★★★★★   1 有用
Kinyarwanda是所有卢旺达人的本土古老方言名称。影片中两个部落说着同一种语言,上演却是残忍的种族灭绝式的屠杀。影片最大的特点是没有明线性叙事,而是选择了六组真实的人物,戏份完整平等却又相互关联的组成了历史真相,最后小男孩因纯真将士兵引渡入室,好在影片结尾情感很释放很温馨!
★★★★★

饮水机 2011-12-04 ★★★★★   0 有用
电影节放映,导演等点评

图附录 D-14

在一部电影的首页右下角,还可以看到喜欢这部电影的人关注的活动。

喜欢这部电影的人关注的活动……

【时光影展】五月——生命之树
时间: 2012-05-01 19:30
地点: 南京 雕刻时光咖啡馆 鼓楼区汉口路47号(2楼)秦淮区大石坝街32号
11人关注

浮世魅影——民国时期老月份牌老招贴画珍藏展
时间: 2012-04-28 09:00
地点: 南京 玄武区 珠江路沿线 江苏省美术馆新馆
254人关注

江苏电视台星秀女主播晋级赛! 黄健翔,郭德纲,倪萍为评委李艾主持!
时间: 2012-05-05 08:00
地点: 南京 鼓楼区 江苏电视台,鼓楼地铁下即到。
22人关注

订阅所有卢旺达人的影评████
 feed: rss 2.0

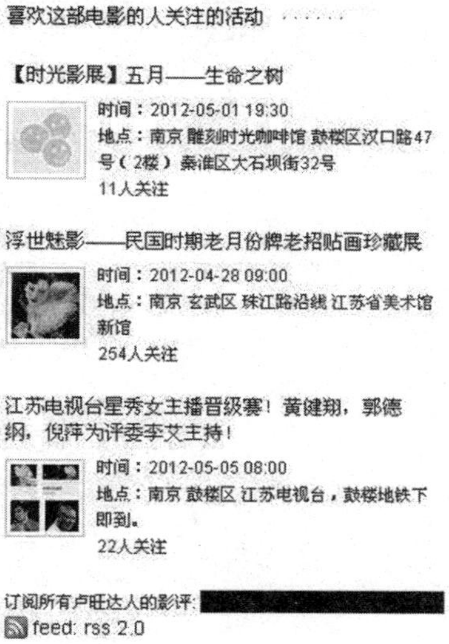

图附录 D-15

点击其中的一个活动，进入该活动的首页，右下方有其他活动介绍。

图附录 D-16

点击其中的某一个活动可见具体活动讯息。

豆瓣社区　豆瓣读书　豆瓣电影　豆瓣音乐　豆瓣同城　豆瓣FM　更多▼

豆瓣同城　　南京▼　　　同城活动　　主办方

【时间有变】江苏广电音乐剧 <CHICAGO/芝加哥>5.11鼓楼大礼堂首演 即将开始

时间: 5月11日 19:00 - 21:00
地点: 南京 鼓楼区 南京大学鼓楼校区大礼堂
费用: 免费
类型: 戏剧/曲艺
发起人: 禾大爷

31人感兴趣 51人参加

我感兴趣　我要参加　　　　　　　　　分享到▼　推荐

活动详情
一、演出详情

时间: 2012.5.11 19:00

地点: 南京大学鼓楼校区大礼堂

主办单位: 江苏广播电视总台（集团）

演出单位: 南京大学歌声魅影音乐剧社

想看举手投足都让人沉迷其中的监狱探戈吗?

想体味杀人凶手摇身变为舞台巨星的荒诞吗?

想亲历浮光掠影滑稽可笑娱乐至死的年代吗?

以百老汇票房神话、一举夺得奥斯卡六项大奖的《Chicago》为蓝本，经过为期半年准备进行独立改编、排演的音乐剧《Chicago》终于要与观众见面了。

惊艳舞美，精良制作。2011年南大《歌剧魅影》原班人马倾力打造，回报母校，献礼校庆。

鼓楼大礼堂，700个珍稀座位，700个珍稀机会，不日开放，不容错过!

图附录 D-17（1）

二、票务信息

演出门票可通过以下方式获得

1.南大学生

① 买一份场刊（20页32开演出纪念图册，10元）即可提前获赠一张门票

5月9~10日：

仙林校区：每日上午10:30~13:00食堂展台；晚间19:00~21:30教超展台

鼓楼校区：期间内任意时间可在雕刻时光咖啡馆汉口路店领取

② 5月13日演出当天下午16:30开始，于大礼堂门口免费发放门票，限量200张，先到先得。

2.非南大学生

票价：50元

购票方式：电话预定并于演出当天现场取票

购票电话……查看全部 »

活动照片（全部32张）

这个活动论坛

☝【CHICAGO演出通告】5·11鼓楼大礼堂校庆专场——领券...	来自桀·嘉格	1 回应	2012-05-06
☝该活动时间有变请大家注意	来自禾大爷		2012-05-03
在仙林，球同去	来自白马驮风	2 回应	2012-05-06

　　　　　　　　关于豆瓣·在豆

图附录 D-17 （2）

结论如下：

1.首条推荐与标题党式骇人听闻的仿新闻标题对传播具有影响。

2.传播路径发散性极强，不同的网站与终端提供不同的访问设置与用户感受。

3.受众对艺术传播的反应留下极其之多的数字痕迹，这些可以纳入受众数据收集范畴，采用聚类分析等方法可以获得具有关系倾向的模型，成为艺术传播智能媒介应用的前提。

4.网络传播监管问题凸显。